数字图书馆建设研究

王超亚　著

中国商务出版社
·北京·

图书在版编目（CIP）数据

数字图书馆建设研究 / 王超亚著. -- 北京 : 中国商务出版社, 2024.2

ISBN 978-7-5103-5112-9

Ⅰ. ①数… Ⅱ. ①王… Ⅲ. ①数字图书馆－图书馆管理－研究 Ⅳ. ①G250.76

中国国家版本馆CIP数据核字(2024)第046740号

数字图书馆建设研究

王超亚　著

出版发行：中国商务出版社有限公司
地　　址：北京市东城区安定门外大街东后巷 28 号　　邮编：100710
网　　址：http://www.cctpress.com
联系电话：010—64515150（发行部）　　010—64212247（总编室）
　　　　　010—64515210（事业部）　　010—64248236（印制部）
责任编辑：李鹏龙
排　　版：北京宏进时代出版策划有限公司
印　　刷：廊坊市广阳区九洲印刷厂
开　　本：787 毫米×1092 毫米　1/16
印　　张：13　　　　　　　　　　字　　数：206 千字
版　　次：2024 年 2 月第 1 版　　　印　　次：2024 年 2 月第 1 次印刷
书　　号：ISBN 978-7-5103-5112-9
定　　价：79.00 元

前　言

数字图书馆是利用先进的信息技术和网络通信技术建设起来的一种现代化图书馆形态，它以数字化、网络化为特征，将传统图书馆的文献信息资源数字化，实现信息的数字存储、检索、传递和利用。数字图书馆建设是图书馆事业发展的重要方向，它可以为人们提供更为便捷、高效的获取知识的途径，促进了信息社会的发展。本书将简要介绍数字图书馆建设的背景、特点、建设步骤、优势和未来发展趋势。随着计算机技术、通信技术和数据库技术的不断进步，图书馆的功能和服务也得到了拓展与提升。数字图书馆应运而生，成为信息时代图书馆事业发展的必然趋势。数字图书馆的建设不仅能够更好地满足读者对信息资源的需求，还能够提高图书馆的管理效率和服务水平。数字图书馆具有以下几个显著的特点。数字化存储：文献信息资源以数字形式存储，包括电子图书、期刊、论文、音像资料等。网络化服务：借助网络技术，读者可以随时随地访问数字图书馆的资源，实现在线检索、阅读和下载。多媒体性质：数字图书馆不仅包含文字信息，还包括图片、音频、视频等多种媒体形式的信息。全球性访问：数字图书馆的资源可以通过互联网进行全球范围的共享和访问。智能化服务：利用信息技术，数字图书馆能够提供智能化的检索、推荐和管理服务。数字图书馆的建设通常包括以下几个步骤。规划和需求分析：确定数字图书馆建设的目标和需求，制订详细的规划方案。技术基础设施建设：建设数字图书馆所需的硬件设备、网络设施和数据库系统等基础设施。数字化文献资源建设：进行文献信息资源的数字化处理，包括扫描、文字识别、标引等工作。系统开发和集成：开发数字图书馆系统，实现用户界面、检索功能、安全管理等方面的设计和集成。

目　录

第一章　数字图书馆的阅读平台

第一节　在线阅读和下载

一、数字图书馆的背景和意义

（一）数字图书馆的特点

数字图书馆是信息时代的产物，它以数字化的形式呈现，存储着丰富的文献资源，具有诸多独特的特点。首先，数字图书馆具有无时无地的特性，读者可以随时随地通过互联网访问数字图书馆并下载资源，不再受传统图书馆开放时间和地点的限制。这为人们提供了更加便捷灵活的学习和研究环境，打破了时空的束缚。数字图书馆的资源呈现形式多样，包括文本、图像、音频、视频等多媒体形式。这使读者能够以更加直观和多元的方式获取信息，丰富了学术研究和学习的途径。数字图书馆不仅是文字的堆砌，更是一个融合了多种表达方式的知识宝库。数字图书馆强调数字化和网络化，通过先进的信息技术手段实现对文献资源的数字化处理和在线管理。这不仅提高了资源的保存和传播效率，同时也为图书馆管理人员提供了更为便捷和精准的数据管理工具，推动了图书馆事业的现代化进程。数字图书馆注重资源共享和合作，通过数字化技术实现了跨地域、跨机构的资源互通。这种开放性的共享模式使不同机构之间能够更好地共享各自的文献资源，提高资源的利用率，促进学术研究的合作与交流。数字图书馆还具有高度的可检索性和智能化特点。利用先进的检索技术，读者可以快速准确地找到所需的信息，节省了大量的检索时间。同时，数字图书馆还通过引入人工智能等技术，实现对文献资源的智能分析和推荐，为读者提供个性化的学习和研究支持。数字图书馆强调信息的更新和持续发展。数字图书馆不同于传统图书馆的静态存储模式，它的文献资源可以随时更新，保持与时俱进。这为读者提供了获取最新信息的途径，也推动了学术研究的不断进步。数字图书馆以其无时无地、多样化、数字化、开放共享、可检索智能和持续发展的特点，为人们提供了一个更加便捷、丰富和先进的知识获取平台，推动了图书馆事业的现代化和全球化。

（二）数字图书馆的背景

数字图书馆的兴起是信息科技蓬勃发展的产物，源自数字化转型的浪潮。在这个信息爆炸的时代，传统图书馆的存储能力和服务模式逐渐显得力不从心。数字图书馆能够兴起，技术的迅猛发展是一个至关重要的方面，云计算、大数据、人工智能等技术的飞速发展为数字图书馆的建设提供了坚实的技术支撑。数字图书馆的兴起与数字化的思潮密不可分。数字化使大量的纸质文献、图书得以以电子形式存储和传播，实现了信息的无纸化处理。数字化不仅是一种技术手段，更是一种文化观念的演进，推动了知识传播方式的革新。信息技术的普及和互联网的迅猛发展成为数字图书馆兴起的重要背景。随着互联网的普及，信息传播途径发生了天翻地覆的变化，数字图书馆通过网络平台能够突破地域和时间的限制，使人们能够随时随地获取所需信息。数字图书馆能够兴起，全球化趋势也起到了积极的推动作用。不同国家和地区的图书馆通过数字化手段能够实现文献资源的互通共享，促进了国际的学术合作和知识交流。全球化的数字图书馆网络为世界各地的学者提供了更加广阔的信息来源。社会的信息需求不断增长是数字图书馆兴起的深层次原因。在知识经济时代，人们对于信息的需求愈发迫切，数字图书馆通过数字化手段满足了社会对于高质量、多样化信息的迫切需求。数字图书馆能够发展起来，文化的多样性也是一个重要的方面。不同地区、不同文化背景的人们对于文献资源的需求存在差异，数字图书馆通过多语言、多文化的数字化处理，能够更好地满足不同群体的知识需求，促进了文化的多元发展。政策层面的支持是数字图书馆兴起的必要条件之一。各国纷纷出台数字图书馆相关支持政策并提供经费，为数字图书馆的建设创造了有力的环境。政策的引导使数字图书馆得以在更广泛的领域发展，服务更多的人群。数字图书馆的背景是多方面因素的综合作用。技术的发展、数字化的思潮、信息技术的普及、全球化的趋势、社会的信息需求、文化的多样性以及政策的支持等因素相互交织，推动了数字图书馆在信息时代的崛起。数字图书馆作为知识传播和学术研究的新模式，将继续在未来发挥着重要的作用。

（三）数字图书馆的意义

数字图书馆的意义深远而广泛，涵盖了社会、文化、教育和科技等多个层面。首先，数字图书馆为人们提供了更加广泛、便捷的知识获取途径，实现了信息的全球性共享。其次，数字图书馆推动了图书馆服务的现代化，提升了图书馆在社会发展中的作用。再者，数字图书馆促进了文化的多样性和传承，使得各种文化资源得以保存和传播。此外，数字图书馆对于教育领域的发展起到了积极的推动作用，为学术研究和教学提供了先进的信息技术支持。在社会层面，数字图书馆的建设有助于缩小知识获取的差距，让更多的人能够获得高质量的教育资源。这种广泛的知识获取途径不仅仅服务于学术研究者，也为广大普通公众提供了丰富多彩的文化和科普知识。数字图书馆的建设推动了信息的流通，使得知识不再受制于地域和社会阶层，从而促进了社会的公平和包容。在文化层面，数字图书馆的建设有助于传承和弘扬各种文化。通过数字化手段，传统的文献、手稿、文物等得以数字化保存，使得它们能够更好地面向公众。数字图书馆不仅是知识的存储库，更是文化的传承者，通过数字化的方式使文化资源更好地为后代所用。在图书馆服务层面，数字图书馆的建设使图书馆由传统的纸质媒体服务转向数字化服务。这种转变不仅提高了图书馆服务的效率，也使图书馆更好地适应了信息时代的发展趋势。数字图书馆通过引入先进的信息技术，实现了对文献资源的高效管理和智能服务，为读者提供了更加便捷、个性化的服务。在教育层面，数字图书馆为学术研究和教学提供了先进的信息技术支持。学者可以通过数字图书馆方便地获取最新的研究成果，推动了学术研究的发展。教育机构可以通过数字图书馆方便地获取各种教学资源，提高了教学质量和效果。数字图书馆的建设促进了教育信息化的发展，为培养更具创新力和实践能力的人才提供了有力的支持。数字图书馆的意义在于推动了知识的全球化共享，促进了文化的传承和多样性，提升了图书馆服务的现代化水平，推动了社会的公平与包容，为学术研究和教育提供了先进的信息技术支持。数字图书馆作为信息时代的产物，将继续在多个领域发挥着不可替代的作用。

二、数字图书馆建设的步骤与流程

（一）规划和需求分析

建设数字图书馆必须充分考虑用户的多样性需求，明确数字图书馆的目标和功能，要着重建立一个稳健可持续的框架，确保数字图书馆能够适应不断变化的技术和社会环境。同时，需求分析是数字图书馆建设的基石，必须深入了解用户的实际需求，以确保数字图书馆能够真正满足用户的期望，提供高效便捷的服务。数字图书馆的规划需要明确其发展目标和愿景。这不仅需要数字图书馆在技术上的先进性，还要考虑其在社会、文化、教育等领域的作用。数字图书馆的规划应该具有战略性，能够对未来的技术发展和社会变革有敏锐的洞察力，以确保数字图书馆能够持续发展，不被时代变迁淘汰。在需求分析方面，首要任务是深入了解用户的需求。不同用户群体有不同的需求，包括学术研究者、学生、一般公众等。需求分析应该全面而深入，了解用户的信息获取习惯、学术研究需求、文化阅读需求等方面，以便为数字图书馆提供更加精准的服务。数字图书馆规划和需求分析还需要考虑到技术方面的问题。技术的选择和更新要与数字图书馆的发展目标相匹配，确保数字图书馆具备先进的信息存储、检索、分析和推荐等技术。同时，数字图书馆应具备良好的系统安全性和稳定性，以确保用户的隐私和数据安全。数字图书馆的规划和需求分析需要关注资源的管理和利用。数字图书馆作为知识的仓库，其资源的获取、整理和管理直接关系到服务的质量。要充分利用数字化技术，实现资源的高效利用和管理，确保用户能够迅速找到他们所需的信息。数字图书馆的规划还应关注用户体验和服务质量。数字图书馆的界面设计应简洁直观，使用户能够轻松地使用各项功能。同时，服务质量包括了信息检索的准确性、响应速度、推荐系统的精准度等方面，要在规划中充分考虑如何提升用户体验和服务质量。数字图书馆的规划和需求分析是一个系统工程，需要兼顾社会、文化、技术、用户体验等多个方面的因素。只有在全面深入分析和规划的基础上，数字图书馆才能真正成为一个适应时代潮流、满足用户需求的现代化知识服务平台。

（二）技术基础设施建设

数字图书馆的技术基础设施建设是其发展的关键支撑。技术基础设施包括硬件设备、网络结构、数据库系统、安全系统等多个方面，这些组成部分相互关联、相互支持，共同构建了数字图书馆的技术框架。在这一背景下，数字图书馆的技术基础设施建设旨在搭建一个稳健、高效、安全的信息处理和服务平台。硬件设备是数字图书馆技术基础设施建设的基础。服务器、存储设备、计算机等硬件设备的选用和配置直接关系到数字图书馆的运行效率和性能。高性能的服务器能够提供更快速的响应速度，大容量的存储设备能够满足数字图书馆庞大的数据存储需求，而先进的计算机设备则能够支持复杂的数据处理和分析任务。网络结构是数字图书馆技术基础设施建设的核心组成部分。良好的网络结构能够确保数字图书馆在全球范围内实现高效的信息传递和资源共享。高速、稳定的网络连接是数字图书馆实现远程访问、检索和下载的基础，也是多用户同时访问的保障。因此，数字图书馆需要建设健全的网络架构，确保其稳定性和高效性。数据库系统是数字图书馆技术基础设施建设的又一关键环节。数字图书馆面临海量的文献和多媒体资源管理任务，数据库系统的设计和运行直接关系到数字图书馆的信息存储、检索和管理效率。高效的数据库系统能够支持复杂的数据结构和查询操作，提供准确、快速的检索服务，使用户能够迅速找到所需的文献和资源。安全系统是数字图书馆技术基础设施建设不可或缺的一部分。数字图书馆存储了大量的敏感信息，包括用户个人信息、知识产权等，因此安全性是数字图书馆技术建设的首要任务。完善的安全系统包括防火墙、加密技术、权限控制等多个层面，以保障数字图书馆的信息不被非法访问和攻击，确保用户的隐私安全。数字图书馆的技术基础设施建设还需要考虑到系统的可扩展性和灵活性。技术的发展和社会的变化可能会带来用户量的急剧增加或新的功能需求，因此数字图书馆的技术基础设施应该具备良好的可扩展性，能够随时应对新的挑战和需求。数字图书馆的技术基础设施建设是数字化时代图书馆服务的基石。硬件设备、网络结构、数据库系统和安全系统等组成部分相互交织，构建了一个高效、安全、稳健的数字图书馆框架。数字图书馆通过不断优化技术基础设施，以适应快速变化的信息环境，为用户提供更加便捷、安全、高效的知识服务。

（三）数字化文献资源建设

数字图书馆的建设离不开对数字化文献资源的充分挖掘和有效利用。数字化文献资源的建设，是数字图书馆发展的必由之路，这不仅是传统文献的数字化转型，更是对信息时代知识传播方式的适应和创新。数字化文献资源建设是数字图书馆实现其使命的关键环节，为学术研究、教育、文化传承等提供了强大的支持。数字化文献资源的建设需要对丰富的文献资料进行数字化处理。这包括了图书、期刊、报纸、手稿、音像资料等多种形式的文献。通过数字化的手段，这些文献得以以电子化的形式保存和传播。数字化文献资源的建设使得传统的纸质文献得以保留，同时也为用户提供了更加便捷的获取途径，推动了知识的全球化共享。数字化文献资源建设的过程中，要注重数字化处理的技术和方法。高效准确的数字化处理是数字图书馆保持文献质量的关键。这包括了扫描、光学字符识别（OCR）、文档结构标记等多种数字化技术的应用。通过数字化处理，纸质文献得以保持原貌的同时，也能够实现全文检索、文本分析等高级功能，为用户提供更加便捷和智能的信息服务。数字化文献资源建设的目标之一是实现多媒体化。随着多媒体技术的飞速发展，数字图书馆可以将图书、音像、图片等多种形式的文献资源整合在一起，形成丰富多样的信息呈现方式。这不仅丰富了文献资源的表达形式，也提升了用户体验，使用户能够更加直观地获取信息。数字化文献资源建设需要注重版权保护和知识产权管理。数字化文献资源的建设涉及大量的版权问题，要确保在数字化处理的过程中不侵犯作者和出版商的合法权益。同时，数字图书馆需要建立完善的知识产权管理机制，对数字化文献资源进行规范的管理和授权，以确保其能被合法、安全地使用。数字化文献资源建设要紧密结合数字图书馆的特点，注重个性化服务。数字图书馆作为一个开放的知识平台，数字化文献资源的建设应该考虑用户的多样性需求。通过技术手段，数字图书馆能够实现个性化推荐、智能检索等功能，使用户能够更加精准、高效地获取他们感兴趣的文献资源。数字化文献资源的建设还需要与其他数字图书馆服务相互融合。数字图书馆的服务不仅包括了文献资源的获取，还包括了学术交流、数字展览、教育培训等多个方面。数字化文献资源的建设应该与这些服务相互融合，形成一个有机的整体，提升数字图书馆的综合服务水平。数字化文献资源的建设要紧密关注社会和科技发展的趋势。随着科技的不断进步，数字图书馆的服务模式和用户需求也在发生变化。数字化文献资源的建设要与时俱进，不断吸纳新的技术手段，更好地适应社会和科技的发展潮流。数字化文献资源的建设是数字图书馆实现其服务使命的重要手段。通过数字化处理，文献资源得以保存、传播和利用，推动了数字图书馆的现代化发展。数字化文献资源的建设不仅是技术问题，更是对信息时代知识传播方式的深刻思考和创新实践。随着数字化文献资源建设的不断深入，数字图书馆将更好地服务于学术研究、教育和文化传承等多个领域，成为社会进步和知识发展的坚实支持。

（四）系统开发和集成

数字图书馆系统的开发和集成是数字化时代图书馆服务的核心环节。系统开发涉及软件和硬件的设计与构建，而集成则是指各个组件、服务和数据的有机整合。数字图书馆系统的成功开发和集成，直接关系到数字图书馆能否高效、便捷地为用户提供全面的知识服务。系统开发首先需要对数字图书馆的需求进行深入剖析。在需求分析的基础上，系统开发人员要设计系统的整体架构，确定系统所涉及的功能模块和组件。这一过程需要全面考虑数字图书馆的服务目标，以及用户、管理者和其他利益相关者的需求。系统开发人员还需要密切关注技术的发展趋势，选择先进而可靠的技术手段，以确保数字图书馆系统的先进性和可持续性。系统开发中，软件的设计与编码是至关重要的一环。软件设计要满足系统的功能需求，保证系统的稳定性和性能。同时，要注重用户体验，设计友好的用户界面，确保用户能够轻松使用系统。软件编码需要严格遵循设计方案，注重代码的质量和可维护性。系统开发人员还需要对软件进行持续的测试和优化，以确保系统的稳定运行。硬件的选用和配置是数字图书馆系统开发的关键环节。硬件的性能和稳定性直接关系到系统的运行效果。要根据系统的规模和需求，选择合适的服务器、存储设备等硬件设备，并进行合理配置。此外，硬件设备的选用还需要考虑到系统的可扩展性，以便在后续的发展中能够方便地进行扩展。系统集成是数字图书馆服务整体架构的关键。数字图书馆系统不仅具备文献资源存储和检索功能，还提供用户管理、安全保障、学术交流等多个方面的服务。系统集成需要将这些功能有机地整合在一起，形成一个协调一致的整体。集成过程需要确保各个组件之间能够无缝协作，数据流动畅通，用户能够方便地获取到所需的信息。在数字图书馆系统的集成中，需要特别关注数据的整合和管理。数字图书馆涉及海量的文献和多媒体资源，这些资源需要进行有效的分类、索引和管理。数据的整合不仅是对文献资源本身进行整合，还包括对用户信息、学术交流数据等进行整合。在集成过程中，要确保数据的准确性、一致性和安全性。安全性是数字图书馆系统集成的一个重要方面。数字图书馆涉及大量的敏感信息，包括用户的个人信息、学术研究成果等。在系统集成中，需要建立完善的安全机制，包括访问权限的控制、数据的加密和安全审计等措施，以确保数字图书馆系统信息的安全。系统集成还需要考虑到系统的可维护性和升级性。数字图书馆服务是不断发展的，系统需要不断地进行更新和升级。因此，在集成过程中，要考虑到系统的可维护性，确保系统能够方便地进行更新和升级。数字图书馆的系统开发和集成是数字图书馆服务的关键环节。通过需求分析、系统设计、软硬件选用与配置，以及数据整合和安全性保障，数字图书馆系统能够更好地为用户提供高效便捷的知识服务。系统的成功开发和集成是数字图书馆能够在信息时代充分发挥其作用的保障。

（五）培训与推广

培训与推广是数字图书馆服务能否有效覆盖更广泛用户群体、实现数字资源充分利用的关键。培训的目的在于提高用户对数字图书馆系统的熟悉度，使其能够更加熟练地使用各项功能，更好地满足自身信息需求。推广则是将数字图书馆服务推送至更多潜在用户面前，促使更多人参与数字化学术研究、教育和文化传承。培训与推广的有机结合，是数字图书馆服务能够真正融入社会、服务社会的关键一环。在进行数字图书馆应用培训时，首要任务是了解受训者的背景和需求。不同的用户群体，其信息需求和对数字图书馆使用的目的是不同的，因此培训方案需要有针对性。对于学术研究者，培训内容以检索技巧和学术交流平台使用为主；对于普通读者，可以更加注重在基础检索和阅读技能方面的培训。培训方案还要充分考虑到受训者的数字素养水平，保证培训内容深入浅出，易于理解。培训中，不仅需要传授用户数字图书馆使用技能，更要培养用户信息素养。这包括对信息检索、信息评估、信息利用等综合能力的培养。通过培训，用户不仅能够更好地使用数字图书馆提供的各项功能，还能够更加理性、高效地获取、分析和利用信息。培训的方式多样化，可以采用面对面培训、远程培训、在线教程等多种形式。不同的培训方式适用于不同的用户群体。面对面培训可以更好地满足用户的个性化需求，使培训内容更具有针对性和灵活性。远程培训和在线教程则可以更好地被用户适应，不受时间和地点的限制，提高培训的灵活性和便捷性。推广数字图书馆服务需要注重多渠道、全方位的宣传。传统媒体、社交媒体、学术会议等都是有效的宣传途径。通过多样化的宣传手段，数字图书馆服务能够更好地覆盖不同领域、不同群体的潜在用户，提高数字图书馆的知名度和影响力。同时，推广还需要注重口碑传播，通过用户的良好体验和口口相传，实现数字图书馆服务的自我传播。数字图书馆的推广还要依靠与学术机构、教育机构等的深度合作。这种合作关系既可以通过共建共享数字资源的方式，也可以通过共同组织学术交流、培训活动来实现。与相关机构的合作不仅能够拓展数字图书馆的用户群体，还能够为数字图书馆服务的不断优化提供更多的实践和反馈。推广数字图书馆服务还需要注重用户的参与。用户参与不仅体现在他们对于数字图书馆服务的使用，还要让用户成为数字图书馆服务的参与者和推动者。数字图书馆可以通过征集用户的意见建议、开展用户满意度调查等方式，让用户更加深入地参与数字图书馆服务的运营和发展。数字图书馆服务的推广还需要考虑到不同地域、不同文化背景下的差异。推广策略需要具有一定的灵活性，根据不同地域的特点进行调整。数字图书馆可以与地方图书馆、文化机构进行合作，通过本土化的服务方式，更好地适应当地用户的需求。培训与推广是数字图书馆服务成功实施的关键步骤。通过有针对性的培训，用户能够更好地使用数字图书馆服务，提高信息素养；通过多渠道、全方位的推广，数字图书馆服务能够更好地覆盖更广泛的用户群体，提高知名度和影响力。培训与推广的有机结合，是数字图书馆服务能够真正融入社会、服务社会的保障。

三、在线阅读下载的需求与挑战

（一）在线阅读下载的需求

数字图书馆作为一个数字化的知识资源平台，在线阅读和下载服务是其最核心、最重要的功能之一。用户对于在线阅读和下载的需求日益增长，这反映了数字图书馆服务的重要性和实用性。在线阅读下载的需求源自用户对于便捷、高效获取信息的迫切需求，也反映了数字化时代知识传播方式的变革。在线阅读下载服务的重要性在于它使用户能够随时随地、快速便捷地获取所需的文献和信息资源。用户不再受限于传统图书馆的开放时间和地点，而是能够通过互联网轻松获取所需的信息。这种便捷性为学术研究者、学生、普通读者等各个用户群体提供了极大的方便，促进了信息的广泛传播和共享。在线阅读下载服务不仅扩大了用户获取信息的渠道，更提升了用户获取信息的效率。用户可以通过数字图书馆系统迅速找到所需的文献资源，不再需要在纸质书籍中查找，大大节省了时间和精力。同时，用户可以根据自己的需求选择在线阅读或下载保存，使用户对于信息的管理更加灵活和自主。数字图书馆在线阅读下载服务的需求还体现了用户对于多样化资源的追求。数字化时代，信息形式多样，涵盖了图书、期刊、报纸、音像资料等多种形式。在线阅读下载服务能够满足用户对于不同形式、不同领域知识的需求，为用户提供了更加丰富、多元的资源选择。在线阅读下载服务的需求还反映了用户对于知识共享和开放获取的期待。数字图书馆的在线阅读下载服务能够将更多的知识资源向用户开放，不受时间和空间的限制。这种开放获取的模式有利于促进学术研究、教育培训和文化传承的发展，使知识更加平等地被分享和利用。数字图书馆在线阅读下载服务的需求也带来了对于服务质量和用户体验的更高要求。用户希望能够在数字图书馆系统中快速、准确地找到所需的资源，并能够流畅地进行在线阅读或下载操作。因此，数字图书馆需要不断优化系统性能，提升用户体验，满足用户对于服务质量的要求。在线阅读下载服务需求也对数字图书馆的版权管理提出了更高的要求。数字图书馆需要建立完善的版权管理机制，保护知识产权，合理授权，确保在线阅读下载服务的合法性和安全性。这种合法合规的服务模式有利于数字图书馆与作者、出版商等相关机构的合作，促进数字资源的更新和共享。数字图书馆的在线阅读下载服务是其最重要的功能之一，也是用户对数字图书馆服务需求的核心体现。这种服务不仅提升了用户获取信息的便捷性和效率，更推动了知识的共享和开放获取。数字图书馆需要根据用户的需求不断优化服务，提升系统性能和用户体验，以更好地满足用户的知识获取需求。

（二）在线阅读下载面对的挑战

数字图书馆在线阅读下载服务的实施面临一系列的挑战，这些挑战既来自技术层面，也涉及版权管理、服务质量等多个方面。充分了解并应对这些挑战，是数字图书馆保障在线阅读下载服务顺利进行的必要条件。技术挑战方面，数字图书馆需要应对庞大的文献数据和用户请求的高并发。有效的服务器架构、高性能的数据库系统以及强大的网络支持是确保在线阅读下载服务稳定性和流畅性的关键。此外，为了应对不同用户设备和网络环境，数字图书馆需要适配不同平台和提供灵活的网络访问方式，确保用户在各种条件下都能够畅享在线阅读下载服务。版权管理问题一直是在线阅读下载服务面临的重要挑战。数字图书馆需要制定合理的版权策略，确保数字资源的合法获取和使用。与作者、出版商等相关方的协商是保障版权合法合规的关键环节，需要建立起互信合作的良好关系。数字图书馆还需关注国际上相关法规的变化，及时调整版权管理策略以应对不断发展变化的环境。在服务质量方面，数字图书馆在线阅读下载服务需要提供高质量、稳定可靠的服务，这包括系统的稳定性、界面的友好性、检索速度的快捷性等多个方面。数字图书馆需要进行定期的性能测试和用户体验评估，以不断优化服务，提升用户满意度。同时，保障信息的安全性也是在线阅读下载服务不可忽视的方面，数字图书馆需要建立起完善的安全体系，保护用户的隐私信息。在线阅读下载服务挑战还涉及用户的教育和推广。用户需要适应新的服务模式和使用方式，数字图书馆需要积极开展培训活动，提升用户的数字素养。推广活动也是必不可少的，通过多种宣传手段将在线阅读下载服务推送到更多潜在用户面前，激发他们对于数字图书馆服务的兴趣，提高使用率。在面对不同文化和语言环境的用户时，数字图书馆还需应对多样性挑战。在界面设计、服务内容呈现等方面要考虑用户的多元需求，避免文化差异带来的沟通障碍。数字图书馆可以通过多语言支持、本地化服务等方式，更好地适应不同用户群体的需求。数字图书馆在线阅读下载服务也需要应对信息繁杂和质量不一的挑战。数字图书馆需要建立起科学的信息质量评估机制，确保数字资源的准确性、可靠性。对于用户上传的非官方文献或自行制作的文献，数字图书馆需要进行严格审核，以防止错误或低质量的信息进入系统，影响服务的可信度。社会对于数字图书馆在线阅读下载服务的认知和接受度也是一个潜在的挑战。数字图书馆需要通过积极的宣传和教育活动，提升公众对于数字图书馆服务的认知度，提高用户的使用积极性。伴随外部环境的快速变化，数字图书馆在线阅读下载服务还需要不断创新。新兴技术、新的服务模式、用户需求的变化都可能对在线阅读下载服务提出新的要求。数字图书馆需要保持对技术和服务的敏感性，及时调整自身的发展策略，以适应快速变化的信息环境。数字图书馆在线阅读下载服务面临来自技术、版权管理、服务质量、用户教育等多个方面的挑战。通过综合考虑并采取相应措施，数字图书馆能够更好地应对这些挑战，保障在线阅读下载服务的可持续发展。

四、数字图书馆的优势和未来发展趋势

（一）优势

数字图书馆作为信息化时代的产物，其具有显著的优势，这些优势涉及多个方面，包括但不限于信息存储与检索的效率、知识传播的广泛性、服务的灵活性和环境的可持续性等。数字图书馆的优势在于其能够满足用户多样化的信息需求，促进知识共享和普及。数字图书馆的存储与检索效

率远超传统图书馆。数字化的文献资源可以通过网络迅速传输，用户无须亲自前往图书馆，即可在任何地点、任何时间获取所需信息。同时，数字图书馆采用先进的检索技术，用户可以通过关键词、主题、作者等多种方式，快速准确地检索到所需的文献，大大提高了信息的检索效率。数字图书馆具有知识传播的广泛性。数字化的文献资源可以通过互联网全球传播，不受时间和空间的限制。用户可以跨越国界、文化差异，获取到全球各地的学术研究成果和文化信息。这种广泛性的知识传播有助于加强各国之间的学术交流，推动全球知识的共享与合作。数字图书馆还具有服务的灵活性。用户可以根据个人需求定制检索条件，获取个性化的信息服务。数字图书馆不仅提供文献资源的在线阅读和下载服务，还包括学术交流、数字展览、在线培训等多样化的服务形式。这种灵活性不仅方便了用户，也促进了数字图书馆服务的创新和多元化。数字图书馆的环境可持续性是其又一重要优势。数字化文献资源的存储、传输、利用都更加环保，相较于传统纸质图书馆，数字图书馆在节约资源、减少能源消耗方面更具优势。数字图书馆通过采用绿色技术，优化能源利用，有助于建立一个更加可持续的知识环境。数字图书馆还能够充分发挥大数据技术的优势。通过对用户行为、检索习惯等数据进行分析，数字图书馆能够更好地了解用户需求，提供更精准的服务。大数据技术还可以帮助数字图书馆进行资源管理和优化，使图书馆能够更好地满足用户的需求，提升服务质量。数字图书馆在数字化文献资源的保存和保护方面也具有独特的优势。数字资源的备份和存储可以通过多重手段进行，保障文献资源的长期保存。数字图书馆还能够采用数字水印、访问控制等技术手段，提高对文献资源的保障，防范信息的非法传播和侵权行为。数字图书馆的优势还表现在对学术研究和教育的促进方面。研究者可以通过数字图书馆方便地获取到最新的学术研究成果，推动学术研究的发展。教育机构可以通过数字图书馆提供的资源，拓展教学内容，提高教学质量。数字图书馆为学术界和教育界提供了一个更加开放、便捷、高效的平台，推动了学术和教育的蓬勃发展。数字图书馆作为信息社会的产物，具有诸多优势，涵盖了存储与检索效率、知识传播的广泛性、服务的灵活性、环境的可持续性等多个方面。这些优势不仅满足了用户多样化的信息需求，也推动了知识的共享和传播。数字图书馆在数字化时代的发展中将继续发挥其独特的作用，为社会的进步和知识的普及贡献力量。

（二）未来发展趋势

数字图书馆作为信息时代的重要组成部分，其未来发展呈现出多个显著的趋势，这些趋势涉及技术创新、服务拓展、可持续发展等多个方面。全球信息环境的不断演变推动着数字图书馆朝着更加智能化、开放化、可持续化的方向迈进，将为用户提供更加丰富、便捷、多元的知识服务。数字图书馆未来的发展趋势之一是智能化服务。随着人工智能技术的不断发展，数字图书馆将更加注重利用智能技术提升服务水平。自动化的图书分类、智能化的检索推荐、基于用户行为的个性化服务等将成为数字图书馆发展的重要方向。通过引入自然语言处理、机器学习等技术，数字图书馆将更好地满足用户的个性化需求，提供更为智能、高效的服务体验。数字图书馆的未来发展将更加注重多媒体资源的整合与利用。随着科技的进步，数字资源不再局限于文本，音频、视频、虚拟现实等多媒体形式的信息不断涌现。数字图书馆将更加注重多媒体资源的采集、管理与服务。这意味着数字图书馆的服务内容将更加多元，用户可以更全面地获取到各类知识资源，推动数字图书馆成为多媒体学科研究和学习的综合平台。数字图书馆未来的发展将更加注重国际合作和资源共享。数字图书馆作为全球范围内信息资源的承载者，将通过国际合作建设全球性数字图书馆网络，促进全球范围内的文献资源的共享。国际合作将有助于数字图书馆更好地适应多样化的用户需求，共同应对全球性的信息挑战。数字图书馆也将更加积极地参与国际性的数字化文化传承与共享项目，促进全球文化的多元发展。数字图书馆未来的发展还将更加注重社会参与和公众服务。数字图书馆不再仅仅是学术机构和研究者的专属领域，而是向更广泛的社会开放。数字图书馆将通过开展公众教育、文化活动、社区服务等形式，让更多的公众能够参与其中，享受到数字图书馆所提供的服务。数字图书馆将成为社会共享知识、文化、信息资源的平台，为社会的全面发展贡献力量。在技术方面，数字图书馆未来的发展将更加注重新兴技术的应用。区块链技术、云计算、大数据分析等将为数字图书馆提供更多可能性。区块链技术可以用于文献资源的版权管理，保障知识产权。云计算技术可以提高数字图书馆系统的弹性和可扩展性。大数据分析则有助于更好地理解用户需求，提供更为精准的服务。数字图书馆未来的发展还将更加注重可持续性。数字图书馆需要在信息资源的获取与保存、技术设施的更新与维护、服务模式的创新等方面保持可持续性发展。数字图书馆将更注重绿色技术的应用，通过节能减排、环保措施，降低数字图书馆对自然环境的影响。可持续性的数字图书馆将更好地适应社会的需求，实现信息资源的可持续利用。数字图书馆未来的发展呈现出多层次、多维度的趋势。从技术到服务，从国际合作到社会参与，数字图书馆将在不断变革的信息环境中不断发展创新，为用户提供更为丰富、智能、可持续的知识服务。数字图书馆将成为人们获取信息、开展研究、参与文化活动的重要场所，为社会的进步和知识的普及贡献力量。

（三）评估和改进

数字图书馆的评估和改进是一个不断演进的过程，涉及多个方面，包括技术设施、服务质量、用户满意度、资源管理等。这一过程需要数字图书馆不断采取有效的措施，以适应信息时代的发展，满足用户的需求，提高服务水平。对数字图书馆的技术设施进行评估和改进是至关重要的。技术设施的稳定性、性能、安全性直接关系到数字图书馆的服务质量。评估包括对硬件设备、网络带宽、数据库系统等方面进行评估，确保其能够满足数字图书馆日益增长的数据和用户需求。改进方面可以通过更新硬件设备、优化网络架构、引入新的技术手段等方式，提升技术设施的整体水平。服务质量的评估和改进是数字图书馆发展的关键。用户体验是服务质量的核心，数字图书馆需要关注用户的需求、反馈，通过不断改进服务流程、界面设计、检索算法等，提高用户满意度。服务质量的提升还需考虑文献资源的质量和多样性，数字图书馆应不断丰富数字资源，确保其覆盖面和深度，满足不同用户群体的需求。数字图书馆还需关注用户隐私和信息安全问题。应评估用户数据存储和传输过程中的安全性，以及数字图书馆应对潜在威胁的能力。改进方面可以通过引入先进的加密技术、建立健全的用户隐私政策等方式，加强对用户信息的保护。资源管理是数字图书馆运营中的一个关键环节，需要不断评估和改进，这包括数字资源的采集、整理、存储和更新等方面。需要评估数字图书馆的资源覆盖面、更新速度、对新兴领域的关注度等方面。可以通过与其他机构合作、引入自动化的采集和整理技术、建立更加灵活的资源管理机制等方式，优化数字图书馆的资源结构和质量。数字图书馆还需要注重社会参与和公众服务的评估与改进。数字图书馆作为社会文化的一部分，其服务对象既包括学术研究者和学生，也包括一般公众。需要评估数字图书馆的社会影响力、参与度和服务覆盖面。改进方面可以通过开展更多的公众教育、文化活动、社区服务等方式，加强与社会各界的联系，提高数字图书馆的社会价值。数字图书馆还需关注可持续性。在资源利用、环境保护等方面，数字图书馆需要不断审视自身的可持续发展性。需要评估数字图书馆的节能减排措施、绿色技术应用等方面。改进方面可以通过引入更环保的技术、制定更为严格的可持续发展政策等方式，推动数字图书馆走向更加可持续的未来。数字图书馆还需注重国际化。随着全球信息的日益互通，数字图书馆需要更好地融入国际化的信息环境。需要评估数字图书馆的国际影响力、与国际机构的合作程度等方面。改进方面可以通过加强与国际数字图书馆的交流合作、提升数字图书馆的多语言服务水平等方式，促进数字图书馆在全球范围内更好发展。数字图书馆的评估和改进是一个全面的、系统的工程，需要从技术设施、服务质量、用户满意度、资源管理、社会参与、可持续性和国际化等多个方面进行深入研究。数字图书馆需要借鉴先进的管理经验，结合自身实际，采取有力措施，不断优化自身，提升服务水平，适应信息社会的发展。这是数字图书馆走向更加健康、可持续的未来的必然要求。

第二节　移动应用和电子书阅读器

一、移动应用在数字图书馆中的背景和意义

（一）移动应用在数字图书馆中的背景

数字图书馆是信息时代的产物，其以电子化、网络化、数字化为特征，为用户提供了更为便捷、高效的信息获取和管理方式。在这一背景下，移动应用的出现成为数字图书馆发展的重要驱动力。移动应用的迅猛发展，催生了数字图书馆的新变革，为用户提供了更加便捷的图书馆体验。移动应用的普及改变了用户获取信息的方式。过去，人们需要亲自前往图书馆，通过翻阅书籍和资料来获取所需信息。而有了移动应用，用户可以随时随地通过手机或平板电脑轻松获取图书馆的资源，不再受限于时间和空间的限制。这种随时随地的信息获取方式，使用户能够高效地利用碎片化的时间，更加方便地满足自己的信息需求。移动应用为数字图书馆注入了更加丰富的功能。传统图书馆主要提供图书借阅和阅览服务，而移动应用则不局限于此。通过移动应用，用户可以进行图书的在线阅读、文献检索、知识分享等多样化的操作。此外，一些移动应用还提供了个性化推荐服务，根据用户的兴趣和阅读历史，智能推荐相关的图书和资料，使用户能够更加精准地找到所需信息。移动应用的出现也为数字图书馆提供了更为便捷的社交交流平台。传统图书馆以沉默为主，用户多是在阅读中保持安静，移动应用则通过社交功能打破了这种沉默。用户可以在应用内与其他用户进行交流、讨论，分享自己的阅读心得和观点。这种社会交往不仅丰富了用户的图书馆体验，也促进了用户之间的知识交流和合作。移动应用还为数字图书馆的资源管理提供了更为高效的手段。传统图书馆需要通过人工对图书进行分类、整理和管理，而移动应用则通过先进的技术手段，能够更加智能地对图书馆的资源进行管理。通过数据分析和机器学习算法，移动应用能够更准确地了解用户的需求，优化资源配置，提高图书馆的服务

效率。移动应用在数字图书馆中的崛起，不仅改变了用户获取信息的方式，丰富了图书馆的功能，还提供了更为便捷的社会交往平台，同时优化了图书馆的资源管理。这种融合了先进技术和图书馆服务的创新模式，为数字图书馆带来了新的发展机遇，使图书馆成为信息社会中不可或缺的重要组成部分。

（二）移动应用在数字图书馆中的意义

数字图书馆的影响意义深远而广泛，而移动应用的引入更是为其发展注入了新的生机。移动应用作为一种工具，不仅提供了更为方便的访问途径，更在实质上拓展了数字图书馆的服务边界。这种发展不仅使图书馆在用户体验上更加贴近个体需求，也促使图书馆在数字化时代变革。数字图书馆作为知识资源的仓库，其意义首先在于为用户提供了一个广阔的知识获取平台。通过数字化的手段，用户能够更便捷地浏览、搜索和获取所需的信息。移动应用的出现使这种便捷程度进一步提升，用户可以随时随地通过手机或平板设备进行访问，不再受限于时间和地点。这种即时性和无缝性，为用户提供了更为灵活的学习和研究工具，使知识的边界得以打破，实现了知识获取的全方位覆盖。

移动应用的引入为数字图书馆注入了更为多样化的服务模式。传统图书馆主要以图书借阅为主要服务，而移动应用则通过其多功能性，拓展了服务的广度。用户可以通过应用在线阅读、下载文献、参与讨论，甚至与其他用户进行实时交流。这种多样性服务，不仅丰富了用户体验，也使数字图书馆从单一的资源存储机构变成了一个集合了知识、学术交流和社交的综合性平台。移动应用的存在也为数字图书馆带来了更为个性化的服务。通过对用户行为的分析，移动应用能够更加智能地推荐相关资源，使用户能够更快速地找到符合个人兴趣和需求的信息。这种个性化服务的引入，使数字图书馆不再是一种静态的资源库，而是能够主动适应用户需求的动态平台。用户通过使用移动应用，不仅能够更深度地挖掘所需信息，同时也在使用过程中形成了一个个性化的知识交流圈。

移动应用也为数字图书馆提供了更为高效的管理手段。通过应用内的数据分析和管理工具，数字图书馆能够更加迅速地了解用户需求，优化资源配置，提高服务效率。这种高效的管理模式，使数字图书馆能够更好地应对信息爆炸的时代，保证知识资源的最大化利用，实现了数字图书馆的可持续发展。移动应用在数字图书馆中的引入不仅使知识获取更为便捷，也为图书馆的服务模式注入了新的元素。这种融合了数字技术和知识服务的创新模式，使数字图书馆不再是传统意义上的静态存储机构，而是一个具有生命力、适应性和多样性的知识平台。移动应用的存在，为数字图书馆打开了更为广阔的发展空间，推动了数字图书馆在数字化时代的全新转型。

二、数字图书馆移动应用的特点和功能

（一）移动应用的特点

数字图书馆移动应用作为数字时代的产物，具有多重独特的特点。首先，它以便捷性为核心，通过无时无刻的在线连接，方便用户随时随地获取信息。其次，移动应用在用户体验上追求高度个性化，通过智能推荐和个性化设置，满足用户多样化的需求。另外，移动应用注重社交性，通过交流和分享功能，拉近了用户之间的距离，形成了一个共享知识的社区。除此之外，数字图书馆移动应用通过多功能性设计，实现了资源的多维度利用，使用户不局限于传统的阅读，能够参与知识的共建和交流。

数字图书馆移动应用的便捷性是其最为显著的特点之一。用户无须受制于时间和地点，只需通过手机或平板设备就能够轻松访问数字图书馆的丰富资源。这种即时性特点使用户可以在任何时候，获取所需的信息，不再受制于传统图书馆的开放时间和地理位置。这种全天候的服务，极大地提高了用户的使用便利性，使数字图书馆成为用户获取信息的随身工具。数字图书馆移动应用通过个性化服务，为用户打造了一个定制化的学术空间。通过对用户行为和兴趣的智能分析，移动应用能够精准地推荐符合用户需求的资源，使用户在海量信息中更加迅速地找到感兴趣的内容。这种个性化的服务不仅提升了用户的满意度，也使数字图书馆的服务更加贴合用户的需求，为用户提供了更为个性化的知识体验。数字图书馆移动应用注重社交性，通过交流和分享功能构建了一个知识共享社区。用户可以在

应用内参与讨论，分享自己的阅读心得，与其他用户互动。这种社交性特点使数字图书馆不再是一个孤立的知识存储仓库，而是一个具有活力和互动性的知识共建平台。用户之间的交流和分享，丰富了知识的维度，使数字图书馆更具社会性和群体性。

数字图书馆移动应用在功能上的多样性也是其特点之一。除了传统的在线阅读和检索功能，移动应用还提供了诸如在线讨论、知识分享、文献下载等多样的服务。这种多功能性使用户在应用内能够完成更为复杂的操作，不再受限于传统图书馆的单一服务模式。用户通过移动应用，不仅能阅读知识，更能参与知识的创造和分享，使数字图书馆的服务更加全面和多元。数字图书馆移动应用以便捷性、个性化、社交性和多功能性为特点，构建了一个数字化时代的全新学术平台。这种新型应用在不断满足用户需求的同时，也为数字图书馆的发展注入了更为丰富的内涵。移动应用不仅是数字图书馆的工具，更是推动数字图书馆变革、创新的重要引擎。

（二）移动应用的功能

数字图书馆移动应用以其丰富多样的功能而备受青睐。首先，其最基础的功能是在线阅读，用户能够直接通过应用阅读电子书籍、期刊、论文等数字化文献资源。其次，移动应用还提供了强大的检索功能，使用户能够快速、准确地检索所需资料。这种检索功能支持关键词搜索、分类检索等多种方式，让用户能够以最便捷的方式找到所需信息。移动应用还提供了文献下载的功能，允许用户将所需文献保存在本地，便于离线时继续阅读。除了下载功能，还有书签和笔记功能，用户能够标记感兴趣的内容、添加个人笔记，方便后续复习和参考。一些应用甚至提供了语音朗读功能，使用户能够通过听书的方式获取信息，提高使用灵活性。移动应用在交互和社交方面也有独特的功能设计。用户可以在应用内参与讨论、评论，与其他用户分享观点和心得。这种社交功能促进了知识的交流与分享，构建了一个互动性强、共建共享的学术社区。一些应用还设置了个性化推荐功能，根据用户的阅读偏好和历史记录，智能推荐相关资料，提升用户体验。除此之外，移动应用还提供了资源管理和个人信息管理功能。用户可以管理个人信息、借阅记录，了解自己的阅读情况。图书馆方面则能够通过应用的管理工具进行资源管理、统计分析，优化服务效率。一些应用还支持多平台同步，用户可以在不同设备上同步阅读进度和个人设置，提供了更为便捷的使用体验。更深层次的功能包括数据分析与挖掘。移动应用通过对用户行为和使用习惯的分析，能够了解用户需求、优化推荐，提高服务的个性化程度。这种数据分析也为图书馆提供了重要的决策依据，有助于图书馆资源的优化配置和服务质量的提升。数字图书馆移动应用的功能十分丰富多样。从基础的阅读和检索到社会交往、个性化推荐，再到资源管理和数据分析，这些功能的完善和创新不仅提升了用户体验，也为数字图书馆的发展带来了新的机遇和挑战。移动应用的不断创新和完善，推动了数字图书馆朝着更加便捷、智能化和多元化的方向发展。

三、电子书阅读器与数字图书馆

（一）电子书阅读器在数字图书馆中的背景

电子书阅读器在数字图书馆中扮演着不可或缺的角色，成为数字时代推动图书馆转型的有力工具。数字图书馆作为传统图书馆的数字化延伸，积极应对社会信息化的发展趋势。电子书阅读器以其便携、便捷、个性化的特点，与数字图书馆相互融合，共同构建了一个数字化、智能化的学术知识环境。电子书阅读器的出现改变了人们获取知识的方式，使阅读变得更加轻便和高效。相较于传统的纸质书籍，电子书阅读器以其小巧的体积和轻便的携带方式，使用户能够随时携带大量书籍，轻松在不同地点进行阅读。这种可携带性使电子书阅读器成为移动时代学术人士的得力助手，而数字图书馆则为其提供了充实、多元的数字资源。在数字图书馆中，电子书阅读器为用户提供了更为便捷的数字图书阅读体验。用户无需前往实体图书馆，只需通过电子书阅读器即可访问数字图书馆的海量资源。这种随时随地的访问方式，大大拓展了用户的学术活动范围，使其能够更加灵活地进行学术研究、获取信息。同时，电子书阅读器还支持在线和离线阅读，用户可以根据自身需求选择合适的阅读方式，使数字图书馆资源的灵活度得到提高。

电子书阅读器的个性化设置也为数字图书馆的服务注入了更多的元素。

用户可以根据自己的喜好调整字体大小、颜色、背光等参数，以满足个体化的阅读需求。这种个性化设置不仅提高了阅读的舒适度，也使数字图书馆能够更好地满足用户多样化的阅读习惯和需求。在数字图书馆中，电子书阅读器的智能化功能得到了更为充分的发挥。通过与数字图书馆平台的互动，电子书阅读器能够实现阅读、搜索、标注和记笔记等功能。一些电子书阅读器还具备语音朗读、自动翻页等智能化的操作，提升了用户的使用体验。

数字图书馆通过与电子书阅读器的融合，实现了数字资源的智能化管理和个性化服务。电子书阅读器在数字图书馆中的应用，也为学术交流提供了更多可能性。通过电子书阅读器，用户可以轻松参与数字图书馆的讨论、评论，分享自己的阅读体验和见解。这种交流方式使数字图书馆不再是一个静态的知识库，而是形成了一个互动性和社交性强的学术社区。电子书阅读器与数字图书馆的融合，不仅为用户提供了更为便捷、个性化的数字阅读体验，也使数字图书馆的服务更加智能化和多元化。数字图书馆与电子书阅读器的共同发展，构建了一个数字化时代的学术知识平台，为学术研究、信息获取提供了更为丰富和灵活的工具。这种数字化阅读模式的崛起，不仅推动了图书馆的数字转型，也助力了学术交流和知识共享的全新格局的形成。

（二）电子书阅读器在数字图书馆中的意义

数字图书馆在现代社会扮演着极为重要的角色，而电子书阅读器的引入则为数字图书馆注入了新的活力和意义。电子书阅读器作为数字图书馆的载体，不仅实现了数字化文献的便捷获取，更推动了阅读方式的变革，为学术研究、知识传播提供了全新的可能性。电子书阅读器在数字图书馆中的意义体现在其强调的数字化便捷性。传统的图书馆依赖于实体纸质书籍，用户需要亲自前往阅览室或者借阅书籍。有了电子书阅读器，用户可以随时随地通过网络访问数字图书馆的资源，无须受到时间和地点的限制。这种数字化便捷性极大地提高了用户的阅读效率，使学者、研究人员等用户能够更加方便地获取所需资料，促进了学术研究的发展和知识的传播。电子书阅读器的引入强化了数字图书馆的个性化服务水平。电子书阅读器通过智能推荐算法，根据用户的阅读历史和兴趣，精准地推荐相关的文献资源。这种个性化服务使用户能够更具针对性地获取符合自身需求的信息，提升了用户体验。用户可以根据个人偏好设置字体、背光等参数，使阅读过程更加舒适，体现了数字图书馆对用户个性化需求的关注。在数字图书馆中，电子书阅读器还具有便携性和多功能性特点。由于其轻巧、便携，用户可以将阅读器随身携带，避免了繁重的书籍携带负担。

此外，电子书阅读器不仅具有阅读功能，还支持搜索、标注、记录等多种操作，使用户能够更灵活地对文献进行管理和利用。这种便携性和多功能性的结合，使电子书阅读器在数字图书馆中具有更广泛的应用场景。电子书阅读器在数字图书馆中的引入，强调了数字化时代的社交性和互动性。一些电子书阅读器通过社交平台的整合，使用户能够在数字图书馆内进行交流、评论、分享。这种社交性特点丰富了数字图书馆的活力，构建了一个开放的学术社区，促进了学者和研究人员之间的交流合作。数字图书馆不再是一个孤立的信息存储平台，而是形成了一个共享知识、共建学术的社交圈。电子书阅读器还催生了数字资源的智能化管理。通过电子书阅读器与数字图书馆平台的交互，用户的阅读行为和偏好被记录下来，形成数据。数字图书馆可以通过对这些数据的分析，了解用户的需求，优化资源配置，提高服务质量。这种智能化的数据管理手段，为数字图书馆的可持续发展提供了更为有效的支持。

电子书阅读器在数字图书馆中的引入，不仅带来了数字化时代阅读方式的转变，更为数字图书馆赋予了新的意义。数字图书馆不再是传统的纸质书库，而是一个数字资源的丰富汇聚地，电子书阅读器为用户提供了便捷、个性化、多功能的数字阅读体验。这种数字化阅读的演进，标志着数字图书馆在不断适应时代变迁，迈向了更加开放、智能化的未来。

（三）电子书阅读器在数字图书馆中的功能

电子书阅读器在数字图书馆中的功能丰富多样，为用户提供了便捷、个性化、智能化的数字阅读体验。首先，作为数字图书馆的载体，电子书阅读器实现了数字化文献的在线阅读。用户可以通过电子书阅读器轻松访问数字图书馆的数字化资源，实现即时、便捷的阅读体验。其次，电子书阅读器支持全文搜索和高级检索功能。用户可以通过关键词、作者、主题等多种检索方式，快速定位所需的文献资源。这种高效的检索功能使用户能够更迅速地找到相关信息，提高了数字图书馆资源的利用效率。在个性化服务方面，电子书阅读器允许用户自定义阅读设置，包括字体大小、颜色、背光等参数的调整。这种个性化设置不仅满足了用户对阅读环境的个体需求，还提升了阅读的舒适度，使数字图书馆的服务更贴近用户的个性化体验。电子书阅读器的标注和笔记功能也为用户提供了便捷的阅读工具。用户可以在电子书中进行文字标注、画线、添加笔记，实现对文献的个性化整理和标记。这种功能不仅方便了用户对重要信息的记录，也为后续的学术研究和论文写作提供了便利。电子书阅读器支持文献的下载和离线阅读功能。用户可以将所需的文献资源下载到阅读器本地，随时随地进行离线阅读，解决了网络不稳定或无网络环境下的阅读问题。这种离线阅读功能使用户对数字图书馆资源的利用更加灵活。

社交互动是电子书阅读器在数字图书馆中的又一重要功能。一些电子书阅读器提供了在线讨论、评论和分享功能，用户可以在数字图书馆内进行交流和互动。这种社交性功能促进了知识的共享，通过电子书阅读器构建了一个开放、互动的学术社区。电子书阅读器的智能推荐功能也是其在数字图书馆中的独特之处。通过分析用户的阅读历史和行为，电子书阅读器可智能地推荐相关的文献资源，提供个性化的阅读建议。这种智能推荐不仅减轻了用户在海量资源中查找的压力，也丰富了用户的阅读体验。电子书阅读器还支持多端同步功能。用户可以在不同设备上同步阅读进度、个性化设置和笔记标注，实现了数字图书馆服务的无缝衔接。这种多端同步使用户能够更加自由地切换阅读设备，保持阅读的连贯性。电子书阅读器在数字图书馆中的功能丰富多样，满足了用户对数字化阅读的多方面需求。从便捷的在线阅读到个性化设置、笔记标注，再到智能推荐和社交互动，电子书阅读器为数字图书馆的服务提供了全面而强大的支持。这种数字化阅读的新模式，不仅带来了用户体验的提升，也推动了数字图书馆的不断创新和发展。

四、未来发展趋势与挑战

（一）移动应用在数字图书馆的发展趋势

数字图书馆在移动应用的引领下迎来了多重发展趋势，形成了一个日趋完善和多元化的数字化学术环境。首先，移动应用的普及和技术的不断进步使数字图书馆在用户体验方面实现了质的飞跃。用户通过移动应用可以随时随地访问数字图书馆的丰富资源，实现了高效便捷的信息检索和获取。其次，移动应用结合了先进的技术手段，如人工智能和大数据分析，为用户提供更为个性化、精准的服务，从而提高了数字图书馆的服务质量。

移动应用的发展也推动了数字图书馆的社交化进程。通过移动应用，用户能够轻松在数字图书馆的在线社区中与其他用户进行知识的交流、分享与合作。这种社交化的趋势不仅拉近了用户之间的距离，还为知识的共建提供了更为广泛的平台。数字图书馆不再是一个静态的知识库，而是演变成一个充满活力、互动性强的学术社区。在移动应用的推动下，数字图书馆还向着多媒体和跨学科的方向发展。移动应用支持更多形式的数字资源，包括音频、视频、虚拟现实等，使用户能够以更为多元化的方式获取和学习知识。数字图书馆的资源也开始跨越不同学科领域，打破了传统学科的壁垒，为用户提供更为全面和综合的信息服务。

数字图书馆移动应用也注重用户的学术生命周期。从学生到学者，移动应用通过个性化推荐、学术指导等方式，为用户提供了更为全面的学术支持。用户可以在应用中找到与自己学术发展阶段相适应的资源和服务，实现了数字图书馆服务的渗透性和精细化。随着移动应用技术的不断创新，数字图书馆还在向可视化和互动性方向发展。通过图形化的界面和交互式的设计，移动应用使用户能够更加直观地了解和利用数字图书馆的资源。这种可视化和互动性设计不仅提高了用户的使用体验，也促进了用户对知识的深入理解和探索。在数字图书馆移动应用的发展中，安全性和隐私保护也逐渐成为一个重要的关注点。移动应用在数据存储、传输和用户身份验证等方面引入了更为严密的安全机制，以确保用户信息不被泄露。数字图书馆通过对移动应用的安全性进行加强，提升了用户对数字资源的信任感，使用户更加愿意积极参与到数字图书馆的学术社区中。数字图书馆在移动应用的推动下呈现出多个显著的发展趋势。从用户体验的提升到社交化的发展，再到资源形式的多样化和服务的全程性，数字图书馆在移动应用的助力下正不断走向更加开放、智能化的未来。这一数字化时代的趋势也将继续引领数字图书馆的发展方向，为用户提供更为优质、便捷的阅读服务。

（二）数字图书馆在运用移动应用中的挑战

数字图书馆在移动应用的运用中面临着众多挑战，这些挑战既源自技术层面的限制，也涉及用户需求和社会背景的复杂变化。①移动应用的兼容性问题是数字图书馆不可忽视的挑战之一。由于不同移动设备的操作系统、屏幕尺寸和性能差异较大，数字图书馆需要在各种平台上确保应用的兼容性和稳定性，以提供一致性的用户体验。②数字图书馆在移动应用中的信息安全问题备受关注。用户个人信息、学术研究数据等敏感信息在数字图书馆应用中的传输和存储，面临网络攻击和非法获取等潜在风险。保障信息的安全性不仅需要数字图书馆采用高强度的数据加密手段，还需要建立健全的用户身份验证机制，以防范潜在的安全威胁。③移动应用的用户体验问题也成为数字图书馆面临的挑战之一。由于移动设备屏幕相对较小，数字图书馆需要在有限的空间内展现大量的信息，使界面设计变得尤为重要。如何在有限的界面空间内呈现足够的信息，保持用户的阅读体验不受干扰，是数字图书馆在移动应用中需要认真考虑的问题。④移动应用在数字图书馆中还需要应对信息过载的挑战。随着数字化信息的迅速增加，数字图书馆需要在移动应用中实现更为智能的信息过滤和推荐机制，以满足用户的个性化需求。然而，实现精准的信息过滤和推荐依赖于先进的算法和大数据分析，这也是数字图书馆在技术上所面临的挑战。⑤数字图书馆在移动应用中还需解决资源获取和版权问题。由于数字图书馆所提供的文献资源众多，其中包含了大量的版权保护作品。数字图书馆需要确保移动应用中的资源获取与版权的合法合规，以避免侵权问题，同时保障作者和版权方的合法权益。⑥在移动应用中实现数字图书馆的社交化互动同样是一项具有挑战性的任务。数字图书馆需要通过移动应用搭建起用户之间的交流与合作平台，然而，提高用户参与度需要克服不同学科背景、语言文化的阻碍，实现多样性的用户社交圈。数字图书馆在移动应用中需要克服设备硬件性能的限制。不同的移动设备性能差异较大，一些低性能设备可能无法流畅运行某些复杂的应用功能，这对数字图书馆的功能设计和用户体验提出了额外的技术挑战。

数字图书馆在移动应用发展过程中面临多重挑战，既有技术方面的困难，也涉及用户体验和社会背景的复杂性。充分认识和应对这些挑战，将有助于数字图书馆更好地满足用户需求，推动数字化学术环境的不断完善。

（三）数字图书馆中电子书阅读器的发展趋势

数字图书馆中电子书阅读器的发展呈现出多重趋势，其发展既受技术创新的影响，也受到用户需求和社会背景的影响。①技术不断创新。随着科技的进步，电子书阅读器的硬件和软件技术不断更新升级，提供更高分辨率、更长续航时间、更快响应速度等更为出色的阅读体验。技术创新助推了电子书阅读器的不断演进，使其在数字图书馆中扮演更为重要的角色。②内容的多元化。随着数字图书馆数字化资源的不断增加，电子书阅读器逐渐支持更多种类的内容，包括图书、期刊、论文、音频和视频等多媒体资源。这使用户可以更全面地获取各种形式的知识，提高了数字图书馆资源的丰富度和多样性。③个性化服务成为一个显著的趋势。通过用户的阅读历史、偏好和行为数据，电子书阅读器能够为用户提供个性化的推荐、定制化的界面设置和个人书库管理等服务。这种个性化服务使用户能够更自由地定制自己的数字阅读环境，提高用户对数字图书馆的满意度和忠诚度。④社交化的趋势。一些电子书阅读器引入社交媒体功能，使用户能够在阅读过程中进行分享、评论，形成一个开放、互动的学术社区。这种社交化的趋势不仅促进了用户之间的交流，也丰富了数字图书馆的社交环境，推动了知识的共建和分享。⑤跨平台和云服务的整合。随着用户在不同设备上的阅读需求增加，电子书阅读器越来越注重在不同平台上的一致性体验。同时，通过对云服务的整合，在不同设备上同步阅读、书签记录和阅读进度，可使数字图书馆服务更加贴近用户的移动生活方式。⑥开放资源获取。一些数字图书馆通过电子书阅读器提供的开放资源，使用户能够免费获取更多的学术信息。此外，电子书阅读器也支持在线学习和对开放教育资源的使用，为用户提供了更灵活、便捷的学术学习机会。⑦可持续性发展。数字图书馆采用电子书阅读器后更加注重内容采购、版权合作等方面的可持续发展模式，以确保数字资源的长期稳定提供。这体现了数字图书馆对社会责任和可持续性发展的重视，为未来的数字化学术环境提供了更加稳健的基础。

数字图书馆中电子书阅读器的发展呈现出多个趋势，包括技术的不断创新、内容的多元化、个性化服务、社交化互动、跨平台整合、开放获取和开放教育的促进，以及对可持续性发展的关注等。这些趋势共同推动了电子书阅读器在数字图书馆中的演进，为用户提供了更为丰富、便捷的数字阅读体验。

（四）数字图书馆使用电子书阅读器面临的挑战

电子书阅读器在数字图书馆中的使用面临一系列挑战，这些挑战既涉及技术层面，也涵盖用户体验和社会背景等多个方面。①技术规范和标准的不一致。由于不同厂商、平台和格式之间存在差异，导致电子书在不同设备和应用之间的兼容性问题突出，这给数字图书馆提供一致性服务带来了一定的困扰。②电子书阅读器的数字版权和数字内容管理。由于电子书涉及大量的数字内容，数字图书馆需要面对版权问题和合法获取数字内容。保障作者和版权方的权益，同时为用户提供丰富的数字资源，是数字图书馆在电子书阅读器应用中需要综合考虑的难题。③用户体验。电子书阅读器需要在小屏幕上提供舒适的阅读体验，同时了解不同用户的习惯和偏好。界面设计、字体排版、亮度调整等方面的个性化设置需要更加人性化和智能，以满足用户多样化的需求，这对数字图书馆提供高质量的用户体验构成了挑战。④安全和隐私问题。用户在使用电子书阅读器时需要提供个人信息，包括账户信息和阅读习惯等。数字图书馆需要采取有效的措施确保这些信息的安全性，防范潜在的网络攻击和非法获取行为，以保护用户的隐私权益。⑤电子书阅读器中的社交互动。用户希望能够在阅读过程中与其他用户交流、分享感想，但如何在保障知识产权的前提下实现有效的社交互动仍然是一个问题。数字图书馆需要在社交功能的引入中平衡知识分享和版权保护的关系，确保社交互动对学术社区的积极贡献。⑥在电子书阅读器中实现可持续发展。随着技术的不断更新和图书馆数字化资源的增长，数字图书馆需要制定合理的数字资源管理策略，确保长期稳定地提供高质量的电子书资源。此外，数字图书馆还需要应对电子设备更新换代的问题，确保电子书阅读器的兼容性达标和可持续发展。

电子书阅读器在数字图书馆中的应用面临多方面的挑战，包括技术兼容性、版权管理、用户体验、安全隐私、社交互动和可持续发展等方面。数字图书馆需要综合考虑这些挑战，通过技术创新、法规制度的建设和用户教育等手段，不断完善电子书阅读器的应用环境，提高数字图书馆服务的质量和可持续性。

第三节　用户体验设计

一、导航和访问阶段

（一）导航设计

在数字图书馆导航设计中，我们需要关注用户体验、信息检索效率以及界面友好性等方面，创造一个无缝的浏览环境。①导航设计应注重用户习惯和心理模型，通过深度了解用户行为和期望，以及他们与信息互动的方式来建立有效的导航体系。在数字图书馆的界面设计中，采用直观的图形元素和直观的标识，以减少用户认知负担。用户应该能够轻松地理解导航图标和标签，使其在不同设备上都能够方便地浏览和查找所需信息。②导航设计应该追求简单而有序的布局，以确保用户能够迅速找到他们需要的内容。③导航设计还应考虑到不同用户群体的需求，包括不同年龄、文化和能力水平的用户。通过巧妙地整合多样性元素，使导航系统能够适应各种用户需求，提高整体的可访问性。这包括但不限于语言选择、字体大小调整和色彩对比度等方面。④在数字图书馆导航设计中，信息的分类和组织也是至关重要的。合理的信息结构可以提高用户的检索效率，通过明晰的分类和标签，用户能够迅速了解并找到所需的信息，无须在复杂的系统中迷失方向。因此，在设计过程中，需要充分考虑不同信息资源之间的关联性，确保用户能够顺利地进行跨资源的导航。⑤导航系统的反馈机制也是设计的重要组成部分。通过明确的反馈，用户能够准确地了解他们当前所处的位置，以及他们的操作是否成功。这可以通过视觉、听觉或触觉等多种方式来实现，以提供全面而直观的用户体验。⑥在数字图书馆导航设计中，随着技术的发展，我们还可以考虑引入人工智能技术，以进一步提升用户体验。例如，通过个性化推荐系统，根据用户的历史浏览和检索行为，为其提供更精准的推荐服务，使用户能够更快速地发现新的内容。

数字图书馆导航设计的关键在于深刻理解用户需求，采用直观而有效的界面设计，合理组织信息结构，提供清晰的反馈机制，并通过技术手段不断优化用户体验。这样的设计能够使用户在数字图书馆中轻松自如地获取所需信息，从而更好地满足其学术和娱乐需求。

（二）可访问性

数字图书馆的可访问性至关重要，因为这关系到用户群体的信息获取体验。在设计数字图书馆时，必须考虑不同用户的能力和需求，以确保每个人都能够方便地访问和利用这一信息资源。可访问性设计不仅仅是一种法定要求，更是对社会平等的一种实质性贡献。数字图书馆的可访问性设计应该以无障碍为基础。这包括但不限于为视觉障碍用户提供专属界面，确保所有图像和图表都能够通过文字说明或其他替代方式传达信息。对于听觉障碍用户，应提供文字转语音的功能，以确保音频内容能够以可访问的方式呈现。数字图书馆的界面设计应该注重键盘导航。不仅依赖于鼠标操作，还要确保用户可以通过键盘轻松地浏览和交互。这对于那些使用辅助技术的用户，或者由于身体状况无法方便地使用鼠标的用户来说尤为重要。字体和颜色的选择也需要考虑到可访问性。确保文字清晰可辨认，避免使用过小或者难以辨认的字体。对于色盲用户，避免过分依赖颜色来传达信息，可通过文字或图案来辅助传达信息。数字图书馆的多语言支持也是可访问性的一部分。确保系统能够轻松切换和显示不同语言内容，以满足不同文化和语言背景用户的需求。对于有认知障碍的用户，导航系统的简洁性和逻辑性至关重要。避免复杂的层次结构和过多的信息，确保用户能够迅速而准确地找到他们需要的内容。对于移动设备用户，响应式设计是确保可访问性的重要手段。数字图书馆的界面应该能够自适应不同屏幕大小，并提供方便的导航和操作方式，以满足用户在移动设备上访问图书馆的需求。数字图书馆的可访问性设计需要综合考虑不同类型和程度的障碍，以确保所有用户都能够平等地利用这一信息平台。通过这样的可访问性设计，数字图书馆将真正成为一个为每个人服务的共享知识空间。

二、资源查找和利用阶段

（一）搜索体验

数字图书馆的搜索体验在整个信息获取过程中占据着至关重要的地位。良好的搜索体验可以极大地提高用户的满意度，使其更快速地找到所需的信息。在数字图书馆的设计中，使搜索体验良好的关键在于设计一个直观、智能且高效的搜索系统。搜索框的位置和大小应该符合用户的使用习惯。搜索框不应该被埋藏在页面的深处，而是应该在用户打开页面时就显而易见。一方面搜索框应足够容纳用户输入的信息，避免让用户感到受限。一个明晰的搜索框能够为用户提供开始探索的入口，让他们迅速投入信息搜索过程。搜索结果的呈现方式至关重要。清晰而有序的搜索结果可以帮助用户更容易地找到他们想要的信息。应该在搜索结果页面上提供足够的过滤和排序选项，以便用户根据自己的需求对搜索结果进行调整。这样的设计能够更好地满足用户的个性化搜索需求，提高搜索效率。在搜索算法方面，应该注重提高搜索的准确性和相关性。通过引入智能搜索技术，可以使搜索系统更好地理解用户的意图，提供更精准的搜索结果。另一方面，考虑到用户可能会犯错或使用同义词进行搜索，搜索系统应该具备一定的纠错和同义词处理能力，以确保用户即便输入不准确的关键词，也能够得到相关的搜索结果。搜索体验的可视化设计也是一个重要的考虑因素。搜索结果的展示方式应该简洁而突出重点，避免信息过载。同时，对于不同类型的信息资源，可以采用不同的图标和颜色，以帮助用户更好地区分不同的搜索结果。用户反馈是搜索体验优化的关键。通过收集用户的搜索历史和点击行为，系统可以更好地理解用户的偏好，从而优化搜索算法和结果呈现方式。同时，及时的用户反馈机制也能够帮助系统识别和纠正可能存在的问题，提高搜索系统的智能性和用户满意度。搜索体验还应该考虑到移动设备用户的需求。响应式设计和移动优先的原则能够确保搜索系统在不同设备上都能够提供一致及良好的搜索体验。这样，用户无论在电脑、平板还是手机上访问数字图书馆，都能够享受到流畅的搜索体验。数字图书馆的搜索体验设计需要综合考虑搜索框的布局、搜索结果的呈现、搜索算法的精准性、可视化设计的合理性以及用户反馈机制的有效性。通过这样的综合优化，数字图书馆能够为用户提供更直观、高效、个性化的搜索体验，使其更愿意在这个平台上进行深入的信息探索。

（二）资源展示

数字图书馆的资源展示在满足用户信息需求的同时，也是提高用户体验的一个重要环节。资源展示的设计应注重直观性、信息密度以及多样性，以确保用户能够迅速准确地获取所需信息。资源展示应注重页面的整体布局和结构。通过清晰的分类和有序的排列，使用户能够直观地了解不同类型的资源。这种设计不仅有助于用户快速找到目标资源，也使整个页面看起来更加有序和易于理解。资源的展示方式应多样化。除了文字描述，还可以采用图表、图像和视频等多媒体形式来展示资源，以满足不同用户对信息的感知偏好。多样的展示方式不仅能够提高用户的兴趣，也有助于更全面地呈现资源的内容和特色。在资源的详细展示中，应该充分考虑用户的阅读和浏览习惯。文字描述应简洁而具体，突出资源的关键信息，以避免用户在阅读过程中感到内容冗长或烦琐。同时，可以通过链接和标签等方式提供更多相关信息的访问通道，以满足用户的深入了解需求。

资源展示还需要考虑到不同用户群体的需求。对于学术用户，可以提供更具专业性更有深度的资源，强调学术价值和研究贡献。对于一般用户，可以采用更生活化和通俗的展示方式，使其更容易理解和接受资源内容。在资源展示设计中，也应充分考虑可访问性要求。确保资源的展示方式对于不同能力水平和特殊需求的用户都具有友好性。这包括但不限于提供文本转语音功能、支持调整字体大小等。资源展示页面的交互设计也是关键的一环。通过合理的导航和交互元素，用户能够方便地在资源之间进行切换和比较。同时，为用户提供个性化的展示设置选项，以满足不同用户的个性化展示需求。

资源展示也应该充分利用用户反馈。通过收集用户对资源展示的评价和建议，不断优化和改进展示方式。这种循环的反馈机制可以帮助数字图书馆更好地满足用户的需求，提高资源展示的效果和用户满意度。数字图书馆资源展示的设计需要注重整体布局、多样性、详细展示、用户群体差异、可访问性、交互设计以及用户反馈。通过这样的设计理念，数字图书馆将能够为用户提供更直观、多元、个性化的资源展示体验，使其更愿意在这个平台上深入挖掘和利用资源。

（三）个性化推荐

数字图书馆的个性化推荐系统是一项复杂而关键的设计，旨在根据用户的个体偏好、浏览历史和兴趣，为其提供定制化阅读体验。个性化推荐系统的核心在于通过智能算法和数据分析，为用户精准地推荐最符合其兴趣和需求的图书、文章或其他信息资源。个性化推荐系统的设计应该考虑到多方面的因素。①要充分利用用户的历史行为数据，包括浏览历史、收藏记录和搜索记录等。通过分析这些数据，系统能够更好地了解用户的兴趣爱好，从而为其推荐更具吸引力的内容。②个性化推荐系统还应该考虑用户的实时行为和变化。用户的兴趣和需求是动态变化的，因此系统需要及时地捕捉到用户新的行为信号，并根据这些信号不断优化推荐结果。这就需要个性化推荐系统具备实时性和灵活性。在设计个性化推荐算法时，要注重深度学习和机器学习技术的应用。通过建立用户画像和内容特征模型，系统能够更准确地预测用户的兴趣，并根据这些预测为其推荐相关的内容。这种个性化推荐算法的应用能够提高推荐的准确性和用户的满意度。除了基于用户行为的推荐，系统还可以考虑利用社交网络数据。通过分析用户在社交网络上的互动和分享行为，系统可以更全面地了解用户的兴趣和社交圈子，从而为其提供更贴近实际需求的推荐内容。③个性化推荐系统的设计还需要考虑用户隐私和安全。在收集和分析用户数据时，系统需要确保对用户隐私的尊重，并采取有效的安全措施，防止用户信息泄漏和滥用。推荐结果的呈现方式也是一个关键的设计考虑因素。通过巧妙的界面设计和信息展示，系统能够更好地呈现个性化推荐结果，使用户能够直观地了解和接受这些推荐内容。④个性化推荐系统应该具备可解释性。用户对于为什么会被推荐某个信息的解释是重视的，这能够提高用户对推荐算法的信任感，同时也有助于用户更好地理解自己的兴趣和需求。⑤个性化推荐系统的优化需要通过用户反馈进行。用户的点击、喜欢和不喜欢等反馈信息是改进推荐算法的关键。通过不断分析这些反馈信息，系统可以及时调整算法，提高推荐的准确性和用户的满意度。数字图书馆的个性化推荐系统设计需要充分考虑用户行为数据、实时性、深度学习和机器学习技术、社交网络数据的应用、用户隐私和安全、推荐结果的呈现方式、可解释性以及用户反馈等多方面因素。通过这样的全面设计，个性化推荐系统将能够更好地为用户提供符合其兴趣和需求的个性化阅读体验。

三、交互和反馈阶段

（一）用户反馈

用户反馈在数字图书馆的运营和优化中扮演着至关重要的角色。它是一个双向的交流渠道，不仅为用户提供了表达意见和需求的机会，同时也为图书馆管理者和设计者提供了宝贵的信息，帮助他们更好地了解用户体验和需求，进而优化数字图书馆的服务和功能。用户反馈的来源多种多样，包括但不限于用户评论、评分、在线调查、社交媒体上的意见分享以及直接的反馈邮件等。这些反馈渠道覆盖了用户的不同需求和意见，为数字图书馆提供了全面而多元的信息。

用户反馈的及时性对于优化数字图书馆至关重要。通过及时收集和分析用户反馈，图书馆可以迅速了解用户对新功能、服务或界面设计的反应，从而及时做出调整和改进。这种实时的反馈机制有助于数字图书馆保持敏捷和适应性，确保用户体验不断得到提升。

用户反馈还可以帮助数字图书馆更好地理解用户的行为和偏好。通过分析用户的反馈，图书馆可以深入了解用户对不同资源的偏好、对搜索功能的期望，以及对界面设计的满意度等方面的信息。这种深度了解有助于数字图书馆更有针对性地调整和完善服务，提供更符合用户期待的体验。

用户反馈还可以作为评估数字图书馆创新和改进成果的重要依据。通过分析用户对新功能或服务的反馈，图书馆可以判断其是否取得了预期的效果，是否能够满足用户的实际需求。这种反馈作为一种评估指标，有助于数字图书馆持续改进和创新。

用户反馈的另一个重要作用是增进用户参与感和忠诚度。当用户感到自己的反馈得到重视并引发相应的改进时，他们更有可能对数字图书馆产生认同感，并愿意长期使用和支持这个平台。因此，积极回应用户反馈，建立起良好的用户关系，对于数字图书馆的可持续发展具有积极的影响。

要实现对用户反馈的有效利用，数字图书馆需要建立起健全的反馈管理机制。这包括但不限于建立专门的反馈收集渠道、由专人负责反馈的收集和分析工作、建立反馈数据的系统化存储和分析体系等。通过这样的机制，数字图书馆能够更系统地管理用户反馈，更高效地提取有价值的信息。用户反馈是数字图书馆运营和优化中不可或缺的一环。通过全面收集和深度分析用户反馈，数字图书馆可以更好地了解用户需求，提升服务质量，保持平台的创新活力，从而为用户提供更加个性化、便捷、令人满意的数字图书馆体验。

（二）交互设计

数字图书馆的交互设计是一项复杂而关键的工作，直接关系到用户在平台上的体验和使用效果。好的交互设计应该在用户与系统之间建立起自然而无障碍的沟通，使用户能够轻松而愉悦地使用数字图书馆的功能。交互设计要考虑到用户的多样性。用户群体具有不同的特点和使用习惯，因此交互设计应该灵活应对，兼顾到不同用户的需求。这包括但不限于年龄、文化背景、技术水平等方面的差异。通过多样化的交互设计，数字图书馆可以更好地服务于广泛的用户群体。

交互设计要使用户界面具有直观性。用户在使用数字图书馆时，不应该感到困惑或迷茫。因此，界面要设计得简单而直观，使用户能够轻松地理解和操作系统的各项功能。清晰的标签、直观的图标和一致的布局都是实现这一目标的有效手段。在数字图书馆的搜索功能方面，交互设计需要注重搜索框的位置和设计。搜索框应该位于用户能够轻松找到的位置，而搜索建议和自动完成功能能够帮助用户更快地输入关键词，提高搜索效率。此外，搜索结果的呈现也需要直观而有序，以便用户能够迅速找到所需信息。

交互设计要关注移动设备用户的体验。数字图书馆的界面应该能在不同尺寸的屏幕上呈现，并提供方便的操作方式。通过响应式设计和友好的移动布局，数字图书馆可以确保用户在不同设备上都能够享受到一致的高质量体验。在资源展示方面，交互设计需要注重页面的动态性。通过巧妙的动画效果和交互元素，数字图书馆可以提高用户对资源的注意力，使其更愿意深入浏览和探索。同时，为用户提供个性化的资源推荐和定制化的展示设置，也是交互设计中的关键点。

交互设计还要考虑用户反馈机制。为用户提供方便而直观的反馈通道，如建议、举报和评价功能，可以让用户更积极地参与到数字图书馆的建设中来。及时响应用户反馈，并根据反馈进行相应的调整和改进，有助于提升用户对系统的信任感和满意度。

交互设计应注重用户体验的持续改进。通过不断收集和分析用户行为数据，了解用户的使用习惯和反馈，数字图书馆可以进行有针对性的优化，提高系统的用户友好性和使用效果。这种循环的优化机制有助于数字图书馆保持与用户需求的同步，提供更为优越的服务体验。

数字图书馆的交互设计需要关注用户多样性、界面直观性、搜索功能的便捷性、移动设备用户体验、资源展示的动态性、用户反馈机制以及用户体验的持续改进。通过全面而巧妙的设计，数字图书馆可以为用户提供更加愉悦、高效的使用体验，从而更好地满足用户的信息需求。

（三）跨平台一致性

开发数字图书馆时，跨平台一致性是其应具备的重要特性。用户可能在不同设备和平台上访问数字图书馆，因此确保在各种环境下都能提供一致的用户体验是非常关键的。

一致性设计有助于用户更自如、更方便地在不同设备上浏览和利用数字图书馆的资源。跨平台一致性的实现需要考虑到不同设备和操作系统的差异性。无论用户是使用桌面电脑、平板还是手机，无论是在 Windows、macOS、iOS 还是 Android 平台上，数字图书馆的界面都应保持一致，使用户能够在不同设备上快速熟悉和使用系统的各项功能。

一致性设计需要统一不同平台的操作方式和交互元素。用户在一个平台上学会的操作方式和交互规律应该在其他平台上也能够适用，避免用户在切换设备时感到困扰或不适应。这包括按钮的位置、手势的使用、菜单的呈现等方面的设计。在保持跨平台一致性时，要特别关注不同屏幕尺寸和分辨率的适配性。数字图书馆的界面应该能够在不同大小的屏幕上自动调整布局，以确保在各种设备上都能够提供良好的可视性和用户友好性。考虑到不同平台上的网络状况和性能差异，数字图书馆的加载速度和性能也是一致性设计的考虑因素。通过采用轻量化的页面结构和优化的资源加载方式，确保用户在不同网络环境下都能够获得稳定而高效的使用体验。

一致性设计还需要注重跨平台数据同步。用户在一个平台上进行的操作和设置应该能够同步到其他平台，以确保用户的个性化配置和历史记录在各个设备上都能够保持一致。这有助于提高用户在不同平台上的连贯性体验。在数字图书馆的跨平台一致性设计中，使用户有身临其境的感受也是至关重要的。例如，数字图书馆的虚拟现实（VR）或增强现实（AR）应用，要确保在不同设备上呈现相似的虚拟环境和用户交互方式，以提供更加沉浸式的体验。

一致性设计要综合考虑用户反馈。用户在不同平台上可能会提出各种问题和建议，通过及时收集和分析这些反馈，数字图书馆可以更好地优化一致性设计，提高用户满意度。数字图书馆在实现跨平台一致性设计时，需要考虑到不同设备和平台的差异性、统一操作方式和交互元素、屏幕适配、网络性能、数据同步、用户身临其境感受等多个方面。通过这样的全面设计，数字图书馆将能够为用户提供一致而流畅的使用体验，无论用户选择何种设备进行访问。

（四）用户反映

数字图书馆的用户反映是数字化时代信息服务的重要组成部分。用户反映可使用户与数字图书馆直接互动，是用户对数字图书馆服务质量、界面设计、功能体验等方面的态度和意见的表达。通过用户反映，数字图书馆可以深入了解用户的需求、发现潜在问题、改进服务，从而更好地满足广大用户的信息获取和学术研究需求。

用户反映是数字图书馆服务质量的直观体现。用户在使用数字图书馆时，他们可能会遇到各种问题，如搜索不准确、页面加载速度慢、资源链接失效等。通过用户反映，数字图书馆可以及时了解这些问题，进而采取相应的措施，改进服务质量，提高用户满意度。

用户反映是数字图书馆界面设计和用户体验的有效评价。用户对于数字图书馆的界面设计是否直观友好、操作是否方便，以及对于交互体验的感受等，都能够通过用户反映得到呈现。数字图书馆可以通过收集用户的使用反馈，更好地了解用户的真实感受，进而调整和改进界面设计，提升用户体验。

在功能体验方面，用户反映也能够揭示数字图书馆功能是否满足用户的实际需求。用户可能会提出对于某一功能的期望，或者反映某一功能存在不足。数字图书馆通过深入分析用户反映，可以有针对性地优化和增强各项功能，确保用户能够更好地利用数字图书馆的资源。

用户反映还有助于数字图书馆及时发现和解决潜在问题。用户可能会在反馈中提到一些系统 bug、页面错误或者资源缺失等问题。通过及时收集和分析用户反映，数字图书馆可以快速定位并解决这些问题，确保数字图书馆的正常运行。

用户反映也为数字图书馆提供了改进的动力和方向。用户的需求和期望是不断变化的，通过不断收集用户反映，数字图书馆可以更好地把握用户的动态需求，灵活调整服务策略，推出更符合用户期望的新功能和服务。

用户反映也有助于数字图书馆建立良好的用户关系。通过认真倾听和积极回应用户反映，数字图书馆表现出对用户需求的关注和尊重，增强了用户对数字图书馆的信任感和忠诚度。积极回应用户反映，建立良好的用户关系，有助于数字图书馆在竞争激烈的数字化服务领域树立良好的口碑。

用户反映对于数字图书馆的发展至关重要。它是数字图书馆与用户之间沟通的桥梁，是数字图书馆提升服务质量、改进用户体验的有效途径。通过不断倾听和回应用户反映，数字图书馆可以更好地适应用户需求，为用户提供更加优质、便捷的数字服务体验。

第二章　数字化图书馆的推广策略

第一节　阅读推广的重要性

一、社会文化层面

（一）知识传播和信息共享

在数字图书馆中，知识传播和信息共享是其最为基本而又重要的使命之一。数字图书馆作为数字化时代的信息中心，其使命在于通过先进的技术手段，推动知识的传播和信息的共享，为用户提供更广泛、更深入的信息资源，并促进学术、科研和社会创新的繁荣发展。在知识传播方面，数字图书馆通过数字化的手段将传统的图书、文献等知识资源数字化，使其能够以更便捷的方式传播给用户。数字图书馆的在线阅览和下载功能，使用户可以在任何时间、任何地点访问和获取所需的知识。此外，数字图书馆也通过数字出版和在线期刊等方式，为学术界提供了更便捷的知识传播渠道，加速了学术研究成果的传播和共享。

信息共享是数字图书馆的核心功能之一，体现为数字图书馆通过网络平台为用户提供广泛而多元的信息资源。数字图书馆汇聚了来自全球各地的图书、论文、报告、图片、视频等多样化的信息资源，通过分类、标签等方式，为用户提供精准的检索和浏览服务。这种多元信息的共享方式有助于用户更全面地了解特定主题或领域的知识，并促进跨学科研究和学术交流。数字图书馆还通过开放获取（Open Access）的模式，为用户提供了更加平等和普惠的信息共享机会。通过开放获取，数字图书馆不仅能够为学术界提供更大范围的资源共享，也有助于推动社会各界更加广泛地参与知识传播和共享，推动社会知识结构更迅猛地发展。

对于数字图书馆，社会化媒体的应用也是信息共享的重要手段之一。数字图书馆通过在社交媒体平台上的活跃，不仅能够与用户建立更直接的联系，还能够通过分享新的资源、最新研究进展等方式，拓展信息传播渠道，实现知识的社会化共享。数字图书馆的信息共享还体现在协同工作和团队合作方面。数字图书馆通过共享工作平台、文献管理工具等，为研究团队提供了高效的协同工作环境。研究人员可以共同管理文献库、共享研究数据、进行在线协作写作等，促进团队内部信息的流通和共享。值得注意的是，数字图书馆的信息共享不仅仅局限于学术领域，也在社会发展中发挥了积极的作用。数字图书馆通过数字化的手段，将有关社会发展、经济趋势、科技创新等方面的信息资源分享给广大社会公众，促进社会各界对于重要议题的了解和参与。数字图书馆在知识传播和信息共享方面仍然面临一些挑战。其中之一是信息过载问题，由于数字图书馆提供了庞大的信息资源，用户可能面临信息过多、难以筛选的问题。因此，数字图书馆需要通过智能化的信息推荐和过滤技术，为用户提供更加个性化、有针对性的信息共享服务。

数字图书馆还需要关注信息的真实性和可信度问题。在信息共享的过程中，数字图书馆需要采取措施确保提供的信息资源质量高、可信度高，以免用户在获取信息时受到误导或产生不良后果。数字图书馆在知识传播和信息共享方面扮演着重要的角色。通过数字化手段，数字图书馆推动知识进行更广泛的传播和进行信息的全面共享，为用户提供了便捷而丰富的信息资源，同时也促进了学术界、社会各界的知识创新和发展。数字图书馆在未来的发展中需要不断创新和改进，以更好地适应用户需求和社会发展的需求。

（二）文化传承和多样性保护

数字图书馆在文化传承和多样性保护方面扮演了至关重要的角色。通过数字化的手段，数字图书馆有效地保存和传承了各种文化形式，包括文字、音频、视频、图片等多样性的文化表达方式。这种数字化的文化传承不仅为后代提供了更为便捷的文化获取途径，同时也有助于保护和传承人类文明的多样性。数字图书馆通过数字化的方式，有效地保存了世界各地的古籍文献、传统艺术作品等具有文化价值的资源。这些数字化的文化遗产可以在数字图书馆平台上得到广泛传播，让更多的人能够轻松访问、学习和研究。数字图书馆通过将这些文化资源数字化保存，实现了文化传承的延续性，为后代提供了珍贵的文化积累。数字图书馆在多样性保护方面发挥了积极的作用。不同地域、民族、文化背景的文献、艺术品等被数字化地保存在同一个平台上，形成了一个多元而丰富的文化数据库。这有助于保护和传承各种文化的多样性，使不同文化之间的交流和理解得以增进。

数字图书馆通过数字化技术，还能够将口头传统、民间艺术等非物质文化遗产进行有效的保存和传承。通过录音、录像等手段，数字图书馆将这些传统的口头文化和艺术形式转化为数字化的资料，使其能够在数字图书馆平台上得到保存和传播。这样的数字化保存不仅延续了传统文化的生命力，也让更多的人能够深入了解和欣赏。数字图书馆也为少数民族、地方性文化提供了更广泛的传播平台。在传统的图书馆中，由于受到空间和物理储存的限制，一些偏远地区的文献和文化作品可能难以被广泛传播。数字图书馆通过数字化的手段，将这些地方性文化资源保存在数字化平台上，不受地域限制，为这些文化的传承和保护提供了更为便捷和有效的途径。

数字图书馆还在文化传承和多样性保护中起到了促进创新的作用。数字化的媒介形式为传统文化注入了新的生命力，让文化传承不仅仅是对过去的简单复制，更是一个与时俱进的过程。数字图书馆通过将传统文化与新技术、新媒体相结合，推动了文化的创新和发展，使文化在数字时代能够更好地融入人们的生活。数字图书馆在文化传承和多样性保护方面仍然面临一些挑战，其中之一是数字化技术的快速更新和信息储存的持久性。数字图书馆需要不断更新和迁移保存的数据，以适应新的技术环境，防止文化资源因技术过时而失落。同时，数字图书馆还需关注数字化资料的长期保存问题，确保保存的文化资源能够经得起时间的考验。

数字图书馆在文化传承和多样性保护中还需要平衡数字化与保护原始物质的关系。有些文献、艺术品等可能存在一定的原始性和独特性，数字化虽然有助于更广泛地传播，但也需要注意在数字化的过程中尽可能保留其原汁原味的特色。数字图书馆在文化传承和多样性保护中发挥了重要作用。通过数字化手段，数字图书馆有效地保存和传承了各种文化形式，促进了文化的多样性保护，为人类社会的文明进步做出了积极贡献。数字图书馆在未来的发展中需要继续创新和完善，以更好地适应社会的需求，为文化传承和多样性保护提供更为强大而可持续的支持。

（三）社会素养和思想觉醒

数字图书馆在培养社会素养和促进思想觉醒方面发挥了重要作用。数字图书馆作为现代信息时代的产物，通过数字化手段为用户提供了更为广泛和便捷的知识获取途径，为培养社会素养和激发思想觉醒创造了有利条件。数字图书馆作为一个开放的平台，为用户提供了各种各样的知识资源，涵盖了文学、科学、艺术、社会科学等多个领域。用户可以在数字图书馆中自由地探索、学习和思考。这种丰富的知识资源有助于培养用户的社会素养，使其更全面地理解社会、人类文明的发展历程，并从中汲取智慧和得到启示。数字图书馆的数字化特性使文献、文章等知识资源可以迅速更新和传播。用户能够及时获取最新的信息，关注当下社会的动态变化，不断丰富自己的知识储备。这种及时的知识更新有助于培养用户对社会变革的敏感性，促使他们更深刻地认识和思考社会的现状和未来。在社会素养的培养中，数字图书馆还通过提供多样性的文献资源，使用户能够接触来自不同领域的知识。这有助于培养用户的跨文化意识和多元思维能力，使其更加开放、包容，更好地理解和尊重不同文化之间的差异。

数字图书馆也为思想觉醒提供了广阔的平台。通过数字图书馆，用户可以接触到来自世界各地各行各业的思想精华，有助于拓宽用户的视野和思考范围。用户在数字图书馆中可以自主选择关注的主题，深度思考社会问题、人生哲理等方面的话题，促进个体在思想上的觉醒。数字图书馆也通过社交媒体平台等方式，促进了用户之间的交流和分享。用户可以在数字图书馆的社区中分享自己的见解、经验和思考，与他人进行深度的交流。这种开放的交流环境有助于引发用户的思想碰撞，激发更深层次的思考和觉醒。数字图书馆的数字化特性还为用户提供了个性化的学习和思考空间。

用户可以根据自己的兴趣、需求，在数字图书馆中定制个性化的学习计划，深入挖掘感兴趣的领域，提高对特定主题的深度思考和理解能力。

数字图书馆在培养社会素养和推动思想觉醒方面也面临一些挑战。因为，数字图书馆中信息的多样性和广泛性可能导致用户面临信息过载的问题，所以数字图书馆需要通过智能化的推荐系统等手段，为用户提供更加个性化和有针对性的信息服务。数字图书馆的社交媒体平台需要更好地管理和引导用户进行交流。在自由开放的社交媒体环境中，信息的真实性和质量可能受到挑战，数字图书馆需要加强对社交媒体的监管，确保用户能够在良好的交流氛围中进行思想的碰撞。数字图书馆在培养社会素养和推动思想觉醒方面发挥了重要作用。通过数字化手段，数字图书馆为用户提供了丰富的知识资源，拓展了其知识边界，促使他们更深刻地理解社会、思考人生。在未来的发展中，数字图书馆需要继续创新，更好地满足用户的多样化需求，为社会素养和思想觉醒提供更为强大的支持。

（四）社会交流和互动

数字图书馆作为一个信息交流和互动平台，是连接人与知识、人与人的桥梁。数字图书馆以其数字化的特性，为用户提供了更加便捷和广泛的社会交流与互动方式，促使人们进行信息共享、学术合作和社会互动。数字图书馆通过在线社区、博客、讨论区等形式，构建了一个开放的社交平台。在这个平台上，用户可以自由地表达观点、分享知识、与他人进行交流。这种数字图书馆的社会交流环境促使了知识的流动，使用户能够更广泛地接触到不同领域的信息，从而推动了社会中知识的传播和共享。在数字图书馆中，学者、专家和普通用户之间建立了一个开放的学术与思想交流平台。通过在线论坛、专题研讨等方式，用户能够参与各种学术讨论和研究，与其他研究者共同探讨问题、分享研究成果。这种学术交流的数字化形式打破了地域和时间的限制，使学术研究得以更广泛地展开，为学术的快速发展提供了有力支持。数字图书馆也为社会组织和团体提供了在线协作的平台。在数字图书馆的数字化环境中，团队成员可以共享文献、研究数据，进行实时的在线协作。这种数字协作方式不仅提高了工作效率，也促进了团队成员之间的交流与合作，推动了社会组织和团体的发展。社会交流和互动在数字图书馆的数字化平台上也得到了拓展。通过社交媒体等渠道，数字图书馆为用户提供了分享、点赞、评论等互动方式。用户可以通过社交媒体分享自己在数字图书馆学到的知识，与他人进行交流，形成了一个庞大的知识互动网络。数字图书馆的互动环境还鼓励用户参与数字文化创造。用户可以通过数字图书馆上传自己的作品、分享创意，与其他用户进行互动和交流。这样的数字化创作和互动方式有助于激发用户的创造力，促进文化创新和发展。除了个体用户之间的互动，数字图书馆也为社会大众提供了更多与文化机构、图书馆等专业机构的互动途径。通过数字化平台，用户能够参与图书馆的文化活动、线上讲座等各类活动，与专业人士进行更直接的交流与互动。数字图书馆在社会交流和互动方面仍然面临一些挑战。首先，数字图书馆需要更好地管理和引导用户的社交行为。在开放的社交平台上，信息质量和真实性可能面临挑战，数字图书馆需要加强对社交媒体的监管，确保用户在良好的氛围中进行社会交流。数字图书馆的互动环境也需要更加个性化。不同用户对于社会交流的需求和方式可能存在差异，数字图书馆需要通过智能化的推荐系统，为用户提供更为个性化和有针对性的互动服务。数字图书馆在社会交流和互动方面为用户提供了广泛而便捷的平台。通过数字化手段，数字图书馆推动知识共享、学术交流、社会互动等，促进社会成员之间进行联系与合作。在未来的发展中，数字图书馆需要继续创新，更好地满足用户的多样化需求，为社会交流和互动提供更为强大的支持。

二、图书馆服务层面

（一）用户参与度和忠诚度

数字图书馆的用户参与度和忠诚度是评估其服务质量和用户满意度的重要指标。用户参与度是指用户在数字图书馆中积极参与、互动的程度，而忠诚度则体现了用户对数字图书馆的信任程度。这两个方面的表现直接影响着数字图书馆的发展和影响力。用户参与度体现了数字图书馆的社会价值和吸引力。用户参与度高意味着数字图书馆成功地引起了用户的兴趣和参与欲望，使其成为用户信息获取、学术交流的首选平台。数字图书馆通过提供丰富多样的知识资源、激发用户的学术兴趣、推动用户之间的交流互动，不仅满足了用户的学术需求，更促进了数字文化的传播与创新。用户参与度的提升离不开数字图书馆提供的多元化服务。数字图书馆通过数字化手段，为用户提供了更加便捷、丰富的服务，包括在线阅读、资源下载、社交媒体互动等。这些服务的多元性有助于满足用户不同层次的需求，激发用户的参与欲望，使其更积极地使用数字图书馆的服务。在数字图书馆中，用户参与度还与其互动性和个性化服务密切相关。数字图书馆通过社交媒体平台、在线讨论区等途径，为用户提供了展示自己观点和学术研究成果的平台。用户在数字图书馆中能够发表评论、分享观点，参与在线社区的建设，这种互动性使用户感到更深的参与度，形成了一个开放的学术与社交环境。个性化服务则在于数字图书馆能够根据用户的个性化需求，提供定制化的服务。通过分析用户的阅读历史、兴趣爱好等信息，数字图书馆能够为用户推荐更符合其需求的资源，提高用户在数字图书馆中的使用体验，从而促使其更加积极地参与。

除了提高用户参与度，数字图书馆还需注重提升用户的忠诚度。用户忠诚度是指用户对数字图书馆的信任和长期使用的意愿。数字图书馆要想提高用户的忠诚度，首先，需要建立健全的服务体系。包括但不限于提供高质量的数字资源、优化用户体验、保障信息安全等，这些都是用户认可数字图书馆并长期使用的基础。其次，用户忠诚度还与数字图书馆的品牌形象和社会声誉相关。数字图书馆通过提供权威、可靠的学术资源，促进学术交流，树立了在数字文献领域的专业形象。良好的品牌形象能够增强用户对数字图书馆的信任感，提高用户的忠诚度。在提升用户忠诚度方面，数字图书馆还需要注重用户关系的建立。通过及时回应用户反馈、提供个性化服务、开展用户培训等方式，数字图书馆能够更好地与用户建立起紧密的关系，使用户更愿意长期使用数字图书馆的服务。

数字图书馆还需要关注用户的需求动态。用户的需求是不断变化的，数字图书馆要保持用户的忠诚度，就需要根据用户的需求调整和优化服务，确保满足其学术、知识需求。数字图书馆在提升用户参与度和忠诚度过程中仍然面临一些挑战。其中之一是用户隐私保护问题，数字图书馆在提供个性化服务的同时需要注重用户隐私的保护，避免因过度收集用户信息而引起用户担忧。数字图书馆还需要应对信息安全和网络攻击挑战。用户对数字图书馆的信任很大程度上取决于其数字资源的安全性，数字图书馆需要采取一系列措施，保障数字资源的完整性和用户信息的安全性。数字图书馆通过提升用户参与度和忠诚度，能够更好地满足用户的需求，促进数字文献资源的传播与创新。在不断变化的数字化时代，数字图书馆需要不断创新，保持与用户的紧密互动，建立起更加稳固的用户关系，为数字文献事业的发展提供坚实支持。

（二）资源利用和推广

数字图书馆的资源利用和推广是数字文献事业发展中至关重要的环节。资源利用涉及数字图书馆的数字化收藏、知识管理以及服务提供等方面，而推广则涉及数字图书馆的宣传、用户教育和社会推动等多个层面。这两者的协同作用能够推动数字图书馆更好地为用户服务，促进数字文献的广泛传播。数字图书馆的资源利用需要充分挖掘数字化收藏的潜力。通过数字化手段，数字图书馆能够将各类文献、资料等信息资源转化为数字形式，便于存储、检索和传播。数字图书馆应当重视对这些数字化资源的深度开发，通过建设智能化的检索系统、推动数据挖掘技术的应用等手段，使用户能够更便捷地利用数字图书馆的资源，资源利用还需要强调对知识的管理。数字图书馆作为一个知识管理平台，应当注重对数字化资源的分类整理和知识图谱的构建工作。通过精细化的知识管理，数字图书馆能够更好地服务于用户的学术和实际需求，提高资源的使用效率。数字图书馆的服务提供也是资源利用的关键环节。通过构建在线图书馆、数字化资源库等服务平台，数字图书馆能够向用户提供在线阅读、检索、下载等服务。这些服务的提供不仅能够满足用户对数字资源的直接需求，更为用户提供了一个开放而便捷的学术和文化交流平台。

在数字图书馆的推广方面，宣传是关键。数字图书馆需要通过多种途径，包括社交媒体、学术会议、宣传册等方式，向用户和潜在用户传递数字图书馆的价值和特色。充分宣传数字图书馆的数字资源丰富性、服务质量以及对学术研究的促进作用，提高数字图书馆的知名度和影响力。用户教育是数字图书馆推广的另一个重要方面。数字图书馆应当通过开展培训、讲座等活动，向用户传递数字资源的利用技巧，提高用户对数字图书馆服务的认知度和熟练度。通过用户教育，数字图书馆能够更好地满足用户对数字资源的需求，增强用户的黏性。

数字图书馆还应注重与相关机构、学术团体、社区等建立紧密的合作关系。通过与其他机构的合作，数字图书馆可以扩大其资源网络，融合更多的数字资源，丰富数字图书馆的内容。与学术团体和社区的合作则有助于将数字图书馆的服务推广至更广泛的用户群体。社会推动是数字图书馆进行推广的最终目标。数字图书馆应当通过与社会各界的合作，推动数字化文献事业的发展，促进数字化阅读和学术交流的普及。社会推动不仅有助于数字图书馆更好地服务社会，也能够提高社会对数字图书馆的认知度和支持度。数字图书馆在资源利用和推广中仍面临一些挑战。首先，数字图书馆需要应对信息安全问题，确保数字资源的完整性和用户隐私受到保护。信息安全问题直接关系到用户对数字图书馆的信任和使用欲望。其次，数字图书馆需要解决多样性需求的平衡问题。用户群体的需求多样，数字图书馆在资源利用和推广中需要平衡不同用户的需求，提供更为个性化和有针对性的服务。数字图书馆通过充分利用数字资源，提供丰富的服务，通过宣传、用户教育、社会推动等手段进行推广，能够更好地服务于用户，推动数字文献事业的发展。在未来的发展中，数字图书馆需要继续创新，适应社会需求的变化，为用户提供更加优质的服务，不断拓展数字文献事业的边界。

（三）数字化服务体验

数字图书馆作为一个数字化服务平台，在数字时代扮演着管理信息和传播知识的重要角色。数字化服务体验是用户使用数字图书馆后的整体感受，数字化服务体验的优化不仅关系到用户的满意度，更关系到数字图书馆的社会影响力和可持续发展。数字图书馆通过数字化服务提高了用户获取信息的便捷性。数字化服务使用户可以通过网络平台随时随地获取数字资源，无须受制于时间和地点的限制。用户可以通过在线阅读、检索、下载等方式，高效地满足个性化的知识需求，提高了信息获取的便捷性。数字图书馆的数字化服务还通过提供个性化服务，提升了用户对数字资源的使用体验。通过分析用户的阅读历史、兴趣爱好等信息，数字图书馆能够为用户定制个性化的推荐服务，使用户能够更加精准地获取符合其需求的资源，提高了用户对数字图书馆服务的满意度。在数字图书馆的数字化服务中，用户还能够通过在线社区、博客等平台进行知识交流与分享。这种数字化的社交互动不仅扩大了用户的知识圈子，更促进了学术上的交流与合作。数字图书馆通过提供开放、共享的平台，使用户能够更深度地参与数字文献的创建与传播，增强了用户对数字图书馆服务的参与感。数字图书馆的数字化服务还通过提供在线培训、学术讲座等，提升了用户的学术水平和信息素养。用户可以通过在线学习平台，参与各类学术研讨、讲座等活动，不仅拓展了知识面，也提高了用户对数字图书馆服务的认知度。

数字化服务体验也面临一些挑战。首先，数字图书馆需要应对用户信息安全问题。随着数字服务的不断拓展，用户对于个人隐私和数字信息安全的关切也不断增加。数字图书馆需要通过更新数据加密、信息保护等技术，建立起用户对数字服务的信任。其次，数字图书馆需要关注数字鸿沟问题。数字服务在提高信息获取的便捷性的同时，也可能使社会中信息获取渠道不平等问题进一步加深。数字图书馆需要通过提供在线培训、普及数字素养等手段，缩小数字鸿沟，使更多的用户能够享受到数字服务的便捷性。再次，数字图书馆的数字化服务体验还需要更加注重用户体验的人性化。数字服务平台应当注重界面设计、服务流程的优化，使用户在使用数字图书馆服务时感到更为愉悦和便捷。最后，数字图书馆在数字化服务体验的提升中还需关注用户的多样化需求。不同用户对于数字服务的需求可能存在差异，数字图书馆需要通过不同的服务方式和内容，更好地满足用户的多样化需求，提高服务的适用性。数字图书馆通过优化数字化服务体验，提高了用户获取信息的便捷性、个性化服务的满意度以及与数字图书馆互动的愉悦程度。在数字化时代，数字图书馆应不断创新，关注用户需求的变化，提升数字服务体验，以更好地满足用户的学术和文化需求，推动数字文献事业的发展。

（四）社会合作与扩展服务范围

数字图书馆进行社会合作与扩展服务范围具有重要意义。社会合作不仅能够丰富数字图书馆的资源库，也使服务范围更加广泛，促进数字文献事业的共同发展。数字图书馆通过与各类机构、组织、社区的合作，不断拓展服务领域，为用户提供更全面、多元的知识服务，推动数字文献事业在社会中的广泛传播。数字图书馆与学术机构的合作是数字文献事业发展的重要支持。通过与大学、研究机构等学术机构的紧密合作，数字图书馆能够获取更丰富、权威的学术资源，提高了数字图书馆资源的质量。学术机构通过数字图书馆平台可以更广泛地传播其研究成果，推动学术交流与合作，促进学术创新。与图书馆和文献机构的合作有助于数字图书馆丰富数字化资源。通过与图书馆、档案馆等机构的合作，数字图书馆可以获得更多的文献、图书、档案等数字资源，为用户提供更为全面的信息服务。图书馆通过数字图书馆平台能够拓展服务对象，提高资源的利用率，共同推动数字化文献事业的发展。

数字图书馆与出版社的合作能够促进数字出版业的发展。数字图书馆作为数字资源的重要传播平台，与出版社合作可以推动数字化图书的出版和传播。数字图书馆通过提供数字化图书资源，为用户提供更为便捷的阅读途径，促进数字图书的广泛传播。数字图书馆还与社会组织、非营利机构等合作，丰富服务内容。通过与社会组织的合作，数字图书馆能够深入社区，开展各类文化、教育活动，拓展服务对象，使数字化文献服务更加贴近社会需求。非营利机构的参与也有助于数字图书馆更好地服务社会公众，推动数字文献事业在社会中的普及。

数字图书馆还通过与政府机构的合作，拓展服务范围。与政府机构的合作能够促进政策对数字图书馆的支持以及进行资源共享。政府机构通过数字图书馆平台可以更便捷地向公众传递政策信息、提供公共服务，数字图书馆作为传播平台则能够扩大政府信息的传播范围，提高公众对政策的了解度。数字图书馆与企业的合作可以推动数字文献事业的商业化发展。通过与企业的合作，数字图书馆可以获得商业支持，拓宽资金来源，推动数字图书馆的可持续发展。企业通过数字图书馆平台可以进行文献推广、知识服务等形式的合作，实现双赢。社区与数字图书馆的合作是数字化服务的重要方面。通过与社区的合作，数字图书馆能够更好地满足社区居民的文化需求，开展各类文化活动，促进社区居民的数字素养提升。数字图书馆也通过与社区建立合作关系，可以更加深入地了解社区居民的需求，提供更为个性化的服务。数字图书馆在社会合作与服务范围拓展中仍然面临一些挑战。数字图书馆需要解决不同合作伙伴之间在数据标准和格式方面的兼容性问题。不同机构、组织的数据格式可能不一致，数字图书馆需要通过技术手段实现数据的整合与互通，提高数字资源的共享度。数字图书馆在合作中需要考虑知识产权问题。数字资源的合作涉及版权、知识产权等法律问题，数字图书馆需要制定清晰的合作协议，保障各方的权益，确保数字资源的合法使用。数字图书馆在服务范围的拓展中需要充分考虑社会文化的多样性。不同社区、不同地区的文化差异需要得到充分的尊重，数字图书馆在服务设计中需要更加注重本土文化的融入，提供更贴近用户需求的服务。

三、数字图书馆自身发展层面

（一）提升影响力和社会认可度

数字图书馆要提升其影响力和社会认可度，需要注重深度合作与多方联动。通过与学术机构、文化组织、政府部门等多方面的深度合作，数字图书馆可以融合更多的资源，丰富数字馆藏，提供更多元的服务。这种联动不仅能够拓展数字图书馆的用户群体，还能增强其在社会中的地位和影响力。数字图书馆要加强与科研机构的合作，推动数字资源的研究和开发，促进数字图书馆的技术创新，提升数字服务的质量和水平。通过与科研机构的合作，数字图书馆能够更好地满足用户的学术需求，推动数字文献事业的创新与发展。数字图书馆还应当重视与文化产业的合作。通过与出版社、影视公司等文化产业的深度合作，数字图书馆可以拓展数字资源的形式，推动数字出版的发展，丰富数字文献的表现形式。这种合作不仅有助于丰富数字图书馆的资源，也能够提升其在文化产业中的影响力。在提升社会认可度方面，数字图书馆需要注重用户教育和公众宣传。通过开展培训课程、举办讲座、参与社区活动等方式，数字图书馆可以向用户普及数字资源的使用方法，提高用户对数字服务的认知度。同时，通过在社交媒体、传统媒体等渠道进行宣传，数字图书馆可以提升其在社会中的知名度，提升公众对其的认可度。数字图书馆还可以通过开展各类文化活动，增强与社会公众的互动，通过举办展览、文学沙龙、数字艺术展示等活动，来吸引更多的社会公众参与，提高其在文化领域的社会认可度。这种活动既能满足公众对文化活动的需求，也能推动数字文献事业在社会中的传播。数字图书馆还应当重视社会责任的履行。通过参与社会公益活动、推动数字资源的开放共享。社会责任的履行不仅能够提升数字图书馆的社会形象，还能够赢得公众的信任与支持。在提升影响力和社会认可度的过程中，数字图书馆需要注重建立和维护良好的用户关系。通过及时回应用户反馈、提供个性化服务、关注用户需求变化等方式，数字图书馆能够建立起与用户之间的紧密联系，增强用户对数字图书馆的信任和认可。数字图书馆还应当积极与行业组织和学术团体加强合作。通过与其他数字图书馆的交流与合作，数字图书馆可以学习借鉴其他机构的成功经验，形成行业共识，提升数字图书馆在数字文献领域的地位。

（二）创造合作机会

数字图书馆是当今信息社会中不可或缺的重要组成部分，它不仅是知识的仓库，更是知识传播的媒介。在这个数字时代，数字图书馆不仅是存储信息的场所，更是促进合作与创新的平台。通过数字图书馆，我们可以打破传统的地理界线，实现全球范围内的信息共享。因此，创造数字图书馆合作机会势在必行。数字图书馆的价值在于它所囊括的庞大而多样的信息资源。通过合作，我们能够更好地整合这些资源，实现共享和互补。例如，不同机构拥有的特定领域的专业知识可以通过数字图书馆的合作平台得以汇聚，形成更为全面和深入的信息体系。这种合作模式有助于避免资源的浪费，使知识的价值最大化，而且可共同开发和维护技术基础设施。数字化信息的存储、检索和传播需要先进的技术支持，而各个机构单独投入大量资源进行技术开发显然是低效且不经济的。共同合作开发技术基础设施，可以减轻各方的负担，实现资源的优势互补，同时也有助于提高数字图书馆的整体效率和稳定性。不同机构拥有不同的文化、语言和历史背景，通过合作，我们可以更好地呈现这种多样性。这不仅有助于拓展读者的视野，也能够促进跨文化交流与理解，数字图书馆因此成为一个促进文化多元共存的重要平台。数字图书馆与各方的合作还能够推动创新突破。各个机构在不同领域都有独特的研究方向和创新成果，通过数字图书馆的合作平台，研究者可以更方便地获取全球范围内的前沿信息。这种信息的流通有助于激发创新思维，推动科学研究的进步。数字图书馆创造的合作机会不仅能够更好地整合和共享信息资源，提高数字图书馆的效率和稳定性，也有助于促进文化多元共存和推动研究创新。数字图书馆作为连接知识和人的桥梁，通过合作，我们能够更好地搭建这座桥梁，实现信息的无缝传递，推动社会的进步。

第二节　社交媒体和在线广告

一、社交媒体的崛起与影响

（一）社交媒体的崛起

社交媒体随着科技的不断进步，逐渐崭露头角，对数字图书馆的影响愈发显著。社交媒体改变了人们获取信息和互动的方式，成为一个不可忽视的信息传播渠道。数字图书馆作为文化和知识的传播中心，在社交媒体的崛起中扮演了重要的角色。社交媒体的兴起不仅改变了用户的信息行为，同时也挑战着传统图书馆的运营模式。社交媒体的冲击迫使数字图书馆重新审视自身定位，以适应这个信息时代的变革。社交媒体的兴起使信息传播的速度前所未有地加快。用户通过社交媒体平台可以实时获取新闻、观点，数字图书馆需要迎头赶上，提供更为及时和有深度的信息服务。社交媒体的实时性要求数字图书馆不仅要及时更新数字资源，还需要更灵活地开展线上活动，以更好地满足用户对即时信息的需求。社交媒体还改变了用户获取信息的途径和方式。用户更愿意通过社交媒体平台获取信息，而不是采用传统的图书馆检索方式。这使数字图书馆需要重新思考其服务方式，通过社交媒体平台提供更为便捷和个性化的信息服务，以留住用户，提升服务的黏性。数字图书馆需要打破传统的信息传播模式，更加注重用户体验和个性化需求。

社交媒体也影响着数字图书馆的社区建设。通过社交媒体，用户可以轻松地形成兴趣小组，共同讨论特定主题。数字图书馆需要借助社交媒体的力量，积极参与社区建设，促使用户形成更加紧密的社交网络。社交媒体平台的互动性为数字图书馆提供了建立社区的有力工具，通过在线讨论、合作项目等方式，数字图书馆可以更好地融入社交媒体生态，形成更具活力的社区。社交媒体的崛起也带来了一系列挑战。信息的碎片化使用户更容易受到虚假信息的影响，数字图书馆需要在信息质量上保持严谨，为用户提供可信赖的信息资源。此外，社交媒体上信息的泛滥也使用户更加注重信息的可信度，数字图书馆需要通过专业的数字资源筛选和管理来确保信息的可靠性。社交媒体的崛起对数字图书馆构成了双重挑战和机遇。数字图书馆需要积极适应社交媒体的新特点，提升服务水平，强化社区建设，以更好地满足用户需求。同时，数字图书馆也需要更好地应对信息质量等方面的挑战，确保数字图书馆在社交媒体时代依然能够发挥其作为信息传播和文化传承中心的重要职能。

（二）社交媒体对数字图书馆的影响

社交媒体在当今数字时代的兴起对数字图书馆产生了深远的影响。社交媒体改变了信息传播的方式，用户通过这一平台获取信息的习惯也发生了显著的变化。数字图书馆作为信息和文化的传播中心，不可避免地受到了社交媒体的影响。社交媒体为用户提供了一个实时、开放的信息传播平台。用户通过社交媒体能够迅速获得最新的资讯和观点，这对于数字图书馆来说是一项重要的挑战。数字图书馆需要更灵活地适应这一实时性需求，提供更加及时、深入的信息服务，以保持对用户的吸引力。社交媒体改变了用户对信息的获取途径。传统的数字图书馆检索模式受到了挑战，用户更倾向于通过社交媒体平台获取信息。数字图书馆需要重新思考其服务方式，通过社交媒体平台提供更为便捷和个性化的信息服务，以适应用户新的信息获取习惯。

社交媒体对用户行为的塑造也是不可忽视的。用户在社交媒体上形成的信息过滤和分享习惯影响着他们对数字图书馆的期望。数字图书馆需要借鉴社交媒体的互动性，加强与用户的交流，通过在线活动和社交媒体互动，提高用户体验。社交媒体促使信息广泛传播，但也带来了信息碎片化问题。用户在社交媒体上获取的信息往往是碎片化的，这使数字图书馆需要更好地整合和组织信息，以提供更为系统和完整的知识体验。数字图书馆需要通过创新方式，使其信息服务能够更好地适应社交媒体信息的碎片化特点。社交媒体的崛起对数字图书馆的社区建设提出了新的要求。通过社交媒体，用户形成了各种兴趣小组和社交网络，这为数字图书馆提供了参与社区建设的机会。数字图书馆可以通过社交媒体平台积极参与在线讨论，推动用户之间共享知识，促进社区的形成和发展。

信息质量的保障成为数字图书馆亟须解决的问题，用户在社交媒体上容易受到虚假信息的干扰，数字图书馆需要通过专业的数字资源筛选和管理来确保信息的可靠性。此外，社交媒体的广泛应用也使数字图书馆需要更好地应对用户隐私保护问题，确保用户信息不被泄露。社交媒体的崛起对数字图书馆产生了深刻的影响，从信息传播方式到用户行为习惯，都在悄然发生着变化。数字图书馆需要积极适应这一新的信息时代变化，通过创新和改革，更好地满足用户的需求，提升自身服务水平，以在社交媒体时代保持其重要地位。

（三）社交媒体融入数字图书馆的策略与挑战

1. 策略

数字图书馆融入社交媒体的策略是积极参与和借力社交媒体平台，实现信息的更广泛传播和用户参与度的提升。首先，数字图书馆可以选择在主流社交媒体平台上开设官方账号，如 Facebook、Twitter、Instagram 等，通过这些平台传播图书馆的最新动态、数字资源和文化活动。这种方式不仅可以吸引更多的用户，还能够实现信息的多元化传播。其次，数字图书馆可以利用社交媒体平台的互动性，开展线上活动，与用户建立更紧密的互动关系。通过在线讨论、问答环节等形式，数字图书馆能够更深入地了解用户需求，调整和优化服务内容。再次，数字图书馆可以在社交媒体上开展数字资源的推广活动，通过有趣的互动形式，引导用户主动参与数字资源的探索和使用。最后，数字图书馆可以与社交媒体上的意见领袖或具有影响力的用户进行合作。这种合作形式有助于数字图书馆借用用户的社交媒体渠道，扩大图书馆的影响力，从而可以更直接、深入地与用户进行互动，提高数字图书馆在社交媒体上的曝光度。在将社交媒体融入的过程中，数字图书馆还应充分利用社交媒体平台的数据分析功能。通过深度挖掘用户的行为数据，数字图书馆可以更好地了解用户兴趣、需求和行为习惯，为数字图书馆服务提供个性化、精准导向。数据分析有助于数字图书馆更有针对性地进行内容推送和服务定制。

2. 挑战

融入社交媒体也带来了一系列挑战。社交媒体平台上信息的碎片化和短暂性是数字图书馆需要克服的问题。传统的数字图书馆服务通常注重深度和全面性，而社交媒体上的信息传播更注重速度和短时效。数字图书馆在平衡这两种需求时需要找到合适的策略，以确保信息的质量和可持续性。社交媒体的信息泛滥可能导致用户在海量信息中难以区分真伪。数字图书馆需要面对用户对信息可信度的担忧，通过提供专业背书和可靠的信息过滤机制来解决这一问题，以保障用户获取到高质量、可信赖的信息。社交媒体的互动性也带来了用户隐私保护难题。数字图书馆需要在积极纳入社交媒体的同时，合理规划用户隐私保护政策，确保用户在社交媒体平台上的参与是安全可靠的，不会泄露个人敏感信息。社交媒体平台的多样性也使数字图书馆需要考虑如何在不同平台上实现品牌形象的一致性。不同的社交媒体平台有着不同的用户特征和文化氛围，数字图书馆需要在将各平台融入的同时，保持其独特的品牌形象，确保用户能够在不同平台上都能感受到数字图书馆的一致性和专业性。

二、在线广告的演变与挑战

（一）在线广告的历史演变

广告是人类社会发展的产物，其历史演变如同一幅丰富多彩的画卷。起初，广告以简单的形式存在，如市场上的摊位、小报上的简单字号等。随着时间的推移，工业革命的兴起带动了广告的进一步发展。在 19 世纪，印刷术的普及使广告开始在报纸、杂志等媒体上广泛传播。这一时期的广告以文字为主，注重描述产品的特点。20世纪初，随着广播和电视的普及，广告进入了“听觉”和“视觉”时代。广告逐渐从平面媒体转向了语音和图像媒体，广告的形式也更加多样化。电视广告成为品牌推广的主要手段，广告创意和效果成为广告行业的重要关键词。随着数字技术的崛起，广告进入了数字化时代。互联网的普及使在线广告逐渐崭露头角。最初的在线广告主要以横幅广告和弹窗广告为主，这种形式在一定程度上影响了用户体验。然而，随着互联网技术的不断发展，广告形式也得以创新。搜索引擎广告、原生广告、社交媒体广告等新兴形式逐渐崛起，为广告提供了更大的创意空间。

随着人工智能和大数据技术的不断进步，广告进入了智能化时代。广告平台通过分析用户行为和兴趣，精准推送个性化广告，提高了广告的点击率和转化率。同时，程序化广告购买的兴起使广告投放更加灵活高效。数字图书馆作为文化传承和信息传播的机构，也在广告的历史演变中扮演了重要角色。最初，数字图书馆主要通过传统媒体进行广告宣传，如在报纸上刊登通知、在广播中进行推广。然而，随着社会的发展和数字化趋势，数字图书馆逐渐意识到了在线广告的重要性。数字图书馆的在线广告开始于简单的横幅广告，随后逐步衍生出原生广告、视频广告等多种形式。这些广告形式不仅提高了数字图书馆的曝光度，也为数字图书馆获取资金提供了新的途径。同时，数字图书馆也在广告中注重内容的质量，力求提供更有价值的信息，以吸引更多的用户关注。随着社交媒体的兴起，数字图书馆开始在社交媒体平台上进行广告推广。通过在社交媒体上发布有关数字馆藏、文化活动的信息，数字图书馆能够更好地与用户进行互动，提高用户的参与度。社交媒体平台的互动性为数字图书馆提供了更为广泛的宣传渠道，也使广告更容易引起用户的关注。随着在线广告的普及，数字图书馆也面临一些挑战。用户对广告的审美疲劳使数字图书馆需要提供更具创意和吸引力的广告形式。同时，用户对隐私问题比较担忧也使数字图书馆需要更加谨慎地处理广告投放问题，保护用户的隐私权益。广告的历史演变与数字图书馆的发展密不可分。从最初的平面广告到数字化时代的智能广告，广告不断创新演进，推动了数字图书馆的广告宣传手段的更新。数字图书馆需要在广告的历史演变中不断学习和创新，以更好地适应广告行业的发展趋势，提高数字图书馆的可持续发展能力。

（二）数字图书馆中的在线广告形式

数字图书馆中的在线广告形式呈现出多样性特点，与传统的广告手段相比，具有更大的创新空间。首先，横幅广告是数字图书馆最常用的一种形式，它通常以图像或文字的方式展示在网页的顶部或底部，引导用户关注。其次，原生广告作为一种融入内容流的广告形式，通过推送与图书馆主题相关的内容，更加自然地吸引用户的眼球。视频广告则通过图文并茂的方式，以生动的影像和声音，更好地传达信息，给用户留下深刻印象。在数字图书馆中，搜索引擎广告也是一种常见广告形式。通过在搜索引擎结果页面上投放相关广告，数字图书馆能够更直接地接触到用户的搜索需求，提高图书馆的知名度。除此之外，社交媒体广告成为数字图书馆吸引用户注意力的重要途径。通过在社交媒体平台上发布数字馆藏、文化活动信息，数字图书馆能够更好地与用户进行互动，提高用户的参与度。值得注意的是，原生广告和社交媒体广告在数字图书馆中的应用较为灵活。这两种广告形式能够更好地与数字图书馆的内容结合，避免给用户带来突兀感。与此同时，程序化广告购买的兴起也为数字图书馆提供了更大的灵活性。数字图书馆可以通过程序化广告购买，更加精准地定位目标受众，提高广告投放的效果。富媒体广告以其丰富的多媒体形式，如图像、视频、音频等，能够更好地吸引用户的注意力。在数字图书馆中，富媒体广告可以用于展示数字馆藏的特色，通过生动的形式向用户推介相关内容。交互式广告则在用户参与度上具有独特的优势，用户可以通过与广告进行互动，更深入地了解数字图书馆提供的服务和资源。尽管在线广告形式多样，数字图书馆在选择和设计广告形式时仍需注意用户体验。广告的内容和形式应该与数字图书馆的定位和主题相契合，避免过于商业化。同时，广告的投放时间和频率也需要谨慎考虑，以免过度干扰用户。数字图书馆中的在线广告形式丰富多样，各具特色。这些广告形式不仅为数字图书馆提供了资金支持，也成为吸引用户关注、推广文化资源的有效工具。在数字化时代，数字图书馆需要不断创新广告形式，以更好地适应用户的需求和市场的变化。

（三）广告技术和数据对数字图书馆的影响

广告技术和数据对数字图书馆产生了深远的影响，从而塑造了数字图书馆在当今信息社会的发展格局。广告技术的进步以及数据的大规模应用使数字图书馆能够更好地满足用户需求，提升服务质量。广告技术的创新使数字图书馆能够更精准地推送相关广告，从而提高广告的点击率和转化率。通过使用先进的广告定位技术，数字图书馆可以根据用户的兴趣、地理位置、搜索历史等因素进行精准的广告投放，使用户更可能对广告内容感兴趣，提高广告的有效性。数据的大规模应用使数字图书馆能够更深入地了解用户行为和需求。通过收集和分析用户的数据，数字图书馆能够获取关于用户偏好、阅读习惯、兴趣爱好等方面的有价值的信息。这有助于数字图书馆更好地调整和优化自身的服务内容，推出更符合用户期望的文化资源。

广告技术和数据的结合也为数字图书馆带来了更多的创新可能。通过采用虚拟现实（VR）和增强现实（AR）等技术，数字图书馆可以为用户提供沉浸式的文化体验。广告技术的创新也使数字图书馆在社交媒体平台上能够更好地展示文化活动和数字资源，吸引更多用户的参与。

广告技术和数据的广泛应用也带来了一些挑战。首先，用户对于隐私问题的担忧成为一个不可忽视的问题。数字图书馆在利用用户数据时需要保障用户的隐私权益，避免滥用用户信息，以使用户信任，维护数字图书馆的声誉。广告技术的滥用可能导致用户体验的下降。过多的广告弹窗和不相关的广告内容容易让用户感到困扰，影响其使用数字图书馆的愉悦程度。数字图书馆需要在广告投放上找到平衡点，确保广告不会成为用户使用数字图书馆的负担。其次，对于数字图书馆而言，广告的内容质量也是一个重要的考量因素。广告应该与数字图书馆的主题和文化内涵相契合，避免给用户带来不愉快的感觉。数字图书馆需要通过精心设计和选择广告合作伙伴，确保广告内容与数字图书馆的形象相符，提高用户对广告的接受度。

广告技术和数据的发展使数字图书馆在信息时代能够更好地服务用户，提高自身的影响力和知名度。然而，在利用广告技术和数据的同时，数字图书馆需要谨慎处理隐私问题，保障用户体验，确保广告内容与数字图书馆的价值观一致。通过充分发挥广告技术和数据的优势，数字图书馆将更好地适应数字化时代的发展趋势，为用户提供更优质的文化服务。

（四）在线广告的挑战与应对策略

在当今数字时代，在线广告作为商业传播的主要形式之一面临诸多挑战。首先，广告过度曝光导致用户视觉疲劳，降低了广告的有效性。其次，隐私问题引发用户担忧。再次，广告欺诈和虚假信息的泛滥使用户信任度下降，对广告内容产生怀疑。最后，随着科技的不断发展，广告屏蔽软件的普及也给广告主带来了新的挑战，使他们更难以触及目标受众。为了应对这些挑战，广告从业者需要创新广告形式。内容营销是一种可行的策略，通过提供有趣、有价值的内容来吸引用户，这不仅可以减轻用户的视觉疲劳，还能提高品牌形象和用户参与度。同时，广告从业者应该加强与用户的互动，建立真实的连接，回应用户的反馈，增强用户对广告的信任感。

在数据隐私方面，广告从业者应该制定更加严格的隐私政策，并通过透明方式向用户解释数据的收集和使用目的，以建立与用户间的信任。为应对广告欺诈和虚假信息，广告从业者需要采用先进的技术手段，如人工智能和机器学习，来识别和过滤虚假广告内容。建立广告平台的信任体系，加强对广告主的审核和监管，也是有效的手段之一。对于广告屏蔽软件的挑战，广告从业者可以通过提高广告质量，减少广告内容冗余，来降低用户使用广告屏蔽软件的动机。面对在线广告的众多挑战，广告从业者需要以创新为核心，不断探索适应时代变革的策略。通过内容营销、加强与用户互动、加强隐私保护和应用先进技术手段等，可以更好地应对当前广告行业的各种挑战，提升广告的效益和用户体验。

三、数字图书馆与社交媒体的融合

（一）社交媒体与数字图书馆的趋势交汇

社交媒体和数字图书馆两者之间存在着深刻的趋势交汇。社交媒体的兴起改变了信息传播的方式，使个体与一个虚拟的网络连接，形成了庞大的信息共享平台。数字图书馆作为知识存储和传播的重要组成部分，也在数字化浪潮中不断发展。这两者的交汇，既带来了新的机遇，也带来了新的挑战。社交媒体为数字图书馆提供了更广阔的传播渠道，加速了知识的传播和共享。通过在社交媒体平台上分享数字图书馆的资源，可以迅速扩大受众群体，使更多的人获取到有价值的知识。与此同时，数字图书馆的内容也能够在社交媒体上通过用户的点赞、分享等行为获得更大的曝光度，形成良性的传播循环。

社交媒体的碎片化特点也给数字图书馆带来了一些挑战。信息过载和质量控制成为亟待解决的问题。在社交媒体平台上，用户往往更容易被短时、热点信息吸引，而忽视对有深度的知识的获取。数字图书馆需要思考如何在这个碎片化的环境中保持知识的深度和完整性，使用户能够获取更有价值的信息。社交媒体也为数字图书馆提供了更多的互动机会。

数字图书馆可以通过社交媒体收集用户反馈，了解用户需求，更好地满足用户的知识需求。社交媒体上的互动也带来了一些管理和维护问题。不同的用户对于知识的理解和看法存在差异，可能引发争议和冲突。数字图书馆需要在维护言论自由的同时，建立一套有效的管理机制，确保互动过程的秩序和平衡。

社交媒体和数字图书馆的趋势交汇呈现出丰富而复杂的面貌。这种交汇既为数字图书馆带来了更广泛的传播机会和更深入的用户互动，同时也带来了信息过载和管理争议等挑战。数字图书馆需要灵活应对，通过整合社交媒体的优势，保持知识的深度和完整性，以更好地服务于用户，促进知识的共享和创新。

（二）数字图书馆中的社交媒体应用

数字图书馆中的社交媒体应用，是一种融合了信息管理和用户互动的新型方式。社交媒体在数字图书馆中的应用，不仅拓展了知识传播的渠道，也为用户提供了更多参与和互动的机会。通过社交媒体，数字图书馆得以在虚拟社交空间中建立起更加紧密的联系，实现知识的共享。社交媒体在数字图书馆中的作用首先体现在信息传播的广度和速度上。通过在社交平台上发布关于数字图书馆的资源和信息，可以实现知识的快速、广泛传播，将知识推送到更多用户面前。这种信息的广泛传播有助于拓展数字图书馆的影响力，使更多人能够感知并利用数字图书馆的资源。社交媒体的用户互动功能也为数字图书馆提供了新的发展机遇。用户可以在社交平台上评论、分享数字图书馆的内容，形成多样化的知识互动。这种互动不仅加深了用户对于数字图书馆内容的理解，还为数字图书馆提供了宝贵的用户反馈，有助于更好地满足用户需求。

在社交媒体应用中，数字图书馆还能够通过建立专属社区或群组，聚集有共同兴趣的用户。这种社群的形成促使用户之间进行更深层次的交流，形成共同探讨、学习的氛围。数字图书馆可以通过参与社群讨论，更好地了解用户需求，为用户提供更有针对性的服务和资源。社交媒体应用也面临一些挑战。信息过载、虚假信息传播以及用户隐私问题，都是需要数字图书馆认真应对的方面。数字图书馆需要通过建立科学的信息过滤和审核机制，提高信息的质量和可信度。同时，保护用户隐私，确保用户在社交媒体平台上的参与是安全可靠的，也是数字图书馆社交媒体应用的关键考量。数字图书馆中的社交媒体应用为知识传播、用户互动提供了新的可能性。通过善用社交媒体平台，数字图书馆能够实现信息的广泛传播，促进用户之间深入互动，形成更加开放、多元的知识共建空间。然而，数字图书馆在整合社交媒体的同时，也需要关注信息质量、用户隐私等问题，确保社交媒体应用在数字图书馆中发挥积极作用的同时，不引发负面影响。

（三）社交媒体融合的挑战与未来展望

社交媒体与数字图书馆融合面临多重挑战。信息过载是一个突出的问题。社交媒体的高速传播和信息爆炸性增长，容易让用户感到不知所措。数字图书馆需要应对这一挑战，确保在社交媒体平台上传播的信息质量高、可信度高，以避免用户受信息过载的困扰。

社交媒体融合数字图书馆还面临虚假信息传播威胁。社交媒体上存在大量的谣言和虚假信息，这可能会误导用户，影响其对于数字图书馆资源的理解和利用。数字图书馆需要采取有效手段，如建立信息审核机制，以防范虚假信息的传播，保障用户获取真实可信的知识。

用户隐私问题也是社交媒体与数字图书馆融合的一大挑战。社交媒体平台往往涉及大量个人信息的存储，用户对于隐私安全问题的担忧日益增加。数字图书馆需要在融合社交媒体的过程中，制定健全的隐私保护政策，确保用户的个人信息得到妥善管理和保护。尽管面临多重挑战，社交媒体融合数字图书馆也呈现出令人振奋的发展趋势。首先，社交媒体的互动性为数字图书馆带来了更广泛的用户参与。用户能够通过评论、分享等方式，积极参与到数字图书馆的知识交流中，形成多元的用户互动模式，推动知识的共建和共享。其次，社交媒体融合数字图书馆为建立更加紧密的社群提供了机会。通过在社交媒体平台上创建专属社区或群组，数字图书馆可以聚集有共同兴趣的用户，促进用户之间进行更深入的交流和合作。这有助于构建更加活跃的知识社群，推动数字图书馆向用户提供更个性化、贴近实际需求的服务。最后，社交媒体融合数字图书馆也为数字文化的传承和创新提供了新的空间。通过社交媒体，数字图书馆能够更灵活地传递文化信息，使文化得以广泛传播。同时，社交媒体的创新性也能够激发数字图书馆在内容呈现和传播方式上的创新，推动数字图书馆更好地适应社会变革和数字化浪潮。

社交媒体融合数字图书馆展现出广阔的未来前景。通过有效应对信息过载、虚假信息、用户隐私等问题，数字图书馆有望实现更广泛的知识传播，激发用户更积极地参与，构建更丰富和有机的知识社群，推动数字文化的传承和创新。社交媒体的融合为数字图书馆注入了新的活力，为其在数字时代的发展带来了新的机遇和可能性。

四、在线广告与数字图书馆的合作模式

（一）在线广告的演变与数字图书馆合作潜力

在线广告的演变与数字图书馆合作潜力在不断发展的数字时代呈现出丰富多彩的面貌。广告作为商业传播的一种形式，随着技术的进步和社会变迁发生了深刻的变革。从最初简单的文字广告到如今的多媒体、互动广告，广告形式的不断演变为数字图书馆和广告行业带来了更多合作的可能性。这种合作潜力不仅可以促进数字图书馆的可持续发展，还有助于广告行业更精准地触达目标受众，实现双方的共赢。随着广告形式的演变，数

字图书馆可以充分利用广告的多样性来拓展自身影响力。传统的文字广告逐渐演变为图像、视频等更为生动和引人入胜的形式，这为数字图书馆提供了更多展示知识和文化资源的机会。通过与广告行业的合作，数字图书馆能够在不同广告平台上展示丰富多样的内容，吸引更多用户的关注，拓展知识的传播范围。数字图书馆与广告行业的合作也有助于实现广告的个性化定制和精准投放。

随着大数据技术的发展，广告行业能够通过用户数据分析更准确地了解目标受众的兴趣和需求。数字图书馆作为拥有丰富文化和知识资源的平台，可以通过与广告行业的数据共享和分析，实现广告内容的个性化定制，更好地满足用户的需求，提高广告的效果和用户体验。数字图书馆与广告行业的合作还可以促进文化和商业的有机融合。通过在广告中融入数字图书馆的文化元素，广告内容可以更好地融入用户的日常生活，引起用户共鸣。数字图书馆通过与广告行业的合作，可以将文化资源巧妙地融入广告创意中，这不仅为广告行业注入了新的灵感，也提升了数字图书馆的文化影响力。

数字图书馆与广告行业合作也面临一些挑战。首要挑战是广告的滥用和干扰，过度推送广告可能使用户感到厌烦，降低广告的效果。数字图书馆在与广告行业合作时，需要注意平衡广告的数量和质量，避免对用户造成干扰。广告行业的商业目的与数字图书馆的文化和知识传播目标存在一定的矛盾。数字图书馆在与广告行业合作时需要保持独立性，确保合作内容不违背数字图书馆的初衷，同时平衡商业利益和文化传播的关系，以实现双方的长期合作。数字图书馆与广告行业的合作潜力在广告形式的不断演变中呈现出越来越多的机遇。通过充分利用广告的多样性、个性化和精准投放，数字图书馆可以提高自身知识的传播效果，吸引更多用户的关注。然而，在合作过程中也需要注意平衡广告的数量和质量，保持数字图书馆的独立性，以实现合作的可持续发展。数字图书馆与广告行业的合作，有望为文化传播和商业发展带来更多创新与可能性。

（二）在线广告与数字图书馆的协同策略

在线广告与数字图书馆的协同策略是数字时代文化传播和商业发展的

一种有效途径。通过充分发挥在线广告的多样性和数字图书馆的知识资源，双方能够实现协同互补，共同推动文化信息的传播和商业价值的提升。这种协同策略不仅有助于数字图书馆在数字时代的可持续发展，同时也为在线广告行业创造了更具深度和文化内涵的广告内容，实现双赢。可以将数字图书馆的知识资源融入在线广告，提升广告内容的深度和吸引力。数字图书馆作为知识存储和传播的平台，拥有丰富的文化和学术资源。广告行业可以充分利用数字图书馆的资源，在广告创意中融入文化元素，使广告更具有文化内涵，引发用户对广告内容的兴趣和关注。通过数字图书馆和在线广告的协同，可以实现广告的个性化定制和精准投放。数字图书馆作为拥有庞大用户群体和丰富用户数据的平台，可以与广告行业共享用户信息，帮助广告行业更准确地把握目标受众的兴趣和需求。通过精准投放广告，可以提高广告的触达效果，使广告更符合用户期待，实现广告的传播和提升商业价值。

数字图书馆与在线广告的协同也有助于实现文化传承和创新。通过在广告中融入数字图书馆的文化元素，广告不仅能够传递商业信息，还可以成为文化的传播媒介。这种文化传承不仅丰富了广告内容，也为数字图书馆提供了一个更广泛的文化传播平台。同时，广告行业的创新性也可以激发数字图书馆在内容呈现和传播方式上的创新，推动数字图书馆更好地适应社会变革和数字化浪潮。协同策略也面临一些挑战。首先，需要解决数字图书馆和广告行业商业目标的协同问题。数字图书馆作为文化和知识传播机构，其商业目标可能与广告行业的营销目标存在差异。双方需要在合作中找到平衡点，实现商业和文化目标的共同推动。其次，隐私保护问题也是协同中需要关注的方面。数字图书馆作为存储用户信息的平台，需要与广告行业共同确保用户隐私的安全。在共享用户数据的过程中，需要建立科学的隐私保护机制，以保障用户权益，防范隐私泄露和滥用风险。

数字图书馆与在线广告的协同策略为文化传播和商业发展提供了新的机遇。通过融合知识资源、实现广告个性化和精准投放，以及促进文化传承和创新，双方能够实现资源的互补，推动数字时代文化和商业的共同繁荣。然而，协同策略仍需解决商业目标的协同和隐私保护等问题，以实现数字图书馆与在线广告的可持续发展。

（三）在线广告合作中的伦理和法律考量

在数字图书馆与在线广告合作的过程中，伦理和法律考量是至关重要的方面。这种合作不仅涉及商业利益的平衡，还需要确保用户隐私的安全性、广告内容的合法性以及文化传播的道德性。因此，在建立合作框架时，必须全面考虑伦理和法律方面的相关因素，以保障双方的权益并确保合作的合规性。伦理方面的考量在于确保合作过程中各方行为的道德合理性。数字图书馆与广告行业的合作应当遵循公平、诚信和透明的原则。在广告内容展示过程中，需要避免误导和欺诈用户，确保广告真实、准确地反映产品或服务的特性。同时，数字图书馆在与广告行业合作时，也应当保持对文化传承和知识传播的责任感，避免过度商业化和损害用户利益。法律方面的考量是保障合作各方的合法权益。数字图书馆和广告行业在合作过程中需要遵循相关法律法规，包括但不限于广告法、信息安全法和知识产权法。合作双方需要确保广告内容不违反法律规定，不侵犯他人的知识产权，并遵循隐私保护法规。合作协议应当明确各方的权责，以避免法律纠纷和责任的不明确导致的问题。数字图书馆作为存储用户信息的平台，需要对用户隐私进行有效的保护。

在与广告行业合作时，需要明确哪些用户信息是可共享的，确保用户的个人隐私得到妥善处理。合作双方应当建立健全的隐私保护政策，保证用户信息不被滥用、泄露或用于违法活动，以维护用户权益和合作关系的稳定。伦理和法律考量还需要关注广告内容的道德性和社会责任。数字图书馆作为文化传播机构，需要在与广告行业的合作中注意广告内容是否符合社会伦理和文化价值观。广告内容应当尊重社会多元性，避免传播不良信息。数字图书馆在与广告行业合作时，应当审慎选择合作伙伴，确保广告内容的道德性，以保持数字图书馆在社会中的公信力。

数字图书馆与在线广告合作时的伦理和法律考量是确保合作健康发展的基础。通过遵循道德原则、保障法律合规性、注重隐私保护，数字图书馆和广告行业能够建立起互相尊重、互利共赢的合作关系。这不仅有助于数字图书馆实现可持续发展，也能为广告行业提供更有深度和文化内涵的广告内容，实现文化传播和商业发展的双赢局面。

第三节 活动和合作伙伴关系

一、活动的重要性

（一）活动的背景与意义

数字图书馆是信息时代的产物，它蕴含信息科技飞速发展和社会信息化的深刻变革。数字图书馆的兴起，代表着信息传播方式的演进，更是人类对知识管理和信息获取方式的深刻反思。随着科技的进步，人们对知识的需求不断提高，传统的图书馆已经难以满足人们的需求。数字图书馆作为一种新型的信息服务模式，以其高效、便捷、共享的特点，逐渐成为人们获取知识的主要途径。

数字图书馆的发展背景可以追溯到信息技术蓬勃发展的时代，互联网的普及和计算机技术的飞速发展为数字图书馆的建设提供了强大的技术支持。数字化技术的广泛应用使文献、资料等信息能够以电子形式存储、检索和传播，为图书馆的数字化转型奠定了基础。同时，数字图书馆也是社会信息化的必然产物，它不仅为人们提供了更为便捷的知识获取途径，也推动了信息资源的共享与利用。

数字图书馆打破了时空的限制，实现了知识的全球化传播。人们可以通过网络随时随地访问数字图书馆，不再受到地理位置和时间的限制，这为学术研究、教育培训等提供了更为广阔的平台，促进了知识的传递和创新。数字图书馆的建设还促进了信息资源的共享与互通，不同地区、机构的知识可以在数字图书馆中汇聚，形成更为丰富的信息网络。数字图书馆的建设还推动了图书馆服务模式的创新。传统图书馆主要以纸质图书为主，而数字图书馆通过数字化手段收集、管理、传播各种形式的知识资源，不再局限于纸质文献，这使图书馆能够更好地满足用户多样化的需求，提供更为个性化、定制化的服务。数字图书馆的建设也推动了图书馆与其他机构的合作，实现了资源的共享和协同发展。

数字图书馆的兴起是信息时代的必然产物，它标志着图书馆服务模式的深刻变革。数字图书馆不仅打破了时空的限制，实现了知识的全球化传播，还推动了图书馆服务模式的创新，为社会信息化进程提供了强大支撑。数字图书馆的建设不仅是图书馆事业发展的需要，更是社会进步的重要体现，它为人们提供了更为便捷、高效的获取知识的途径，推动了人类文明的发展。

（二）活动类型与目标

数字图书馆的建设旨在实现信息资源的数字化管理与服务，以满足日益增长的知识需求。这一活动类型的核心目标是推动图书馆从传统向现代转型，以适应信息时代的发展趋势。通过数字图书馆的构建，旨在实现知识的便捷获取、高效管理以及全球范围内的信息共享，进而提升图书馆在社会中的服务水平和影响力。数字图书馆作为一种新型的信息服务模式，其活动类型主要包括数字资源的收集、整理、存储和检索等方面。其目标在于将传统图书馆的纸质文献数字化，构建起一个便于管理和利用的数字化知识库。同时，数字图书馆也力求实现多样化的信息形式，包括文本、图片、音频、视频等多媒体信息的数字化处理，以满足用户对多元化知识的需求。数字图书馆的建设不仅是技术层面的工程，更是服务理念的转变。其目标之一是提供更为个性化、定制化的知识服务，以满足不同用户群体的特殊需求。通过利用先进的信息技术，数字图书馆力求实现用户信息需求的精准匹配，从而提高用户对图书馆服务的满意度和依赖度。

数字图书馆的活动类型还包括信息资源的更新和维护。图书馆需不断更新数字化资源，确保其与时俱进，以反映社会的变化和知识的新发展。维护数字资源的质量，保障信息的准确性和权威性，也是数字图书馆活动的一个重要方向。通过这一方面的努力，数字图书馆旨在提供高质量、可信赖的数字化信息服务，满足用户对精准、可靠知识的需求。数字图书馆建设的目标之一是促进知识的共享与互通。通过数字化的手段，数字图书馆实现了信息的无国界传播，使得来自不同地区、不同文化的知识资源得以共享。这一目标旨在打破传统图书馆服务的地域限制，实现全球范围内的信息互通，为全球社会的共同进步贡献力量。

数字图书馆建设是一项为推动图书馆服务模式变革、适应信息时代潮流、提升知识服务水平而进行的综合性工程。通过数字化资源的整合和创新服务理念的引入，数字图书馆致力于实现信息资源的数字化管理与服务，为用户提供更为便捷、多元、高效的知识获取途径。其目标在于推动图书馆由传统向现代的演进，为社会信息化的不断推进提供有力支持。

（三）活动与社会责任

数字图书馆的建设与社会责任密不可分。在信息时代的背景下，数字图书馆不仅是知识传播的重要工具，更是图书馆肩负社会责任的体现。数字图书馆的存在不仅是满足个体知识需求的工具，更是为整个社会提供信息资源、促进文化传承、推动科学研究等方面做出贡献的平台。数字图书馆的社会责任表现在多个层面，包括信息资源的平等共享、文化多样性的维护、知识的可及性以及社会发展的支持。数字图书馆的社会责任体现在信息资源的平等共享。通过数字化手段，数字图书馆可以将丰富的文献、资料以数字形式呈现，并通过网络平台向全球范围内的用户开放。这种开放式的信息共享模式有助于打破信息壁垒，促进信息资源在全社会的平等分配。数字图书馆的建设使得不同地域、不同社会群体的人们都能够平等地获取知识资源，提升社会中信息的普及程度。数字图书馆对文化多样性的维护承担着重要的社会责任。通过数字化处理，数字图书馆可以将不同地区、不同文化的文献、艺术品、历史资料等保存并呈现给用户。这种文化资源的数字化保存不仅有助于文化传承，还可以促进不同文化之间的交流和理解。数字图书馆的社会责任在于通过提供这一平台，推动各种文化资源的共享，促进全球文化多样性的繁荣发展。

数字图书馆还肩负着提高知识可及性的社会责任。传统图书馆由于受到空间、时间的限制，使得知识获取相对有限。而数字图书馆通过网络平台的建设，为用户提供了随时随地获取信息的便捷途径。这有助于提高知识的可及性，使得更多的人能够充分利用数字图书馆的资源，促进社会中知识水平的普及和提高。

数字图书馆的社会责任还表现在对社会发展的支持。数字图书馆的建设可以为科学研究提供便捷的资源支持，推动学术界的发展。同时，数字图书馆也为创新和创业提供了丰富的信息资源，促进了社会中创新能力的提升。数字图书馆通过服务各个领域，为社会的全面发展提供了支持和助力。数字图书馆的建设与社会责任密不可分。通过信息资源的平等共享、文化多样性的维护、知识的可及性以及对社会发展的支持，数字图书馆不仅是知识的传播者，更是社会责任的承担者，为社会的繁荣发展和知识的全面普及做出了重要贡献。

二、合作伙伴关系的建立与维护

（一）合作伙伴的选择标准

在数字图书馆建设过程中，选择合作伙伴是至关重要的一环。合作伙伴的选择直接影响到数字图书馆的资源整合、技术支持、服务水平等多个方面。为了确保数字图书馆的建设能够达到预期目标，选择合适的合作伙伴是必不可少的，有一系列标准可以作为选择合作伙伴的参考，以保障数字图书馆建设的顺利进行。

合作伙伴的技术实力是选择的重要标准之一。数字图书馆的建设需要先进的信息技术支持，包括数字化处理、数据库管理、网络安全等方面的技术实力。选择技术实力雄厚的合作伙伴可以确保数字图书馆的系统稳定、运行流畅，同时能够满足未来发展的技术需求。合作伙伴的经验和专业知识也是重要的考量因素。数字图书馆建设是一个复杂的工程，需要涉及图书馆学、信息科学、数字化技术等多个领域的知识。选择有经验丰富、在相关领域具备专业知识的合作伙伴，有助于数字图书馆在规划、设计和执行过程中避免一些常见的问题，提高整体建设的效率。合作伙伴的口碑和信誉也是一个重要的考虑因素。通过了解合作伙伴在过去的项目中的表现、与其他机构的合作关系等方面的信息，可以评估其在行业内的声誉。选择口碑良好、信誉高的合作伙伴可以降低合作风险，确保数字图书馆建设的可靠性和稳定性。合作伙伴的资源整合能力同样是一个关键因素。数字图书馆的建设涉及各种类型的数字资源，包括文献资料、多媒体资料等。选择具备良好资源整合能力的合作伙伴，能够更好地协调各种资源，实现数字图书馆的全面覆盖和服务。

成本效益也是选择合作伙伴时需要考虑的因素之一。数字图书馆的建设需要耗费大量的资金，因此选择在合作伙伴之间取得平衡，确保在预算范围内获得最大的效益。综合考虑合作伙伴的服务水平、价格竞争力等方面，以实现数字图书馆建设的经济可行性。数字图书馆在选择合作伙伴时需要综合考虑技术实力、经验和专业知识、口碑与信誉、资源整合能力以及成本效益等多个因素。通过慎重选择合适的合作伙伴，可以为数字图书馆建设提供极大的支持，确保其能够顺利运行并为用户提供高质量的数字化服务。

（二）合作伙伴关系的建立流程

在数字图书馆建设中，建立合作伙伴关系的流程是一个复杂而关键的过程。这一过程的成功与否直接影响着数字图书馆的发展和服务水平。合作伙伴关系的建立需要经历以下几个主要步骤：明确需求、寻找潜在合作伙伴、评估合作伙伴、协商合作条件、签订合作协议、建立合作机制以及持续监管和评估。

明确需求是建立合作伙伴关系的第一步。数字图书馆在建设过程中需要明确自身的需求，包括技术需求、资源需求、服务需求等。只有明确了自身的需求，才能更有针对性地寻找合适的合作伙伴，确保双方能够在合作中互利共赢。

接下来是寻找潜在合作伙伴。通过行业研究、市场调查等手段，数字图书馆可以确定潜在的合作伙伴。这一过程需要全面考虑合作伙伴的技术实力、经验、口碑等因素，以确保选择的合作伙伴能够满足数字图书馆的需求，并为其带来实质性的支持。

评估合作伙伴是建立合作伙伴关系的重要一环。在这一步骤中，数字图书馆需要深入了解潜在合作伙伴的技术水平、项目经验、服务能力等方面的信息。通过细致入微的评估，数字图书馆能够更全面地了解合作伙伴的优势和劣势，为后续的合作打下坚实基础。

协商合作条件是建立合作伙伴关系的关键步骤之一。数字图书馆和合作伙伴需要就合作的具体条件进行深入协商，包括技术支持、资源共享、服务水平等方面的具体内容。协商阶段需要双方坦诚沟通，确保合作条件既满足数字图书馆的需求，也符合合作伙伴的利益。签订合作协议是协商完成后的重要环节。在合作协议中，数字图书馆和合作伙伴需要明确双方的权责，规定合作的具体事项，确保双方能够遵守协议并共同推动合作项目的实施。

签订合作协议是形成正式的合作关系的法律依据，为后续的合作提供保障。建立合作机制是合作伙伴关系的具体实施阶段。数字图书馆和合作伙伴需要建立相应的合作机制，包括信息交流机制、问题解决机制、项目管理机制等。建立合作机制有助于双方更加有效地协同工作，推动数字图书馆的建设和发展。

持续监管和评估是合作伙伴关系维系的重要环节。在合作伙伴关系建立之后，数字图书馆需要建立有效的监管机制，对合作伙伴的履约情况进行跟踪和评估。这有助于及时发现和解决问题，确保合作伙伴关系的长期稳定和健康发展。建立合作伙伴关系是数字图书馆建设的关键环节，需要经过明确需求、寻找潜在合作伙伴、评估合作伙伴、协商合作条件、签订合作协议、建立合作机制以及持续监管和评估等多个步骤。只有在这一过程中认真对待每一个环节，数字图书馆才能够找到合适的合作伙伴，实现合作关系的共同发展。

（三）合作伙伴关系的维护与拓展

数字图书馆建立了合作伙伴关系后，维护与拓展显得尤为关键。合作伙伴关系的维护不仅需要注重双方合作协议的履行，还需要建立有效的沟通机制、解决问题的机制以及定期的评估机制。同时，拓展合作伙伴关系也是数字图书馆发展壮大的关键策略之一。这既包括与现有合作伙伴的深度合作，也包括寻找新的潜在合作伙伴，以实现资源共享、信息交流、技术创新等方面的共同发展。在维护合作伙伴关系的过程中，沟通机制起着至关重要的作用。双方需要建立定期的沟通渠道，以确保信息的及时传递和理解。通过沟通机制，数字图书馆和合作伙伴能够及时了解对方的需求、问题和期望，有助于双方更加深入地合作，推动数字图书馆的建设和服务水平的提升。解决问题的机制也是维护合作伙伴关系的重要组成部分。在合作过程中，难免会遇到各种问题和挑战。数字图书馆需要建立快速响应的问题解决机制，及时应对合作伙伴的各类需求和反馈。通过解决问题的机制，数字图书馆能够有效应对合作中出现的各种不确定性，维护合作伙伴关系的稳定性。定期的评估机制也是维护合作伙伴关系的重要手段。数字图书馆和合作伙伴需要建立定期的评估流程，对合作的过程和效果进行全面的评估。通过评估机制，数字图书馆可以发现合作中的问题，及时调整合作策略，确保双方在合作中能够持续取得良好的效果。

在合作伙伴关系的拓展方面，数字图书馆需要充分发挥已有合作伙伴的资源和影响力，实现合作伙伴关系的深度发展。通过与现有合作伙伴的深度合作，数字图书馆可以更好地实现资源共享，共同推动项目的创新和发展。数字图书馆也需要积极寻找新的潜在合作伙伴，拓展合作网络。这包括与其他图书馆、科研机构、技术公司等建立合作关系，以获取更多的资源和支持。通过拓展合作伙伴关系，数字图书馆能够更广泛地获取各种知识和技术，提高自身的竞争力。维护与拓展合作伙伴关系是数字图书馆长期发展的关键环节。通过建立有效的沟通机制、解决问题的机制和定期的评估机制，数字图书馆能够保持与合作伙伴的密切联系，确保合作伙伴关系的长期稳定。同时，通过与现有合作伙伴的深度合作和积极寻找新的潜在合作伙伴，数字图书馆能够实现资源共享、技术创新，推动数字图书馆的全面发展。

三、案例分析与展望

（一）成功的合作案例分析

数字图书馆成功的合作案例是一个复杂而多层次的过程，其中涉及合作伙伴的选择、合作方案的制定、执行过程的协同以及成果的评估等多个关键步骤。通过对一个成功的合作案例进行深入分析，可以揭示出其中的关键因素和成功经验，为其他数字图书馆在未来的合作中提供有益的借鉴。一例典型的数字图书馆成功合作案例涉及该图书馆与一家先进的数字化技术公司的合作。该公司在数字化处理、大数据管理、人工智能等方面有着丰富的经验和技术实力。数字图书馆与该公司的合作目标是将图书馆的文献、资料等资源进行数字化处理，实现更高效的信息管理和服务。在合作案例中，数字图书馆在选择合作伙伴时非常注重其技术实力和经验。该数字化技术公司以其先进的数字化处理技术和在类似项目中的成功经验吸引了数字图书馆的注意。双方在初期的沟通中，数字图书馆对公司的技术能力进行了深入的了解，确保合作伙伴能够满足数字图书馆的数字化需求。数字图书馆和合作伙伴在合作方案的制定上进行了充分的讨论。双方充分交流了各自的期望和目标，并确定了数字图书馆的数字化处理流程、技术规范以及最终要实现的效果。在这一阶段，数字图书馆与合作伙伴密切合作，确保双方对于合作项目的理解一致，为后续的合作奠定了坚实基础。执行过程中，数字图书馆与合作伙伴建立了高效的协同机制。双方在项目执行期间建立了定期沟通的机制，以确保信息的及时传递和问题的及时解决。数字图书馆派遣专业团队与合作伙伴的技术团队密切合作，共同推动数字化处理工作的顺利进行。这种协同机制有助于确保合作的高效执行，提高了项目的成功率。在项目完成后，数字图书馆需进行全面的成果评估。通过对数字化处理的效果、项目执行的流程以及用户满意度等方面的评估，数字图书馆对合作案例进行了深入的反思。同时，合作伙伴也提供了有益的反馈，对数字图书馆的服务和支持提出了建设性的意见。这种全面的评估有助于数字图书馆总结合作经验，为未来的数字化项目提供更为有效的指导。

数字图书馆成功的合作案例中，关键因素包括合作伙伴选择、合作方案制定、协同机制的建立以及项目成果的全面评估。通过充分考虑合作伙伴的技术实力和经验，建立有效的协同机制，并在项目完成后进行全面评估，数字图书馆能够实现与合作伙伴的高效合作，取得项目的成功，并为未来的合作提供宝贵的经验教训。

（二）未来合作伙伴关系的展望

未来数字图书馆的合作伙伴关系呈现出更为广泛、深入的发展趋势。这一趋势将在多个方面体现，包括技术创新、资源整合、社会责任等层面，为数字图书馆的全面发展提供更多可能性。未来合作伙伴关系将更加注重技术创新。随着科技的迅速发展，数字图书馆将面临越来越多的技术挑战和机遇。在这个背景下，数字图书馆需要与技术公司、科研机构等合作伙伴建立更紧密的联系，共同探索数字化处理、人工智能、虚拟现实等领域的前沿技术，以提升数字图书馆的服务水平和创新能力。未来的合作伙伴关系将更加强调资源整合。数字图书馆作为信息资源的管理者，需要不断扩大自身的资源覆盖面。与出版社、其他图书馆、文化机构等建立深度合作，实现文献、文化、知识等资源的共享，将成为数字图书馆未来合作的重要方向。

通过资源整合，数字图书馆能够为用户提供更加全面、多元的信息服务。未来的数字图书馆合作伙伴关系将更加注重社会责任。数字图书馆作为信息社会的中坚力量，其社会责任日益凸显。与非营利组织、教育机构等建立紧密联系，共同推动信息资源的普及、文化的传承、教育的提升等方面的合作，成为数字图书馆在社会中发挥更为重要作用的一部分。未来数字图书馆的合作伙伴关系还将更加注重国际化。随着全球化的深入发展，数字图书馆将积极拓展与国际上的图书馆、科研机构的合作，推动全球范围内信息资源的共享与交流。这将有助于数字图书馆更好地融入全球信息网络，提高在国际上的影响力。

未来数字图书馆的合作伙伴关系将呈现出更为广泛、深入的发展趋势。技术创新、资源整合、社会责任和国际化将成为数字图书馆未来合作的重要方向。通过与各方建立紧密的联系，数字图书馆将更好地应对信息时代的挑战，为用户提供更为丰富、全面的数字化服务。未来合作伙伴关系的展望为数字图书馆的可持续发展提供了新的动力和机遇。

第三章　数字化阅读素养教育

第一节　数字化阅读素养的定义

一、数字化信息获取能力

数字化阅读素养的首要组成部分是数字化信息获取能力。这包括了读者在数字图书馆中运用各种检索工具、掌握有效搜索策略的能力，以及对于数字文献、多媒体资料等不同形式信息的获取和理解。这一章将深入剖析数字图书馆环境下用户获取信息的关键技能，如何有效利用数据库、电子书籍、在线期刊等数字资源。

（一）数字环境下的信息检索工具

在数字环境中，信息检索工具成为人们获取和处理信息不可或缺的一部分。这些工具以其高效、便捷的特点，极大地改变了我们对信息的获取方式。首先，搜索引擎是数字环境下最为常用和普及的信息检索工具之一。用户只需在搜索引擎中输入关键词，即可获取大量相关的信息，从而满足其对特定主题的需求。搜索引擎的智能搜索算法和大数据分析技术，使得用户可以更加精准地找到所需信息，提高了信息检索的效率。除了搜索引擎，社交媒体平台也成为数字环境中的重要信息检索工具。用户可以通过社交媒体平台获取朋友、家人和关注对象的实时动态，以及参与各种话题讨论。社交媒体平台通过用户的社交关系和兴趣标签，为用户个性化推荐信息，使得信息获取更具针对性和趣味性。其次，数字环境下的在线图书馆和数据库也是重要的信息检索工具。用户可以通过在线图书馆检索到丰富的学术文献、电子书籍和各类研究资料。这些工具不仅为学术研究提供了广泛的资源，同时也为个体用户提供了深入了解特定领域的机会，促进了信息的广泛传播。最后，随着技术的不断进步，语音助手和智能推荐系统也逐渐嵌入到信息检索工具中。语音助手通过语音识别技术，使用户可以通过口头输入来获取信息，降低了信息检索的操作难度。智能推荐系统通过分析用户的历史行为和兴趣，为用户提供个性化的信息推荐，使得用户更容易发现符合其兴趣的内容。

数字环境下信息检索工具的普及也带来了一系列挑战。信息的多样性和庞大性使得用户面临信息过载的问题，难以有效筛选出真正有价值的信息。同时，信息的真实性和可信度也成为一个亟待解决的问题，因为数字环境中存在大量的虚假信息和谣言，给用户带来了信息判断的困扰。数字环境下的信息检索工具为我们提供了便捷高效的信息获取途径，推动了信息时代的发展。然而，随之而来的信息管理问题也需要我们深入思考和解决，以确保信息的有效利用和可信传播。

（二）数字资源的多样性与获取策略

在数字化的时代，数字资源的多样性是显而易见的。互联网的广泛应用使得人们能够以前所未有的方式获取和共享信息。数字资源包括文字、图片、音频、视频等多种形式，形成了一个丰富多彩、庞大而复杂的信息网络。这些资源来源于不同的领域，包括学术研究、娱乐文化、社交网络等，呈现出多元化和多层次的特点。数字资源的多样性不仅表现在形式上，还体现在内容的广度和深度上。从学术文献到社交媒体帖子，从电子书籍到在线视频，数字资源覆盖了几乎所有领域。这种多样性为用户提供了更多选择的空间，使得用户能够根据自己的兴趣和需求自由获取信息。数字资源的多样性也反映了社会的复杂性和多元性，每个领域都有其独特的文化、语境和价值。

为了更好地获取数字资源，人们采用了各种策略。其中，搜索引擎是最为常见和直接的一种策略。通过在搜索引擎中输入关键词，用户可以迅速获得与其查询相关的大量信息。搜索引擎的算法和技术不断升级，使得搜索结果更加精准和个性化，满足了用户对多样性数字资源的需求。社交媒体也是获取数字资源的重要途径。用户通过社交媒体平台可以获取朋友、家人和关注对象的实时动态，同时也可以参与各种话题讨论，获取多元的观点和信息。社交媒体的信息传递速度快，互动性强，使得用户能够更加直观地感受到数字资源的多样性。数字资源的多样性也体现在在线图书馆、数据库和数字档案馆等专业平台上。这些平台提供了大量的学术研究、历史文献、艺术作品等数字资源，为用户提供了深度挖掘特定领域知识的机会。这种专业化的获取策略使得用户能够更加系统地了解和利用数字资源。

数字资源的多样性也带来了一系列挑战。首先，用户面临信息过载的问题。由于数字资源的庞大和多样性，用户在获取信息时可能会受到太多的选择，难以有效地筛选出真正有价值的信息。其次，数字资源的真实性和可信度也成为一个值得关注的问题。在信息海量的环境中，虚假信息和谣言的传播也随之而来，对用户的信息判断提出了更高的要求。数字资源的多样性为用户提供了更加丰富和广泛的信息获取途径。获取数字资源的策略因人而异，取决于个体的需求和偏好。在数字资源丰富的背后，我们也需要思考如何更好地处理信息过载和提高信息的可信度，以使数字资源更好地为社会和个体服务。

（三）数字图书馆中的信息推送与定制服务

数字图书馆作为信息服务的一种形式，在信息推送和定制服务方面发挥了越来越重要的作用。数字图书馆通过信息推送，将相关的数字资源直接提供给用户，满足他们的信息需求。这种服务不仅提高了用户的信息获取效率，也使得数字图书馆更贴近用户的实际需求。同时，定制服务进一步强化了这一关系，通过个性化的服务模式，更好地满足用户的独特需求，提高用户体验。信息推送是数字图书馆提供信息服务的一种主动方式。数字图书馆通过用户的历史借阅记录、搜索关键词和阅读偏好等数据，精准地分析用户的兴趣和需求。然后，利用智能推荐系统，为用户推送相关、个性化的数字资源。这种信息推送模式使得用户能够更加轻松地发现新的资源，不再需要主动搜索，而是在被动接收的过程中完成信息获取。定制服务是信息推送的深层次延伸。通过分析用户的历史行为和个性化需求，数字图书馆可以为用户提供更加具体、符合其兴趣的服务。例如，用户可以选择订阅特定主题的信息，只接收与个人关注领域相关的资源推送。这种个性化的服务模式让用户感受到数字图书馆更像是一个为自己量身定制的信息平台，而不仅仅是一个传统的文献库。通过信息推送和定制服务，数字图书馆实现了从被动服务到主动服务的转变。用户不再需要频繁地主动搜索和筛选信息，而是通过数字图书馆主动提供的服务，更加高效地获取到符合个人需求的信息。这种服务模式也促使用户更加深度参与数字图书馆的使用，提高了数字资源的利用率。

信息推送和定制服务也面临一些挑战。首先，用户的隐私问题成为一个需要谨慎处理的方面。数字图书馆在进行个性化服务时，需要慎重处理用户的隐私数据，确保在提供服务的同时保护用户的个人隐私。其次，算法的准确性和智能性也是一个需要不断优化的方向。随着用户需求的不断变化，推荐系统需要不断学习和适应，以确保提供的推送服务具有高度的个性化和准确性。信息推送和定制服务为数字图书馆赋予了更强的用户导向性，使得数字资源更贴近用户的需求。在面对隐私和算法优化等挑战时，数字图书馆需要在提供高效服务的同时，不断完善服务模式，以满足用户对信息服务的日益增长的需求。

二、数字文献理解和评估能力

数字化阅读素养的另一个重要方面是数字文献的理解和评估能力。这个问题将关注读者在数字环境中对于文献的批判性阅读能力，包括对信息可信度的评估、不同文献之间的比较分析等。数字图书馆作为信息传播和知识管理的平台，如何引导用户进行深入、全面的数字文献阅读，将成为本章的重要讨论点。

（一）数字文献理解的基本要素

数字文献理解涉及多个基本要素，其中最为重要的要素之一是文本理解能力。文本理解不仅包括对文字的简单识别，更需要深入挖掘文本的内涵，理解其中的思想、观点和信息。在数字文献理解过程中，理解文本的表面含义是基础，而深入理解文本所传达的深层次信息则是更高层次的要求。

除了文本理解，上下文把握也是数字文献理解的关键要素之一。数字文献常常是在一定背景下产生的，而理解上下文可以帮助读者更好地理解文献的语境，从而更好地把握文献的真实含义。上下文把握包括了对相关术语、概念和事件的了解，有助于读者更全面地理解数字文献。

逻辑推理也是数字文献理解的基本要素之一。数字文献通常包含有一定的逻辑结构，通过逻辑推理，读者可以更好地理解文献中的论证过程，分析作者的观点和立场。逻辑推理不仅涉及理解作者的思维方式，还需要读者具备自主思考和分析的能力，以更深层次地理解数字文献中的信息。

在数字文献理解中，背景知识也是一个至关重要的要素。数字文献往往涉及专业领域的知识，而读者如果熟悉相关背景知识，就能更好地理解文献中的专业术语和概念，把握文献的专业内涵。缺乏背景知识可能导致对文献的误解或遗漏关键信息，因此背景知识的积累对于数字文献理解至关重要。

语言表达能力也是理解数字文献的一个基本要素。数字文献通常采用专业术语和复杂语言结构，而具备较好的语言表达能力的读者能够更准确地理解文献中的含义。语言表达能力包括对词汇的灵活运用、对语法结构的敏感把握，以及对修辞手法的理解。良好的语言表达能力有助于读者更全面地把握文献的细节和主旨。

批判性思维是数字文献理解的重要组成部分。数字文献可能包含不同观点和立场，而具备批判性思维的读者能够辨别其中的优缺点，形成独立的判断。批判性思维需要读者具备对信息的分析和评估能力，能够审视文献中的论证逻辑，提出自己的见解和观点。

数字文献理解的基本要素包括文本理解、上下文把握、逻辑推理、背景知识、语言表达能力和批判性思维。这些要素相互交织，共同构成了一个读者深入理解数字文献的基本能力框架。

（二）数字文献评估的方法与技巧

数字文献评估是一项复杂而关键的任务，需要采用多种方法和技巧来确保评估的准确性和全面性。其中，一种常用的评估方法是使用引文分析。通过分析数字文献被引用的次数和被其他学者引用的情况，可以评估一篇文献在学术界的影响力和重要性。此外，引文分析还能帮助识别领域内的研究热点和学术趋势。另一种常见的数字文献评估方法是基于关键词的文献计量分析。通过分析文献中使用的关键词及其频率，可以揭示出研究领域的关键主题和热点。这种方法有助于研究者了解领域内的研究动向，指导他们选择研究方向或者深入了解某一主题。数字文献的内容分析也是一种重要的评估方法。通过深入分析文献的内容，研究者可以评估文献的学术质量、研究方法的合理性以及结论的可靠性。内容分析不仅有助于评价文献的质量，还能为其他研究者提供有关特定主题的深度信息。

除了这些定量评估方法外，定性评估也是一项不可或缺的任务。定性评估强调对文献的深度理解和细致分析，着重于评估文献的论证逻辑、观点合理性以及研究方法的科学性。定性评估常常需要研究者具备较高的领域知识和批判性思维能力，以便做出准确而全面的评价。在数字文献评估中，关注研究者的学术背景和影响力也是一种重要的技巧。研究者的学术背景和研究经历直接关系到其在特定领域的专业性和可信度。同时，关注研究者的影响力，即其在学术界的声望和被引用的频率，有助于评估其在该领域的地位和贡献。

在评估数字文献时，研究者还可以采用比较分析的方法。通过比较多篇文献的异同之处，研究者可以深入了解不同研究者和研究团队在特定领域的观点和研究方法，从而形成更全面的认识。数字文献评估需要采用多种方法和技巧，包括引文分析、关键词文献计量分析、内容分析、定性评估、关注学术背景和影响力，以及比较分析等。这些方法和技巧相互补充，帮助研究者全面了解和评价数字文献，为其后续研究提供有力支持。

（三）数字文献与跨学科思维

数字文献在跨学科思维中扮演着重要的角色。跨学科思维是一种超越学科边界的思考方式，旨在整合不同领域的知识，以解决复杂问题。数字文献作为各个学科领域产生的、在数字环境中可获取的文献，为跨学科思维提供了丰富的资源和信息。通过数字文献，研究者可以突破传统学科界限，深入了解不同领域的研究动态和成果。在跨学科思维中，数字文献的多元性和广泛性为研究者提供了更加广阔的视野。数字文献不仅包括学术期刊上的研究论文，还包括了各个学科领域的专著、技术报告、会议论文等。这些文献来源于不同的学术领域，涵盖了自然科学、社会科学、人文学科等多个方向。通过深入阅读这些数字文献，研究者可以全面了解各学科领域的研究现状，为跨学科思维提供了丰富的知识基础。数字文献的信息检索和管理工具也是支持跨学科思维的重要资源。研究者可以利用搜索引擎和文献数据库，快速而精准地获取各学科领域的相关文献。这种便捷的信息获取方式不仅节省了时间，还使得研究者能够更加灵活地进行跨学科思维。同时，文献管理工具如文献管理软件，有助于研究者整理、分类和管理各学科领域的文献资源，提高了信息的利用效率。数字文献的共享和开放性也促进了跨学科思维的发展。许多学术期刊和文献数据库提供免费或开放获取的数字文献，使得研究者能够更加轻松地获取到各个学科领域的研究成果。这种开放性的文献获取方式打破了传统的学科壁垒，为跨学科研究提供了更加广泛的合作空间。数字文献在跨学科思维中的应用不仅体现在对各学科领域的深入了解上，还表现在对不同学科之间的联系和交叉点的探索中。通过分析数字文献中的交叉引用和关联关系，研究者可以找到不同学科之间的关联性，揭示出一些潜在的跨学科研究方向。数字文献的跨学科应用使得研究者能够更好地理解复杂问题，提出更全面、系统的解决方案。

数字文献在跨学科思维中的应用也面临一些挑战。首先，由于不同学科领域的专业性和术语体系的差异，研究者需要具备充足的跨学科背景知识，以更好地理解和整合各学科的文献。其次，数字文献的涵盖范围虽然广泛，但在某些学科领域的深度和广度仍可能存在差异，需要研究者具备较高的判断力和分辨能力。数字文献在跨学科思维中的应用是一种促进学科交流和知识整合的重要手段。通过数字文献，研究者可以更全面地了解各学科领域的研究动态，发现学科之间的联系和交叉点，为解决复杂问题提供更丰富、全面的视角。数字文献在跨学科思维中的应用不仅为学术研究提供了新的可能性，也推动了学科交叉与创新的发展。

三、数字化阅读与批判性思维

数字化阅读素养的提升不仅是对信息的获取和理解，也是对信息的批判性思考。在数字图书馆中，读者需要具备分辨信息真伪、挖掘信息背后深层次意义的能力。这里将讨论数字化阅读与批判性思维之间的关系，以及数字图书馆如何促进读者培养批判性思考的能力。

（一）数字化阅读与批判性思维的关系

数字化阅读与批判性思维之间存在着密切的关系，二者相辅相成，共同推动着读者在数字时代更为深入、全面地理解和分析文本。数字化阅读作为一种新兴的阅读方式，通过数字工具和平台，提供了多元化、便捷的阅读体验。而批判性思维则是读者在面对文本时对信息进行分析、评估和判断的能力。数字化阅读在提供信息的同时，激发了读者的批判性思维，使其更加敏锐地对待文本内容，形成更深刻的认识。数字化阅读通过多媒体、互动性和实时性等特点，丰富了阅读的形式和体验，为读者呈现了更为立体、生动的信息。在数字化阅读的环境中，读者不再仅仅是被动地接受文字信息，而是能够通过图像、音频、视频等多种形式感知文本。这样的多样性激发了读者的兴趣，促使其更主动地参与到阅读过程中，提高了对文本的关注度和理解深度。数字化阅读还通过互动性的特点，促进了读者之间的交流和讨论。社交媒体、在线评论等平台为读者提供了表达观点和与他人交流的机会。在这个数字化的社交阅读环境中，读者可以分享自己的阅读体验，获得他人的反馈和观点。这种交流互动的过程激发了读者的思考和批判性思维，使其更加全面地理解文本，并从多个角度审视其中的观点和信息。批判性思维在数字化阅读中得到了更为广泛和深入的发展。由于数字化阅读提供了丰富的资源和信息，读者在阅读过程中需要更有选择性地对信息进行评估和分析。批判性思维使得读者能够更加敏锐地辨别信息的真实性、可信度，对文本中的观点和论证进行合理的判断。

数字化阅读环境中的信息泛滥和信息过载使得批判性思维变得尤为关键，读者需要具备辨别信息的能力，以更好地理解和利用数字化阅读的资源。数字化阅读还通过提供实时性的信息更新，激发了读者对于时事和新知识的敏感性。在快速变化的信息环境中，读者需要及时获取最新的信息，而这也要求他们具备对信息进行迅速分析和评估的批判性思维能力。数字化阅读促使读者更加注重时效性和实用性，培养了他们更具批判性思维的阅读习惯。

数字化阅读也带来了一些挑战，其中之一是信息过载。由于数字化阅读提供的信息量庞大，读者可能会感到难以应对。在这种情况下，批判性思维能力就显得尤为重要，读者需要有能力筛选和评估信息，确保获取到的内容具有可信度和价值。数字化阅读与批判性思维相互交融，相辅相成。数字化阅读通过多样性的信息呈现和互动性的社交环境，激发了读者的兴趣和主动性，促使他们更加深入地理解文本。而批判性思维则使得读者在信息泛滥的环境中能够更有针对性地对信息进行分析、评估和判断，形成更为独立和理性的观点。在数字化阅读时代，培养和发展批判性思维能力成为读者更好地利用数字化阅读资源的关键。

（二）数字化阅读中的信息真实性与可信度评估

鉴别数字化阅读中信息真实性与可信度是读者面对海量信息时需要具备的关键能力。数字化阅读环境中，信息的传播速度和广度在不断增加，同时也伴随着挑战。因此，读者在数字化阅读中必须具备对信息进行深入分析和准确评估的能力，以确保所获取的信息是真实可靠的。信息真实性评估涉及对信息来源的审查。读者需要关注信息的出处，了解发布信息的机构或个人的专业性和可信度。具备良好信誉的机构或专业领域的专家更要提供真实可靠的信息。通过查证信息来源，读者可以对信息的真实性有一个初步的判断。信息真实性评估还需要关注信息的时效性。在数字化阅读中，信息的更新速度很快，某些信息可能在短时间内发生变化。因此，读者需要注意信息的发布时间，了解信息是否仍然具有时效性。过时的信息可能导致读者对某一主题的理解产生偏差。

在数字化阅读中，信息的可信度评估也与信息的一致性相关。读者需要比较不同来源的信息，看是否存在矛盾之处。一致的信息来源可能使得信息更具可信度，而不一致的信息可能需要进一步核实。通过比对不同来源的信息，读者可以更全面地了解特定主题，提高对信息的可信度判断。除了信息一致性，事实性和客观性也是信息可信度评估的关键因素。读者需要关注信息中是否包含了明确的事实陈述，而非主观看法。事实性信息通常更容易被验证和证实，因此更具可信度。同时，读者需要警惕信息中是否带有个人或机构的主观色彩，以防止受到信息的误导。

数字化阅读中，社交媒体等平台的信息传播具有很大的影响力，因此读者需要对这些平台上的信息进行谨慎评估。社交媒体上的信息可能涵盖多个观点和立场，读者需要审慎判断信息的真实性和可信度，避免受到虚假信息的影响。读者在进行信息真实性与可信度评估时，需要充分利用专业知识。对于特定领域的信息，读者如果具备相关专业知识，就能更好地判断信息的真实性。专业知识可以帮助读者理解复杂的专业术语和概念，从而更加准确地评估信息的可信度。

在数字化阅读中，读者还可以利用技术手段辅助进行信息真实性和可信度的评估。例如，通过搜索引擎查证相关信息，查找其他权威机构的观点，使用事实检验工具等，都是帮助读者提高信息评估准确性的方法。技术手段的应用有助于读者在海量信息中更迅速地找到有关真实性和可信度的线索。

（三）数字化阅读与批判性思维的培养

数字化阅读与批判性思维的培养是当今信息社会中非常重要的一项任务。数字化阅读不仅提供了更丰富、多样化的阅读内容，而且改变了人们获取信息的方式，使信息更加广泛、迅速地传播。在这个背景下，培养批判性思维成为当务之急。批判性思维是指在面对信息时，具备辨别、分析和评估的能力，能够形成独立、合理的判断，而数字化阅读则为批判性思维的培养提供了丰富的素材和挑战。

数字化阅读提供了更多元的信息来源，使得读者需要具备更加广泛的知识面。在数字化阅读的环境中，不同领域的信息可以在同一平台上汇聚，这要求读者具备跨学科的知识背景，能够理解和处理来自不同领域的信息。这样的多元化信息对培养批判性思维提出了更高的要求，读者需要辨别信息的来源、分析信息之间的联系，形成全面而有深度的认知。数字化阅读强调互动性，读者可以通过在线评论、社交媒体等平台与他人交流，形成信息传播的多向性。这样的互动性使得读者不再是信息的被动接受者，而更像是信息的参与者和创造者。在与他人交流的过程中，读者需要充分运用批判性思维，辨析不同观点的合理性，理清信息的逻辑关系，以形成自己的独立见解。

数字化阅读强调信息的即时性，新闻和知识的更新速度更快。这对读者提出了更高的要求，需要他们在短时间内快速获取并理解信息。在这种情况下，批判性思维能力显得尤为重要，读者需要迅速辨别信息的真实性、可信度，对信息进行深入分析，以避免受到虚假信息的误导。数字化阅读还提供了更多样的信息呈现形式，包括文字、图片、视频等多媒体形式。这要求读者具备更加灵活的思维方式，能够跨越不同媒体形式，理解和分析信息。批判性思维在这种情境下需要更加综合，读者需要通过对多媒体信息的深入思考，形成对信息更全面、更深刻的理解。

数字化阅读还面临着信息过载的问题，读者需要从大量信息中筛选出有价值的内容。批判性思维在这里起到了引导的作用，读者需要运用批判性思维的眼光，选择性地关注和深入阅读对其目标最有价值的信息，而非被动地淹没在信息的海洋之中。在数字化阅读的过程中，批判性思维还包括对作者立场的敏感性。因为数字化阅读环境中信息来源广泛，作者可能来自不同国家、文化和立场，读者需要具备对多元观点的理解和分辨能力，以更加客观地对待信息，形成更为全面的认知。

数字化阅读与批判性思维的培养是相互促进的过程。数字化阅读提供了更广泛、更多样的信息，为批判性思维提供了素材和挑战。而批判性思维则是应对数字化阅读带来的信息过载、多元观点等问题的有效工具。这两者相辅相成，共同推动了读者在信息社会中更为深刻、全面地理解和分析信息的能力。

四、数字化阅读与创新能力

数字图书馆旨在成为知识创新的重要场所，因此数字化阅读素养的提升也需要关注读者的创新能力，研究数字图书馆如何通过数字化阅读培养用户的创新思维，以及数字化阅读在促进学术研究、创业创新等方面的作用。数字化阅读素养与创新能力的结合将是数字图书馆服务的新方向。

（一）数字化阅读与创新的理论基础

数字化阅读与创新之间的理论是文明与技术相互渗透的产物。在数字时代，信息技术的迅猛发展使得人们的阅读方式发生了深刻变革，由此催生了数字化阅读的兴起。数字化阅读不仅是传统阅读方式的延伸，更是一场革命性的文化演变。在这个过程中，创新的驱动力成为数字化阅读的灵魂，推动着文学、艺术和知识传播进入全新的境地。数字化阅读作为一种新的文化模式，其理论基础体现在对信息时代特点的深刻洞察。信息时代，信息量剧增，信息传递的速度迅猛。数字化阅读充分利用了数字技术的优势，使得人们能够更迅速、更广泛地获取和分享信息。在这个背景下，数字化阅读理论的核心是信息获取和传递的高效性。数字化阅读通过数字化媒体，将知识和文化以一种前所未有的方式传递给读者，使得人们能够更加便捷地参与到知识的创造和传播中。

数字化阅读的理论基础还在于其强调个体化的阅读体验。在传统阅读中，读者的选择受限于有限的资源和空间，而数字化阅读通过个性化推荐算法和用户定制功能，使得每个人都能够定制属于自己的阅读体验。这种个体化的阅读体验不仅满足了人们多样化的需求，同时也促使了文学和艺术创作的多元化发展。数字化阅读理论认为，通过数字化平台，每个个体都能够成为文化创造的参与者和贡献者，从而推动文学和艺术的创新。在数字化阅读的理论体系中，文学和艺术创新是其关键元素之一。数字化阅读理论认为，数字技术为文学和艺术的创作提供了新的可能性。数字化媒体不仅为传统文学和艺术作品提供了新的呈现形式，更为创作者创造出全新的艺术语言和表达方式。数字化阅读的理论基础强调，文学和艺术创新不仅是技术手段的创新，更是对人类文化和思想的深刻反思。数字化阅读理论倡导在数字时代，创作者应该敏锐地捕捉社会变革的脉搏，通过数字化平台表达对当代生活和价值观的独特见解，从而推动文学和艺术的进步。数字化阅读理论还强调了跨媒体的阅读体验。数字时代的媒体环境日益复杂多变，数字化阅读理论认为，传统的单一媒体阅读已经不能满足人们多层次的阅读需求。

数字化阅读通过整合多媒体元素，使得文学、艺术和科普知识能够在一个平台上交融互动，打破了传统媒体之间的壁垒。这种跨媒体的阅读体验不仅使得阅读更加生动有趣，同时也推动了不同领域之间的交叉创新，促使文学、艺术和科学更加紧密地融合。数字化阅读与创新的理论基础深植于对信息时代特点的认识，强调了高效性、个体化、文学艺术创新以及跨媒体体验等多个方面。这一理论框架不仅指导着数字化阅读实践的发展，也为文学、艺术和知识传播的未来赋予了崭新的可能性。

（二）数字化阅读对创新思维的激发

数字化阅读在创新思维方面具有深远的影响。通过数字化平台，人们获得了更广泛、更多元的信息源，这拓展了他们的认知边界。数字化阅读的互动性质使得阅读不再是被动地接受，而是变成了一种主动的思考和反思的过程。在这个过程中，个体对信息的解读不再受到空间和时间的限制，而是通过数字技术的支持，随时随地进行深入思考。数字化阅读激发了人们的主动性，使其更加倾向于通过阅读去主动寻找解决问题的思路。在数字化阅读的环境中，信息的多样性和即时性让人们更容易形成全局性的思维，跳出传统的思维定势。这样的开放性思维有助于创新的萌芽，因为其鼓励人们去思考传统框架之外的可能性。数字化阅读促使了信息的碰撞与交流。在数字平台上，读者们可以通过社交媒体、在线论坛等方式分享和讨论他们的阅读体验。这样的信息碰撞使得不同的思想得以交流，形成了一种开放式的知识交流模式。在这个过程中，创新思维得到了进一步的培养，因为人们在思考问题的时候可以从不同的角度获取信息，得到更加全面和多元的观点。

数字化阅读的互动性和多媒体融合也对感官体验进行了深刻的创新。通过数字化媒体，阅读不再是枯燥的文字阅读，而是通过图像、音频、视频等多种形式的表达，激发了读者的多元感官。这种感官的刺激能够引发更加丰富的联想，激发创新思维的火花。

数字化阅读还强调了个性化的阅读体验，通过算法推荐等方式使得每个人都能够定制属于自己的阅读路径。这种个性化让人们更容易找到符合自己兴趣和需求的信息，从而更有动力去深入了解和思考。个性化的阅读体验有助于激发人们的独立思考能力，培养出更具创新性的思维方式。

数字化阅读的实践不仅是对信息时代变革的积极响应，更是对创新思维的深刻探索。通过数字化阅读，人们的思维方式被赋能，这使得人们更加倾向于主动思考，更容易进行信息交流和碰撞，更能够通过多感官体验获取深层次的认知。数字化阅读所培养的创新思维不仅对个体的知识获取和问题解决有着积极的促进作用，更在社会层面推动了知识创新、文化创意等方面的蓬勃发展。数字化阅读为创新思维的培育提供了新的土壤，促使人们更加积极地面对知识和信息，引领着思维方式的革新。

（三）数字化阅读与学术研究的创新应用

数字化阅读在学术研究领域展现出了令人瞩目的创新应用。通过数字平台，学者们能够更加广泛、迅速地获取各类学术资源，这大大拓展了他们的研究领域。数字化阅读的互动性质使得学者们能够更加主动地参与到学术交流中，通过在线期刊、学术社交媒体等途径分享和讨论研究成果，形成了开放式的学术交流网络。

数字化阅读对学术文献的管理和检索提供了强大的支持。学者们通过数字化平台能够轻松地管理自己的文献库，实时更新并保存研究资料。同时，数字化阅读通过先进的检索算法，使得学者们能更高效地找到与其研究课题相关的文献，提高了学术研究的效率。

数字化阅读推动了学术研究的国际化。在数字平台上，学者们能够跨越地域的限制，通过在线会议、合作平台等形式展开国际间的学术合作。这种国际化的学术研究模式为不同文化背景的学者们提供了更多的思维碰撞和合作机会，促进了全球学术知识的共享。

数字化阅读还加强了学术合作的智能化。通过合作平台和在线协同工具，学者们能够实现实时的协同编辑和交流，提高了团队协作的效能。数字化阅读通过智能化的合作方式，使得学术研究更加灵活和高效。数字化阅读的多媒体融合对学术研究的呈现方式进行了深刻的创新。学者们不再仅仅局限于书面论文的传统形式，而是通过图像、音频、视频等多媒体形式进行学术表达。这种创新的呈现方式使得学术研究更具生动性和直观性，提高了学术成果的传播效果。

数字化阅读强调了学术研究的开放性。通过数字平台，学者们能够公开分享自己的研究数据、实验方法和研究过程，推动了科学研究的透明度和可复制性。这种开放性促使更多学者对同一研究问题的探讨，推动了学术领域的知识共建。

数字化阅读的个性化特点也对学术研究提出了新的要求。学者们能够通过算法推荐等方式获取更加个性化的学术信息，使得研究更加符合个体的兴趣和需求。这种个性化的学术研究路径使得学者们更具独立思考的能力，激发了创新思维。数字化阅读对学术研究的创新应用呈现出多层面的影响。通过数字平台，学者们实现了学术资源的广泛获取、管理和检索的智能化，推动了学术研究的国际化和开放性。数字化阅读的多媒体融合和个性化特点使得学术研究更具创新性和灵活性。数字化阅读不仅改变了学者们获取信息和进行学术研究的方式，更为学术研究的发展提供了全新的机遇和挑战。

（四）数字化阅读与社会创新

数字化阅读在社会创新中具有深刻的影响。通过数字平台，社会各界能够更广泛、迅速地获取和分享信息。数字化阅读的互动性使得社会参与者能够更积极地参与到知识和文化的交流中，促进了社会创新的蓬勃发展。数字化阅读强调了信息的多元性。社会创新需要充分的信息支持，而数字化阅读通过整合文学、科技、艺术等领域的信息，使社会参与者能够更全面地了解社会动态和问题。这种多元性的信息对社会创新的深度和广度起到了积极的推动作用。

数字化阅读的互动性推动了社会参与者之间的交流和合作。通过数字平台，人们可以在虚拟空间中分享自己的观点、经验和创意，形成一个开放、多元的社交网络。这种互动性的社会交流使得社会创新不再是孤立的个体行为，而是一个集体智慧的结晶。数字化阅读在社会创新中扮演了信息传播的重要角色。社会创新需要得到广泛的认知和支持，而数字化阅读通过在线媒体、社交平台等手段，使创新的信息能够更迅速、更广泛地传递给社会各界。这种信息传播的迅捷性有助于社会创新的快速推广和应用。

数字化阅读的多媒体融合推动了社会创新的表达方式。社会创新不再仅限于书面文字的传播，创新思想可以通过图像、音频、视频等多种形式表达。这种多媒体的创新表达方式使得社会创新更具生动性和感染力，有助于引起社会对创新的关注和反响。数字化阅读的个性化特点为社会创新提供了更加灵活的支持。每个人都可以通过数字平台找到符合自己兴趣和需求的信息，从而更好地参与到社会创新的过程中。

个性化的社会参与模式使得社会创新更贴近个体需求，更容易激发个体的创新动力。数字化阅读通过算法推荐等方式为社会参与者提供了更加智能的支持。社会创新需要不断地吸纳新思想和新观点，而数字化阅读通过智能化的推荐系统，使社会参与者能够更容易发现和获取新颖的信息，为社会创新提供了更智能的创新支持。数字化阅读在社会创新中发挥了多方面的作用。通过信息的多元性、互动性、多媒体融合和个性化特点，数字化阅读为社会创新提供了更为广阔的发展空间。数字化阅读不仅改变了信息传播的方式，更在社会创新的过程中引发了一系列的变革。数字化阅读的智能化和多样性使社会参与者更加容易获得信息并表达创新的思想，推动了社会创新的不断进步。

第二节　教育和培训计划

一、资源丰富性

教育和培训计划的数字图书馆是一个丰富多彩的知识宝库，涵盖了各个学科领域的书籍、期刊、学术论文和多媒体资源。学生和培训参与者可以通过数字图书馆轻松访问全球范围内的最新研究成果、教育资料和实践经验，以更好地支持他们的学习和发展需求。

（一）多学科涵盖

数字图书馆是一个集成了各个学科领域的信息资源的数字化平台，其涵盖的多学科特性使其在知识传播、学术研究和社会发展等方面发挥着重要作用。

首先，数字图书馆的多学科性体现在其收录的文献、资料和资源来自不同学科领域的研究成果。这种跨学科的信息整合为研究人员和学者提供了广泛而深入的资料，促使他们在自己的领域内进行更全面的思考和研究。

其次，数字图书馆的多学科性不仅表现在文献资源的广泛涵盖，更在于其提供的检索和浏览功能。用户可以根据自己的需求，通过关键词、主题、作者等多维度的检索方式获取相关的学科信息。这种检索机制使学者们更容易跨越学科的界限，深入研究不同领域的知识，从而推动多学科交叉研究的发展。

再次，数字图书馆的多学科性在教育领域也发挥了重要作用。学生通过数字图书馆可以获取来自不同学科的教材、论文、参考资料等学术资源，帮助他们更全面地理解和学习不同学科的知识。这种跨学科的学习方式有助于培养学生的综合思考能力和交叉学科的视野。在学术研究方面，数字图书馆的多学科涵盖为研究人员提供了广阔的研究领域。研究者可以通过数字图书馆深入了解其他学科的研究成果，借鉴其他领域的方法和理论，从而在自己的研究中取得更为创新和更有深度的成果。

最后，数字图书馆的多学科性为学术交流和合作提供了更为广泛的平台，促进了学术界的共同进步。在社会发展方面，数字图书馆的多学科性有助于跨学科研究成果的应用。社会问题往往是多方面因素交织而成的，数字图书馆提供的多学科信息有助于研究者深入分析和解决这些问题。政策制订者和社会决策者也可以通过数字图书馆获取多学科的研究成果，更科学地制订政策和解决实际问题。

数字图书馆作为一个多学科涵盖的知识资源平台，为学术研究、教育培训和社会发展等提供了丰富的信息资源。其跨学科性使得用户能够在一个平台上获取来自不同学科领域的信息，推动了学科之间的交叉和融合。数字图书馆的多学科涵盖不仅促进了学术研究的深入，也在社会发展中发挥着越来越重要的作用。

（二）多种格式的学习资源

数字图书馆作为一个汇聚多种格式学习资源的平台，为学习者提供了更为灵活和多样的学习方式。在数字图书馆中，学习资源包括文字、图片、音频、视频等多种格式，多样性的学习资源形式为学生提供了更为全面和立体的学习体验。学生可以通过阅读文本、观看图像、听取音频、观赏视频等方式，更加深入地理解和掌握知识。

数字图书馆的多种格式学习资源有助于满足不同学科和学科层次的学生需求。对文字更加感兴趣的学生，他们可以深入阅读文本资料；而对视觉型学习者，图像和视频资源则提供了更直观、生动的学习体验；对喜欢通过听觉学习的学生，音频资源则成为一个更为重要的学习工具。这种多样性使得学生能够根据自己的学习喜好和习惯选择更合适的学习资源，提高学习效果。

数字图书馆的多种格式学习资源为教育领域带来了创新。通过数字平台，学生可以随时随地访问各种学习资源，使得传统的教育空间和时间的限制得到了打破。学习者可以根据自己的时间表和学习进度，选择合适的学习资源，实现个性化学习。这种学习方式有助于培养学生的独立思考能力和学习自主性，推动了教育的创新发展。

数字图书馆的多种格式学习资源也为跨学科研究提供了更为广阔的可能性。在数字平台上，学者们可以通过文字、图像、音频、视频等多种形式进行学术研究和交流，推动不同学科之间的融合和交叉。这种多样性的学术资源形式为研究者提供了更为灵活和创新的研究手段，有助于推动学术研究的深入和拓展。

数字图书馆的多种格式学习资源在社会发展中也发挥了积极作用。通过数字平台，社会各界可以获取各种形式的知识和信息，促进社会成员的终身学习和知识更新。多种格式的学习资源有助于提高整个社会的文化素养，推动社会向知识型社会的发展方向迈进。

数字图书馆作为一个汇聚多种格式学习资源的平台，为学习者提供了更为灵活和多样的学习方式。多种格式的学习资源丰富了学生的学习体验，满足了不同学科和学科层次的学生需求。这种学习方式的创新性对教育领域和社会发展带来了积极的影响，推动着学术研究和社会进步的不断发展。

（三）全球化的信息获取

数字图书馆作为一个全球化的信息获取平台，在信息时代的背景下发挥着日益重要的作用。

数字图书馆通过数字化技术的支持，使得全球范围内的用户能够随时随地获取丰富多样的信息资源。在数字图书馆中，不同国家和地区的学者、研究者和学生能够共享全球各地的知识，推动了信息的全球流动。

数字图书馆为全球用户提供了便捷的信息获取途径。通过数字平台，用户可以访问来自世界各地的学术期刊、图书、论文等资源，无需受到地理位置和时间的限制。这种便捷的信息获取方式促进了全球范围内的学术交流和合作，为知识的传播提供了更广阔的空间。

数字图书馆的全球化特性使得不同文化背景的用户能够获取并分享来自世界各地的知识。在数字平台上，用户可以接触到不同语言、文化和学术传统的信息资源。这种全球化的信息获取有助于打破国界，促进了全球范围内知识的共享与传承。

数字图书馆的全球化信息获取为全球性问题的研究提供了更为广泛的视角。全球范围内的学者和研究者可以通过数字平台获取关于全球性问题的最新研究成果，形成更全面、更多元的研究视角。这种全球范围内的合作有助于推动全球性问题的解决和社会发展的全球性进步。

全球范围内的数字图书馆为学术研究者提供了更为广泛的合作平台。通过数字平台，学者们可以在全球范围内共同参与项目、合作研究，形成国际性的研究团队。这种国际性的学术合作推动了学术研究的深度和广度，促进了不同文化和学术传统之间的对话与交流。数字图书馆的全球化信息获取为全球范围内的教育提供了更为多元和丰富的资源。学生可以通过数字平台获取来自世界各地的优质教育资源，深入了解不同国家和地区的教育体系和学科特色。这种全球化的教育资源有助于培养学生更全球化的视野和综合素养。

在社会发展方面，数字图书馆的全球化信息获取有助于推动科技创新和知识经济的发展。通过数字平台，全球范围内的科研机构和创新企业可以获取最新的研究成果和创新信息，促进科技创新跨国合作的达成。这种全球范围内的知识共享有助于推动全球知识经济的不断繁荣。

数字图书馆作为一个全球化的信息获取平台，通过数字技术为全球用户提供了便捷的、多元的学术和教育资源。全球化的信息获取有助于推动全球范围内的学术合作、教育发展、科技创新以及社会进步，促进了全球范围内知识的交流、传播和共享。数字图书馆的全球化信息获取不仅满足了用户的个体需求，更为全球社会的发展提供了重要的智力支持。

二、个性化学习体验

数字图书馆为教育和培训提供了个性化学习的机会。通过智能搜索和推荐系统，学生和培训参与者可以根据自己的学科兴趣、水平和学习风格找到最适合他们的资料。这种个性化学习体验有助于提高学习效果，使每个参与者更好地实现其学术或职业目标。

（一）智能搜索和过滤功能

数字图书馆的智能搜索和过滤功能是现代信息检索系统的重要组成部

分。这些功能旨在提高用户对数字资源检索的效率和信息质量，为用户提供更个性化、更精准的检索体验。智能搜索功能通过采用先进的自然语言处理技术，能够理解用户输入的语言，并从海量的数字资源中精准地检索相关信息。这种搜索功能不仅仅是简单的关键词匹配，而是通过深度学习算法对文本语义进行分析，从而更好地满足用户的信息需求。

过滤功能在数字图书馆中的作用也不可忽视。通过智能过滤技术，用户可以排除与其需求不相关的信息，从而更快速地找到所需的内容。这种过滤功能不仅仅局限于文本内容，还可以基于用户的历史检索记录、兴趣爱好等个性化信息，为用户提供更加精准的过滤服务。数字图书馆的智能搜索和过滤功能的优势在于其能够不断学习和适应用户的需求。通过机器学习算法的应用，系统可以根据用户的反馈不断优化搜索结果的准确性和相关性，使用户能够更轻松地找到他们感兴趣的内容。

智能搜索和过滤功能还能够帮助用户发现他们未曾了解的信息。通过推荐系统的引入，数字图书馆可以根据用户的兴趣推荐相关的文献、论文或其他资源，为用户提供更加全面的信息服务。数字图书馆中的智能搜索和过滤功能不仅仅是技术的应用，更是对用户需求的深刻理解和个性化服务的体现。这些功能的不断创新和优化将进一步推动数字图书馆成为一个更加智能、高效的信息资源平台，满足用户在不同领域的知识需求。

（二）个性化推荐和学习路径

数字图书馆的个性化推荐和学习路径功能是现代信息服务体系的重要组成部分。这些功能的核心在于利用先进的算法和技术，通过对用户的行为和兴趣进行深入分析，实现信息资源的个性化呈现和学习路径的优化。

个性化推荐是数字图书馆为用户提供更贴近个体需求的服务的一种手段。通过对用户历史浏览、检索和阅读行为的全面追踪，系统能够更好地理解用户的兴趣爱好和知识需求，从而为用户推荐更相关、更具吸引力的文献、资料和学术资源。这种个性化推荐不仅提高了用户获取信息的效率，也拓展了用户对多样化知识的探索范围。学习路径的设计与个性化推荐密切相关，旨在为用户提供更加智能的学习引导。

通过分析用户在学术领域的兴趣偏好和学科领域的深度需求，系统可以为用户量身定制学习路径，使其更加系统地获取相关知识，形成更加完整的学科体系。这种学习路径的定制不仅能提高学术学习的效果，也能满足用户在特定领域深度学习的需求。个性化推荐和学习路径功能的优势在于其不断迭代的能力。系统通过不断学习用户的反馈和行为，能够动态地调整推荐和学习路径，以适应用户知识需求的变化。这种动态调整使得个性化服务能够随着用户知识水平的提升而不断进化，为用户提供更贴心、更具有针对性的服务。

个性化推荐和学习路径还能够激发用户的学术兴趣。通过为用户推荐具有挑战性和创新性的学术资源，系统能够引导用户在学术领域中发现新的问题和研究方向，促使其更加深入地参与学术探索。数字图书馆中的个性化推荐和学习路径功能不仅仅是技术的应用，更是对用户需求的深刻理解和个性化服务的体现。这些功能的不断创新和优化将进一步推动数字图书馆成为一个更加智能、高效的学术资源平台，满足用户在不同领域的学术学习和知识获取需求。

三、协作与交流

数字图书馆不仅是一个资源库，还是一个促进协作和交流的平台。学生和培训参与者可以通过在线讨论、共享笔记和协作项目等功能，与同学、教师或其他专业人士建立联系。这种互动性丰富了学习体验，促使知识的更深层次理解和实际运用。

（一）在线讨论平台

数字图书馆中的在线讨论平台在充实用户在获取信息的同时，也为知识交流提供了广泛的空间。这种平台通过连接用户，让他们在虚拟空间中分享观点、讨论问题，促进了知识的传播与共享。在线讨论平台的出现不仅仅是为了提供一种沟通的手段，更是为了在数字环境中构建一个开放、多元的学术社群。

在线讨论平台的独特之处在于它提供了一个即时的、跨时空的交流平台。用户可以随时随地参与到讨论中，与来自不同地区、不同领域的用户进行深入的交流。这种即时性使得知识交流更加灵活，使用户能够在特定主题下深入思考，拓宽视野。

在线讨论平台还为用户提供了一个展示自己见解和分享观点的机会。通过发表评论、提出问题或回答他人的疑惑，用户能够展示自己在特定领域的专业知识，建立个人学术声誉。这种互动性和参与性不仅促进了学术社群的形成，也为用户提供了一个更加立体的学术交流环境。

在线讨论平台的另一个亮点是其能够跨越传统学术界限，促进多学科之间的交流。不同学科领域的专业人士可以在平台上分享各自的研究成果、思考和经验，从而形成一种跨学科的知识交流模式。这种跨学科的交流有助于拓宽研究视野，激发创新思维，推动不同领域之间的合作与融合。

在线讨论平台也成为数字图书馆中的一个重要社交场所。用户在平台上不仅可以找到学术伙伴，还能够建立长期的合作关系。这种社交网络的构建使得学术研究更具协同性，促进了知识的深度交流和共建。数字图书馆中的在线讨论平台为用户提供了一个开放、多元、即时的学术社交环境。通过这种平台，用户能够更加自由地分享和获取知识，促进了学术研究的合作和创新。在线讨论平台的不断发展和优化将进一步推动数字图书馆成为一个更加丰富和具有活力的知识交流平台。

（二）共享学术笔记和资源

数字图书馆中的共享学术笔记和资源功能为用户提供了一个共享、协作的学术环境。这种功能能够让用户能够将个人学术笔记和资源分享给其他用户，实现知识的开放共享，促进学术交流与合作。在这个平台上，用户可以上传和分享自己的学术笔记。这样的共享机制不仅能够帮助他人更好地理解特定主题，也为学术社群提供了更多的参考和学习资料。通过共享学术笔记，用户能够分享自己的研究心得和方法，推动学术研究的深入和拓展。

共享学术资源功能也为数字图书馆增添了一种新的维度。用户可以上传并分享各种学术资源，包括文献、论文、数据集等。这种开放的资源共享机制使得用户能够更方便地获取相关资料，为自己的研究提供更广泛的支持。共享学术笔记和资源的一个重要优势在于其促进了全球范围内的学术合作。用户可以通过平台找到来自世界各地的学者，分享彼此的研究成果和资源。这种国际性的学术合作有助于消除地域限制，促进全球范围内的知识交流与共建。

共享学术笔记和资源还能推动数字图书馆中的学术社区的形成。用户可以通过对他人学术成果的评论和互动建立联系，形成一个积极的学术生态系统。这种社区化的学术环境使得用户能够更好地参与到学术讨论和合作中，促进了学术社交的发展。

共享学术笔记和资源的发展不仅仅是数字图书馆技术的进步，更是对知识开放共享理念的践行。通过这种开放的共享机制，数字图书馆为用户提供了一个更加自由、平等、共建的学术平台。共享学术笔记和资源的不断创新和优化将进一步推动数字图书馆成为一个更加充实和多元的学术社区，为用户提供更广泛的知识支持。

（三）协作项目与团队合作

数字图书馆中的协作项目与团队合作功能是一项推动学术合作和知识共建的关键特性。这种功能的本质在于通过数字平台，使研究者能够远程协作，共同参与项目和研究，推动学术社群的协同发展。协作项目功能通过提供集中的数字平台，使得团队成员能够共享项目文档、数据、进度等信息，实现协同工作。这种协作机制不仅提高了工作效率，也使得团队成员能够更好地协同合作，充分发挥各自的优势。团队合作在数字图书馆中的实现，使得团队成员能够实时更新和编辑项目文档，共同推进项目进展。这种实时协作机制不仅减少了信息传递的滞后，也使得团队在研究项目中更加紧密地协同合作，促进了项目的顺利进行。协作项目与团队合作的优势在于其能够打破地域限制，实现远程合作。团队成员可以分布在不同的地理位置，通过数字平台实现实时的协同工作。这种远程协作机制使得团队能够充分利用全球范围内的专业人才和资源，推动项目的跨地区合作。

数字图书馆中的协作项目与团队合作功能还支持多样性的文件格式和工作流程。团队成员可以根据项目需求选择适合的工作方式和工具，实现灵活的合作。这种多样性的支持有助于满足不同学科领域和团队的特殊需求，促进学科交叉和多元化合作。协作项目与团队合作功能的发展也加强了数字图书馆中的社交网络。团队成员可以通过数字平台上的协作项目建立联系，分享经验和资源。这种社交网络的形成不仅有助于促进项目的合作，也为团队成员提供了一个更广泛的学术社交环境。

数字图书馆中的协作项目与团队合作功能是数字时代推动学术合作的一项关键特性。通过实现远程、实时的协作机制，数字图书馆为团队提供了更加便捷、高效的协同工作环境。该项功能的不断创新和优化将进一步推动数字图书馆成为一个更加多元和活跃的学术社区，为学术团队提供更广泛的合作和交流平台。

四、可持续发展

教育和培训计划的数字图书馆是教育的可持续发展的一部分。通过数字化收集、管理和分享学术和教育资源，数字图书馆有助于减少纸质资源的浪费，推动环保意识。此外，数字图书馆的持续更新和扩充保证了学生和培训参与者始终能够获取到最新的、高质量的信息资源。

（一）数字资源的管理和优化

数字资源管理是数字图书馆不可或缺的组成部分，其的优化涉及多个层面。

首先，要注重数字资源的选择与采集，确保涵盖多领域丰富内容，以满足用户多元化需求。

其次，要建立有效的元数据体系，为数字资源提供详实而精准的描述，以提升检索效果。在数字资源存储方面，采用先进的技术和可持续性策略，确保数据安全且易于管理。数字资源的组织与分类也至关重要，通过智能算法和数据挖掘技术，实现资源的自动分类和关联，提高信息检索效率。在数字资源的利用方面，建立灵活而高效的访问机制，使用户能够便捷获取所需信息。同时，引入用户反馈机制，通过数据分析优化系统性能，提升用户体验。

再次，数字资源管理的优化还需要关注合理的资源分发策略，确保资源的公平共享和最大化利用。通过建立联合数字图书馆体系，实现资源互通共享，促进数字资源的全面利用。此外，要采用先进的数字鉴权技术，确保数字资源的版权和知识产权合法合规。在长期运行过程中，数字资源管理需要建立健全的维护与更新机制，定期对数字资源进行质量评估和更新，确保其信息内容的时效性和准确性。同时，要关注数字资源的可持续性发展，合理规划数字资源的扩充和更新，以适应信息技术和用户需求的不断变化。

数字资源的管理与优化需要跨学科的综合考量，包括技术、信息学、法学等多个领域的知识，通过合理的策略和先进技术手段，实现数字图书馆的高效运作与服务。

（二）环保意识的推动

环保意识在数字图书馆的推动是一项重要而迫切的任务。数字化资源的采集与管理，降低了纸质书籍和文献的使用，减少了对自然资源的消耗。这种转变对环境保护具有显著的积极作用。数字图书馆以其高效的信息存储和传播方式，减少了印刷和运输过程中产生的污染。用户可以在电子设备上获取和阅读文献，减少了纸张的浪费和处理，有利于降低环境压力。数字图书馆通过数字化技术，促进了信息的共享和传播，提升了资源利用效率。用户可以随时随地获取所需信息，无需实体图书馆的限制，节约了交通和能源消耗。数字化资源的多样化和共享性，减少了重复采集和生产，避免了不必要的资源浪费，为环境保护做出了积极贡献。数字图书馆还能通过数字化管理手段，优化运营流程，降低能源消耗和碳排放。数字图书馆采用节能环保的服务器设备和数据中心，减少了能源消耗，提升了数字图书馆的可持续发展能力。通过引入可再生能源和高效能源管理模式，数字图书馆在服务用户的同时，更加注重对环境的保护和可持续发展。环保意识的推动不仅体现在数字图书馆的内部运营，也体现在服务理念的转变上。数字图书馆通过推广环保主题的文献和活动，引导用户关注环境保护，鼓励采用数字资源，减少对自然资源的依赖。倡导可持续的生活方式，激发公众的环保意识，是数字图书馆在环保方面发挥作用的重要途径。

环保意识的推动是数字图书馆持续发展的重要方向。通过数字化管理与服务手段，降低资源消耗和环境污染，提升信息资源的利用效率，促进可持续发展。数字图书馆在推动环保意识方面，应当不断完善管理模式，创新服务理念，共同为环境保护贡献力量。

（三）服务的更新和扩充

数字图书馆服务的持续更新与扩充是其发展不可或缺的关键。在当今的信息时代，随着技术的迅猛发展，数字图书馆作为知识传播与共享的重要平台，必须不断更新和扩充以适应不断变化的需求和挑战。服务更新是数字图书馆发展的必然要求。随着科技不断演进，人们对信息获取和处理方式的需求也在不断变化。数字图书馆必须及时更新其内容和技术，以满足用户对多样化信息的迫切需求。例如，引入先进的检索技术和智能算法，可以提升用户检索体验，使其更快捷、准确地找到所需信息。同时，数字图书馆还需要不断更新自身的数据资源，包括但不限于学术文献、多媒体资料等，以确保内容的新颖性和全面性，满足用户对各个领域知识的需求。数字图书馆的扩充对满足日益增长的信息需求非常重要。随着信息量的急剧增加，数字图书馆需要不断扩充其收录的范围和内容，以涵盖更多学科领域和多样化的资源类型。这包括但不限于跨学科研究资源、本土化资源、开放获取资源等，以满足用户多样化的信息需求。同时，数字图书馆也应当积极开展合作与共享，与其他图书馆、机构建立合作关系，共享资源，实现资源互补和优势互补，提升数字图书馆整体的资源质量。

数字图书馆的更新与扩充是其发展过程中不可或缺的环节。通过持续更新技术和内容，数字图书馆能够更好地适应用户需求的变化，并且通过不断扩充资源范围和内容类型，使其成为一个更加全面、多样化的知识传播和共享平台。这种持续发展的努力将有助于数字图书馆在信息时代保持其重要地位，并为用户提供更优质的服务和资源。

第三节　数字化阅读素养的评估

一、评估的目的和重要性

（一）评估数字化阅读素养的背景和意义

数字化阅读素养的背景，深植于当今信息时代的大潮流。随着数字技术的不断创新和普及，人们的信息获取方式发生了革命性的变化。在这个背景下，数字图书馆应运而生，成为人们获取知识的主要途径之一。数字图书馆以其便捷、高效的特点，推动了数字化阅读素养的发展。在过去，纸质图书馆是人们主要获取信息和知识的场所。然而，由于纸质书籍的局限性，人们在时间和空间上的阅读受到了很大的限制。数字图书馆的出现打破了这种限制，使人们可以随时随地通过网络获取丰富的信息资源。在这一背景下，数字化阅读素养开始逐渐崭露头角。数字化阅读素养的意义在于，它不仅是对技术操作的熟练，更是一种对信息进行有效获取、评估和利用的综合能力。在数字图书馆的世界里，信息爆炸性增长，用户需要具备良好的数字化阅读素养，以更好地驾驭这些信息。具备数字化阅读素养的人能够更快速地找到所需信息，准确地判断信息的可信度，对多样化的数字资源进行有效整合和应用。数字化阅读素养对个体来说，不仅是一种知识获取和利用的能力，更是提升综合素质的一项重要手段。通过数字化阅读，个体能够不断拓展自己的视野，开阔思维，提升解决问题的能力。在职业生涯中，具备数字化阅读素养的人更容易适应不断变化的工作环境，更有可能在激烈的竞争中脱颖而出。从社会层面看，数字化阅读素养的提升有助于社会智力水平的提高。通过数字图书馆，人们能够分享各领域的知识，推动科学、文化、艺术等各个领域的发展。数字化阅读素养的普及也有助于缩小知识鸿沟，促进社会的公平和包容。在信息爆炸的时代，数字化阅读素养是人们适应社会发展的一项基本能力，对构建信息社会有着不可忽视的作用。数字化阅读素养的背景源自数字技术的发展和数字图书馆的兴起。它不仅是一种对技术的运用，更是一种综合能力，涵盖了信息获取、评估和利用的多个方面。数字化阅读素养对个体和社会都有着深远的意义，是人们在信息时代必须要重视培养的一项重要素养。

（二）教育领域中数字化阅读素养评估的重要性

教育领域中数字化阅读素养评估的重要性不可低估。随着数字化技术的迅速普及，教育方式发生了深刻的变革，数字化阅读成为学生获取知识的重要途径之一。在这一背景下，对数字化阅读素养的评估显得尤为关键。数字化阅读素养评估对学生而言，不仅是一种考核手段，更是一种促进个体全面发展的途径。学生通过数字图书馆获取丰富的数字资源，数字化阅读素养评估可以帮助他们建立系统的信息获取和评估能力，培养其批判性思维，提高其解决问题的能力。这不仅有助于学生更好地适应信息时代的学习环境，也给他们未来的职业发展奠定了坚实基础。在教育领域中，数字化阅读素养评估有助于教育机构更全面、科学地了解学生的学习状况。通过对学生数字化阅读素养的评估，教育机构可以了解到学生在信息获取、信息评估、信息整合等方面的能力水平。这为教育机构制定有针对性的教学计划、改进教学方法提供了依据，使教育更加贴近学生的实际需求，能够更有针对性地提供帮助。数字化阅读素养评估也是对教育质量的一种监测手段。通过对学生数字化阅读素养的评估，教育机构可以更全面地了解教学效果，找出可能存在的问题和不足。这有助于教育机构及时进行调整和改进，提高教学质量，促进学校整体水平的提升。数字化阅读素养评估也为学生提供了一个自我认知和自我管理的机会。通过参与数字化阅读素养评估，学生可以更深入地了解自己在信息获取、评估和利用方面的能力，认识到自己的优势和不足。这有助于激发学生的学习兴趣，促使他们更加自觉地提高数字化阅读素养，形成自主学习的习惯。数字化阅读素养评估对社会而言，也具有重要的意义。一个具有高度数字化阅读素养的社会，能够更好地适应信息社会的发展，更有利于知识的传承和创新。数字化阅读素养的提升有助于培养更具创造力和竞争力的人才，为社会的发展注入强大的动力。教育领域中数字化阅读素养评估的重要性体现在多个层面，对学生而言，它是一种全面发展的促进方式；对教育机构而言，它是提高教育质量的监测工具；对社会而言，它是培养具有竞争力的人才的基础。数字化阅读素养评估的引入，将有助于推动教育体制的改革和社会素质的提升。

（三）数字化阅读素养评估在职业和社会层面的应用

数字化阅读素养评估在职业中的应用具有深远的影响。在职场中，信息的快速更新和技术的不断发展使得数字化阅读素养成为一个关键的职业能力。这种素养不仅是对数字技术的熟练运用，更是一种对信息的敏感度、评估能力以及对多样化信息的整合和应用的综合能力。数字图书馆作为数字化阅读的主要场所之一，为职业人士提供了丰富的数字资源，数字化阅读素养评估在职业中的应用助力个体更好地适应职场的信息需求。

在职场中，数字化阅读素养的应用首先体现在信息的快速获取和准确评估上。职业人士需要通过数字图书馆等渠道获取各种与工作相关的信息，如市场动态、行业发展趋势、竞争对手信息等。数字化阅读素养评估有助于个体更加迅速、精准地定位所需信息，避免信息过载的困扰，提高工作效率。数字化阅读素养评估对在职业中进行持续学习和自我提升起到了关键的作用。职业领域的知识和技能更新迅速，要保持竞争力就需要不断学习和适应。数字化阅读素养的评估可以帮助职业人士了解其在各个领域的数字化阅读能力，明确自己的不足之处，有针对性地进行学习和提升。在职场中，数字化阅读素养的应用还体现在信息分享和团队协作方面。通过数字图书馆等平台，职业人士可以获取丰富的知识资源，数字化阅读素养的评估也有助于个体更好地整合和分享这些信息。在团队协作中，具备较高数字化阅读素养的人更容易对信息进行有效的整合，为团队提供有力的支持。数字化阅读素养评估在职业中的应用还能够帮助职业人士更好地应对复杂问题和挑战。在工作中，面对各种信息的涌入，需要有良好的数字化阅读素养才能准确把握关键信息，做出明智的决策。数字化阅读素养评估有助于个体更全面地了解自己的信息处理能力，为职业决策提供更可靠的依据。数字化阅读素养评估在职业中的应用是多方面的，包括信息获取、学习提升、信息分享与团队协作以及应对复杂问题等。数字图书馆作为数字化阅读的主要场所，为职业人士提供了丰富的数字资源，数字化阅读素养评估在这一背景下更显得重要。在信息时代，数字化阅读素养的应用已经成为职场成功的不可或缺的一环。

社会层面数字化阅读素养评估的应用涉及广泛，对社会整体的发展和进步具有深远的影响。数字图书馆作为数字化阅读的主要场所，为社会提供了丰富的数字资源，数字化阅读素养评估在社会层面的应用在多个方面都显得十分重要。数字化阅读素养评估有助于提升整个社会的信息素养水平。在信息时代，社会的发展离不开对信息的获取、处理和利用。通过数字化阅读素养评估，社会可以全面了解人们在数字化阅读方面的能力水平，发现问题并采取相应措施提高整体信息素养水平，促进社会更好地适应知识经济和信息社会的发展趋势。数字化阅读素养评估有助于消除社会中的信息鸿沟。在信息社会中，信息的获取渠道广泛，但是不同群体之间存在明显的信息获取差异。通过数字化阅读素养评估，社会可以了解不同群体在数字化阅读素养方面的差异，有针对性地推动数字化阅读教育，弥补不同群体之间的数字化阅读差距，促进社会的公平发展。数字化阅读素养评估在社会层面还能够推动知识的传播和创新。通过数字图书馆等平台，社会可以更方便地分享各个领域的知识资源。数字化阅读素养评估有助于评估社会成员在知识传播和创新方面的能力，推动知识的广泛传播，促进社会的创新和进步。数字化阅读素养评估有助于提升社会的文化水平。数字化阅读不仅是获取信息的手段，更是一种文化的体现。通过数字化阅读素养评估，社会可以了解到社会成员在文学、科学、艺术等方面的数字化阅读水平，有助于社会更好地推动文化的繁荣和传承。在社会层面，数字化阅读素养评估还能够促进社会的国际竞争力。在全球化的大背景下，信息的获取和利用能力对国家和地区的国际竞争力非常重要。通过数字化阅读素养评估，社会可以了解到自身在国际竞争中的数字化阅读优势和劣势，有助于制订相关政策和战略，提高社会整体的国际竞争力。数字化阅读素养评估在社会层面的应用是多层次、多方面的。它不仅涉及整体信息素养水平的提升，还关系到社会中的公平发展、知识的传播和创新、文化水平的提高以及国家的国际竞争力。数字图书馆在这一过程中扮演着重要的角色，为社会提供了数字化阅读的基础设施和丰富资源，为数字化阅读素养的评估提供了坚实的支持。数字化阅读素养评估的应用将推动社会向更为开放、平等、文明、创新的方向发展。

二、评估框架和指标

（一）数字化阅读素养评估框架的构建

构建数字化阅读素养评估框架是一个复杂而关键的任务，需要充分考虑数字化阅读的多元性和复杂性。数字图书馆作为数字化阅读的主要场所，其资源丰富性使其成为构建数字化阅读素养评估框架的重要依托。这一框架的构建旨在全面了解个体在数字化阅读方面的能力，为其提供精准的评估，并为相关培训和教育提供依据。在构建数字化阅读素养评估框架时，需要关注以下几个关键方面。

框架的设计要考虑数字化阅读的基本技能，包括数字工具的操作、网络资源的利用、电子文献的阅读等方面。评估者应当能够全面了解被评估者在这些方面的实际能力水平，以建立起一个基础的数字化阅读素养评估体系。

框架应考虑个体对信息的获取和筛选能力。在数字图书馆这一数字资源的集散地，个体需要具备获取多样信息的能力，并能够通过有效的方式筛选出对自己有用的信息。因此，数字化阅读素养评估框架需要涵盖对信息搜索、筛选、评估等方面的评估指标，以全面了解个体在信息获取方面的能力。框架的设计还需重点关注个体对多媒体信息的处理和理解能力。

数字图书馆提供了丰富的多媒体资源，包括文本、图像、音频、视频等形式的信息。构建数字化阅读素养评估框架时，应当考虑到对这些多媒体信息的理解、分析和整合能力的评估，以全面了解个体在面对多元化信息时的反应和处理能力。在框架的构建中，也需要考虑对知识整合和创新能力的评估。数字化阅读不仅是获取信息，更需要将信息整合并应用于实际问题解决和知识创新中。因此，框架应当包括对于个体在知识整合和创新方面的评估指标，以全面了解个体在数字化阅读背景下的知识应用能力。

框架的构建还需关注到社会互动和信息分享的能力。数字图书馆作为一个数字化社群的一部分，社会互动和信息分享在数字化阅读素养评估中也应得到重视。框架设计中可以考虑引入对个体在社交网络、在线协作平台等环境下的互动和分享行为的评估，以更全面地了解其在社会化数字化阅读环境中的能力。框架的构建需要关注对数字化阅读行为的持续发展和适应能力的评估。数字化阅读素养是一个动态的概念，随着科技的发展和社会的变迁，个体需要不断调整其数字化阅读行为。因此，框架设计中可以引入对个体在不同时间点上的数字化阅读素养发展轨迹的评估，以更好地了解其在不同阶段的适应能力和发展趋势。

构建数字化阅读素养评估框架是一个综合性的任务，需要全面考虑数字化阅读的多元性和复杂性。数字图书馆作为数字化阅读的主要场所，提供了丰富的数字资源，为构建这一框架提供了坚实的基础。评估框架的建立不仅有助于更全面地了解个体在数字化阅读方面的能力，也为相关培训和教育提供了科学依据。

（二）数字化阅读素养评估的主要指标

数字化阅读素养评估的主要指标是多层次、多方面的，涉及个体在数字化阅读中的各个方面的能力。这些指标构成了一个综合性的评估体系，其中一个重要的指标是数字工具的熟练使用。在数字图书馆等数字化阅读场所，个体需要通过各种数字工具来获取、整理和分享信息。因此，评估个体在数字工具使用方面的能力是一个关键的指标，包括对电子设备的熟悉程度、操作软件的熟练程度等。信息搜索和筛选能力也是一个重要的评估指标。在数字化阅读中，个体需要迅速而准确地找到所需的信息。因此，评估信息搜索和筛选的能力，包括使用搜索引擎的技巧、判断信息可信度的能力等，是评估体系中不可或缺的一环。与此相关的是信息评估和批判性思维能力。数字化阅读环境中充斥着各种信息，具备批判性思维，评估信息的真实性、权威性，是非常重要的。这个指标可以涵盖对信息来源、作者背景、信息发布时间等方面的评估。多媒体信息处理和理解能力也是一个核心指标。数字图书馆提供了丰富的多媒体资源，个体需要具备理解和处理这些多媒体信息的能力。这包括对图像、音频、视频等多种形式信息的理解和分析能力。知识整合和创新能力是数字化阅读素养评估中的重要方面。数字化阅读不仅仅是获取信息，更需要将信息整合并应用于实际问题解决和知识创新中。因此，评估个体在知识整合和创新方面的能力是评估体系中不可忽视的一个维度。社会互动和信息分享能力也是数字化阅读素养评估的关键指标。这包括在社交网络、在线协作平台等环境下的互动和分享行为。数字化阅读行为的持续发展和适应能力是一个动态的评估指标。数字化阅读素养是一个与科技和社会变迁紧密相连的能力，因此，评估框架中需要考虑个体在不同时间点上的数字化阅读素养发展轨迹的评估，以更好地了解其在不同阶段的适应能力和发展趋势。数字化阅读素养评估的主要指标构成了一个多维度、多方面的评估体系。这些指标涵盖了数字化阅读的方方面面，包括技术操作、信息搜索、评估能力、多媒体信息处理、知识整合和创新、社会互动和信息分享等多个层面。这样的评估体系有助于个体全面深入地了解个体在数字化阅读中的表现，为其提供有针对性的培训和发展建议。数字图书馆作为数字化阅读的主要场所，通过提供丰富的数字资源，为这一评估体系的建立提供了坚实的基础。

（三）数字化阅读素养评估的操作性和实施策略

数字化阅读素养评估的操作性涉及多个层面，需要考虑评估者和被评估者的双方。在数字图书馆这一数字化阅读环境中，实施具体的评估需要借助各种工具和方法，以确保评估的全面性和准确性。评估者需要充分了解数字化阅读的特点和要求，具备一定的数字化阅读素养。只有评估者自身具备了较高的数字化阅读素养，才能更好地理解评估的目标和内容，更准确地进行评估操作。评估工具的设计至关重要。这包括了量表、问卷、考试题等多种形式。评估工具的设计应当充分考虑数字化阅读素养的多维度和多方面，覆盖数字工具使用、信息搜索和筛选、多媒体信息处理和理解、知识整合和创新、社会互动和信息分享等多个方面。工具设计需要确保能够全面而准确地评估个体在数字化阅读方面的能力。评估过程中需要注重个体的实际表现。数字化阅读素养评估不仅关注个体的理论知识水平，更注重个体在实际数字化阅读环境中的应用能力。因此，评估过程中可以引入模拟场景、实际案例等方式，观察个体在实际情境下的数字化阅读行为，以更好地了解其能力水平。评估过程中还可以考虑引入同行评估和自评估的方法。同行评估可以通过团队协作、小组讨论等方式，使多个评估者对一个被评估者进行评估，以减少主观偏见。自评估可以让被评估者更深入地了解自己在数字化阅读方面的优势和不足，从而提高其对自身素养的认知。数字化阅读素养评估的操作性还需要关注到评估结果的反馈和应用。评估结果应当及时反馈给被评估者，并提供详细的评估报告，以帮助其更全面地了解自己的数字化阅读能力。评估结果还可以作为培训和教育的依据，为个体提供有针对性的培训方案，促进其数字化阅读素养的进一步提升。

数字化阅读素养评估的操作性需要充分考虑评估者、评估工具、评估过程和评估结果的多个方面。在数字图书馆这一数字化阅读环境中，通过合理设计评估工具、引入实际情境、同行评估和自评估等手段，可以更好地完成数字化阅读素养的评估任务。评估的最终目的是为了促进被评估者的数字化阅读能力提升，因此，评估结果的反馈和应用也是评估操作中重要的一环。

数字化阅读素养评估的实施策略应当充分考虑评估的全面性和有效性。在数字图书馆这一数字化阅读环境中，实施评估需要根据具体情境和目标，制定合理的策略，以确保评估的科学性和实用性。实施者应当充分了解评估的背景和目的。数字化阅读素养评估的目标多种多样，可能包括个体能力提升、教育培训需求的了解、社会层面素养水平的把握等。因此，在制定实施策略时，需要明确评估的具体目标，以便有针对性地选择评估工具和方法。选择合适的评估工具是评估实施中的一个关键步骤。评估工具应当涵盖数字工具的使用、信息搜索和筛选、多媒体信息处理和理解、知识整合和创新、社会互动和信息分享等多个方面。工具的设计应当具有很好的操作性和适用性，能够真实地反映被评估者在数字化阅读中的能力水平。实施者还应考虑引入不同形式的评估方法，以丰富评估的内容和层次。除了传统的问卷调查和考试形式，还可以考虑采用模拟任务、实际案例分析、个体表现观察等方法，以更全面地了解个体在数字化阅读方面的表现。

在实施数字化阅读素养评估时，也需要注重评估的公正性和客观性。可以采用多人评估的方式，引入多个评估者对同一被评估者进行评估，以减少主观偏见。此外，实施者还可以考虑引入自评估的机制，让被评估者对自己的数字化阅读能力进行评价，以提高评估的客观性。实施数字化阅读素养评估还需要关注评估结果的及时反馈和应用。评估结果应当在最短时间内反馈给被评估者，并提供详细的评估报告。这样的反馈可以帮助被评估者更好地了解自己在数字化阅读方面的表现，从而更有针对性地进行能力提升。评估的实施还需结合实际情境，考虑数字化阅读素养评估的动态性。可以建立一个长期跟踪的机制，定期进行评估，观察个体在数字化阅读能力上的发展轨迹，及时调整评估策略和工具，以适应不断变化的数字化阅读环境。

数字化阅读素养评估的实施策略需要结合实际情境和评估的具体目标，具有很强的操作性和适用性。通过选择合适的评估工具和方法、注重评估的公正性和客观性、及时反馈和应用评估结果，以及考虑到数字化阅读素养的动态性，可以更好地实现数字化阅读素养评估的有效实施。

三、实施评估的方法和工具

（一）数字化阅读素养评估方法的选择

数字化阅读素养评估方法的选择需基于多个因素的考量，包括评估目的、评估对象、评估内容和评估环境等。在数字图书馆这一数字化阅读环境中，选择合适的评估方法非常重要。以下是一些常见的数字化阅读素养评估方法的探讨。

传统的考试和测试方法是最为常见的一种数字化阅读素养评估方法。这种方法通过设定一系列的题目，测试被评估者在数字化阅读方面的知识水平和技能掌握程度。这包括对数字工具的操作、信息搜索和筛选、多媒体信息处理和理解、知识整合和创新等多个方面的考察。考试和测试的优势在于操作简单、易于实施，能够快速获取被评估者的整体水平。模拟任务和实际案例分析是更贴近实际情境的评估方法。通过模拟特定的数字化阅读场景，让被评估者在模拟环境中展示其数字化阅读能力。这种方法能更真实地反映被评估者在实际应用中的表现，对评估其在数字化阅读环境中的实际能力更为有力。

观察法也是一种有效的数字化阅读素养评估方法。通过直接观察被评估者在数字化阅读环境中的行为，包括信息搜索、多媒体信息处理、社会互动等方面的表现，来了解其数字化阅读能力。观察法有助于评估者更直观地了解被评估者在实际行动中的表现，但受到主观因素的影响较大。

问卷调查是一种广泛运用的数字化阅读素养评估方法。通过设计问卷，了解被评估者对于数字工具使用、信息搜索和筛选、多媒体信息处理和理解等方面的自我评价和感受。问卷调查能够收集被评估者的主观反馈，为评估者提供一个更全面的了解。同行评估和自评估也是两种值得考虑的评估方法。同行评估通过引入多位评估者，使得评估更加客观和公正。自评估则能够让被评估者更深入地了解自己在数字化阅读方面的优势和不足，有助于自我提升。

长期跟踪和定期评估也是一种重要的评估方法。数字化阅读素养是一个动态的概念，随着科技的发展和社会的变迁，个体的数字化阅读能力也在不断发展。通过定期对被评估者进行跟踪评估，观察其在数字化阅读能力上的发展轨迹，可以更好地了解其在不同阶段的适应能力和发展趋势。选择数字化阅读素养评估方法需要根据具体情境和目标进行权衡。

不同的评估方法各有优势和限制，可以根据评估的目的、评估对象的特点、评估内容的要求等因素来灵活运用。综合运用多种评估方法，能够更全面地了解被评估者在数字化阅读方面的能力，为其提供更有针对性的培训和发展建议。

（二）数字化阅读素养评估工具的开发

数字化阅读素养评估工具的开发是一个复杂的任务，需要充分考虑评估的全面性和准确性。在数字图书馆这一数字化阅读环境中，开发评估工具涉及多个方面，包括工具的设计、内容的构建、测试的可靠性和有效性等。评估工具的设计应当考虑数字化阅读的多维度和多方面。评估工具设计需要涵盖数字工具的使用、信息搜索和筛选、多媒体信息处理和理解、知识整合和创新、社会互动和信息分享等多个方面。设计评估工具时需要确保工具能够全面而准确地评估个体在数字化阅读方面的能力。工具的内容构建需要基于数字化阅读的实际需求。数字图书馆作为数字化阅读的主要场所，工具的内容应当与数字图书馆环境紧密相关，涉及数字资源的获取、利用和分享等方面。内容的构建需要根据数字化阅读的发展趋势和社会需求，确保评估工具的实用性和时效性。测试工具的可靠性和有效性是评估工具开发的关键要素。可靠性是指在不同条件下，评估工具能够稳定地测量个体的数字化阅读能力。有效性则是指评估工具能够准确地反映个体在数字化阅读方面的实际水平。在开发过程中，需要通过实地测试、数据分析等手段，不断优化工具的设计和内容，以确保工具具有较高的可靠性和有效性。评估工具的开发还需要注重工具的灵活性和适用性。不同的评估对象可能有不同的数字化阅读需求和能力水平，因此工具应当具有一定的灵活性，能够根据评估对象的特点进行调整。同时，工具的适用性也需要考虑到不同数字化阅读场景和环境的差异，确保工具在不同情境下都能够被有效地应用。评估工具的开发过程需要考虑到工具的可操作性和易用性。评估工具应当简单易操作，评估者能够方便地进行评估，被评估者能够清晰地理解评估过程和要求。在开发过程中，可以通过用户反馈、实地测试等手段，不断优化工具的操作性和易用性，以提高评估的实际效果。数字化阅读素养评估工具的开发是一个综合性的任务，需要全面考虑数字化阅读的多元性和复杂性。在数字图书馆这一数字化阅读环境中，评估工具的设计、内容构建、测试的可靠性和有效性、灵活性和适用性，以及可操作性和易用性等多个方面都是需要综合考虑的因素。通过科学的开发过程，可以确保评估工具更好地适应数字化阅读的特点，为评估提供更为准确和有针对性的结果。

（三）数字化阅读素养评估的实施策略和管理

数字化阅读素养评估的实施策略需要综合考虑多个层面，以确保评估的全面性、科学性和实用性。

在数字图书馆这一数字化阅读环境中，实施策略应当注重目标明确、评估工具合理、评估者素质高、数据收集系统完善等方面。明确评估目标是实施策略的基础。评估的目标应当与数字化阅读素养的核心要素相契合，包括技术操作、信息搜索和筛选、多媒体信息处理和理解、知识整合和创新、社会互动和信息分享等多个方面。明确的目标有助于确定评估的内容和方向，使评估更具针对性和有效性。

建立科学的评估体系是实施策略的关键。评估体系需要考虑数字化阅读的多元性和复杂性，包括多维度、多方面的评估指标。体系的建立还需要确保评估方法的全面性和灵活性，以适应不同评估对象的特点和数字化阅读的不断变化。

评估工具的设计是实施策略中的重要环节。评估工具应当充分考虑数字图书馆的实际情境，覆盖数字工具使用、信息搜索和筛选、多媒体信息处理和理解、知识整合和创新、社会互动和信息分享等多个方面。工具的设计需要注重操作性和适用性，以确保评估者和被评估者能够理解并有效地参与评估过程。

评估者的培训也是一个关键策略。评估者需要具备较高的数字化阅读素养，熟悉评估工具和流程。培训的内容可以涵盖数字化阅读的相关知识、评估工具的使用方法、评估过程中可能遇到的问题的解决方案等方面，以提高评估者的专业水平和评估质量。

实施评估过程中的数据收集和管理也是需要重视的一环。数据的收集需要确保信息的准确、全面，同时，建立有效的数据管理系统，确保数据的安全性和可追溯性，为后续的数据分析和报告提供有力支持。评估结果的反馈和应用是实施策略中的关键步骤。评估结果应当及时反馈给被评估者，并提供详细的评估报告。这样的反馈可以帮助被评估者更好地了解自己在数字化阅读方面的表现，为其提供更有针对性的培训和发展建议。评估结果还可以作为数字化阅读培训和教育的依据，为制定有针对性的培训计划提供支持。

评估的周期性和动态性也是实施策略的一部分。数字化阅读素养是一个与科技和社会变迁紧密相连的能力，因此，评估的策略需要考虑到数字化阅读素养的发展趋势和环境的变化。定期进行评估，观察个体在数字化阅读能力上的发展轨迹，及时调整评估策略和工具，以适应不断变化的数字化阅读环境。

数字化阅读素养评估的实施策略需要全面考虑评估目标、评估体系、评估工具设计、评估者培训、数据收集和管理、结果反馈和应用、周期性和动态性等多个方面。只有在这些层面上都进行了合理的考虑和有效的管理，数字化阅读素养评估才能够真正发挥作用，为提高个体和社会整体的数字化阅读能力提供有力支持。数字化阅读素养评估的实施策略需要综合考虑多个层面，以确保评估的全面性、科学性和实用性。

在数字图书馆这一数字化阅读环境中，实施策略应当注重目标明确、评估工具合理、评估者素质高、数据收集系统完善等方面。明确评估目标是实施策略的基础。评估的目标应当与数字化阅读素养的核心要素相契合，包括技术操作、信息搜索和筛选、多媒体信息处理和理解、知识整合和创新、社会互动和信息分享等多个方面。明确的目标有助于确定评估的内容和方向，使评估更具针对性和有效性。建立科学的评估体系是实施策略的关键。评估体系需要考虑到数字化阅读的多元性和复杂性，包括多维度、多方面的评估指标。体系的建立还需要确保评估方法的全面性和灵活性，以适应不同评估对象的特点和数字化阅读的不断变化。评估工具的设计是实施策略中的重要环节。评估工具应当充分考虑数字图书馆的实际情境，覆盖数字工具使用、信息搜索和筛选、多媒体信息处理和理解、知识整合和创新、社会互动和信息分享等多个方面。工具的设计需要注重操作性和适用性，以确保评估者和被评估者理解并有效参与评估过程。评估者的培训也是一个关键策略。评估者需要具备较高的数字化阅读素养，熟悉评估工具和流程。培训的内容可以涵盖数字化阅读的相关知识、评估工具的使用方法、评估过程中可能遇到的问题的解决方案等方面，以提高评估者的专业水平和评估质量。实施评估过程中的数据收集和管理也是需要重视的一环。数据的收集需要确保信息的准确、全面，包括评估结果、评估者的反馈等。

同时，建立有效的数据管理系统，确保数据的安全性和可追溯性，为后续的数据分析和报告提供有力支持。评估结果的反馈和应用是实施策略中的关键步骤。评估结果应当及时反馈给被评估者，并提供详细的评估报告。这样的反馈可以帮助被评估者更好地了解自己在数字化阅读方面的表现，为其提供更有针对性的培训和发展建议。评估结果还可以作为数字化阅读培训和教育的依据，为制定有针对性的培训计划提供支持。评估的周期性和动态性也是实施策略的一部分。数字化阅读素养是一个与科技和社会变迁紧密相连的能力，因此，评估的策略需要考虑到数字化阅读素养的发展趋势和环境的变化。定期进行评估，观察个体在数字化阅读能力上的发展轨迹，及时调整评估策略和工具，以适应不断变化的数字化阅读环境。

数字化阅读素养评估的实施策略需要全面考虑评估目标、评估体系、评估工具设计、评估者培训、数据收集和管理、结果反馈和应用、周期性和动态性等多个方面。只有在这些层面上都进行了合理的考虑和有效的管理，数字化阅读素养评估才能够真正发挥作用，为提高个体和社会的数字化阅读能力提供有力支持。

四、评估结果的应用

（一）数字化阅读素养评估结果的分析与解读

数字化阅读素养评估结果的分析是评估工作中重要的一环，分析过程旨在深入挖掘评估数据的内在信息，揭示被评估者在数字化阅读方面的实际水平和发展趋势，为改进培训和提升素养水平提供有力支持。

分析需要对整体评估结果进行横向比较。通过对不同被评估者、不同群体的评估结果进行比较，可以发现在数字化阅读素养方面的差异性，这有助于识别存在的问题和挑战，为制定有针对性的改进措施提供参考。对纵向数据进行分析，关注个体在不同层次、不同维度上的表现。通过分析个体的得分情况，可以了解其在数字化阅读的各个方面的优势和不足，为个性化的培训和支持提供依据。

分析需要考察评估结果的分布情况。通过对评估分数的分布进行统计学分析，可以揭示整体水平的集中趋势和分散度，从而更全面地了解数字化阅读素养的整体水平和个体差异。

分析需要深入挖掘评估数据背后的关联关系。通过相关性分析，可以了解不同维度之间的关系，发现数字化阅读素养的内在联系。这有助于为有针对性的培训和改进提供更科学的依据。要对评估结果进行趋势分析。通过比较不同时间点的评估结果，可以揭示数字化阅读素养的发展趋势和个体的学习进步，为未来的培训和支持提供方向。

分析需要对评估结果的异常值进行深入分析。异常值可能是评估工具或方法的问题，也可能反映了被评估者在数字化阅读素养方面的特殊情况。通过深入分析异常值，可以找到其根本原因，从而提高评估的准确性和可信度。

分析需要将数字化阅读素养的评估结果与实际应用场景相结合，进行实际效果分析。通过与实际应用场景的对比，可以了解数字化阅读素养评估在真实环境中的效果，为评估工作的改进和优化提供参考。数字化阅读素养评估结果的分析是一个复杂而系统的过程。通过横向比较、纵向分析、分布情况考察、关联关系挖掘、趋势分析、异常值分析和实际效果分析等多个层面的分析手段，可以更全面、更深入地了解被评估者在数字化阅读方面的实际水平，为改进培训和提升素养水平提供科学依据。

数字化阅读素养评估结果的解读是深入理解数据背后含义的过程。解读过程需要关注评估结果的多维度、多方面，通过对数据的分析和比较，揭示被评估者在数字化阅读方面的实际水平，为个性化的培训和改进提供有力的支持。

对整体得分的解读是解读过程的出发点。整体得分反映了被评估者在数字化阅读素养方面的总体水平。高得分可能代表着较强的数字化阅读能力，而低得分则可能反映出一定的不足。通过对整体得分的解读，可以初步了解数字化阅读素养的总体状况。

解读需要关注各个维度和层次的得分情况。不同的维度和层次反映了数字化阅读素养的多个方面，包括技术操作、信息搜索和筛选、多媒体信息处理和理解、知识整合和创新、社会互动和信息分享等。通过对各个维度和层次的得分进行解读，可以更深入地了解被评估者在不同方面的优势和不足。

对比个体得分与群体平均水平的关系是解读的重要一环。通过与群体平均水平的对比，可以了解被评估者在数字化阅读素养方面相对于整体水平的表现。超过群体平均水平可能意味着相对较强的素养水平，而低于平均水平可能需要重点关注和培训。

解读要注重关注数据的分布情况。数据的分布情况反映了被评估者在数字化阅读素养方面的差异性和集中趋势。通过对分布情况的解读，可以更全面地了解素养水平的多样性和整体集中度，为差异性的个性化培训提供支持。

对异常值的解读也是解读过程中的关键环节。异常值可能反映了评估工具或方法的问题，也可能揭示了被评估者在数字化阅读方面的特殊情况。通过对异常值的深入解读，可以找到其根本原因，提高评估的准确性和可信度。解读过程需要结合实际应用场景进行考量。评估结果的解读要能够与实际应用场景相结合，了解数字化阅读素养评估在真实环境中的实际效果。这有助于调整解读的角度和深度，使解读更贴近实际需求，为改进培训和提升素养水平提供更为实用的建议。

数字化阅读素养评估结果的解读是一个综合性、深入的过程。通过对整体得分、各个维度和层次的得分、个体得分与群体平均水平的关系、数据的分布情况、异常值的解读以及与实际应用场景的结合等多个方面进行综合分析，可以更全面、准确地理解被评估者在数字化阅读方面的实际水平，为进一步的培训和改进提供科学依据。

（二）数字化阅读素养评估结果在教育中的应用

数字化阅读素养评估结果在教育中的应用是一项具有深远影响的工作，其不仅能够为教育机构提供对学生数字化阅读水平的全面了解，也为个性化教育和课程设计提供有力支持。以下是数字化阅读素养评估结果在教育中的应用的几个关键方面的详细讨论。

数字化阅读素养评估结果可用于指导教学。通过评估结果，教育者可以深入了解学生在数字化阅读方面的强项和弱项。这有助于教育者根据学生的个体差异和需求，有针对性地开展个性化教学，提供更加贴近学生需求的学习体验。评估结果对制定有效的数字素养培训计划非常重要。通过分析学生群体的整体表现，教育机构可以确定数字素养培训的重点方向。这使得机构能够有针对性地开展相关培训，以提高整体数字素养水平，满足学生在数字化时代学习和生活的需求。

数字化阅读素养评估结果还可作为教育政策制订的依据。通过对评估结果的深入分析，政策制定者能够了解整体素养水平的现状，并提出相应的政策和措施，以促进数字化阅读素养的全面提升。评估结果也为学生提供了自我认知的机会。学生能够通过评估结果了解自己在数字化阅读方面存在的优势和不足，这有助于他们更加清晰地认识到个体素养的特点。基于这一认知，学生能够有目标地进行自我改进，提升自身的数字化阅读能力。

评估结果在拓展教育资源方面也发挥了关键作用。根据评估结果，教育机构可以有针对性地配置数字化资源，提供符合学生实际水平和需求的教材、工具和学习支持。这有助于优化教育资源的使用，提高学生学习效果。

评估结果还为学生未来职业发展提供了参考。在数字化时代，数字化阅读素养已成为职业中不可或缺的一项基本技能。通过评估结果，学生能够更清晰地了解自己在这一领域的实际水平，为未来的职业选择和发展规划提供有力支持。数字化阅读素养评估结果在学校和教育机构的品牌建设方面也发挥了积极作用。通过开展数字化阅读素养评估，学校可以展示其关注学生全面素养的理念，提高其在数字化教育领域的声誉。这对吸引更多学生和优秀教育资源具有积极的影响。

数字化阅读素养评估结果在教育中的应用涵盖了多个层面，包括指导教学、制定培训计划、支持政策制定、提升学生自我认知、拓展教育资源、引导职业发展和推动品牌建设等。这一全面而深刻的应用体现了数字化阅读素养评估在教育领域中的重要性和实用性。

（三）数字化阅读素养评估结果在社会中的应用

数字化阅读素养评估结果在社会中的应用涉及多个层面，其作用不仅局限于个体层面，还涉及社会整体的发展和进步。以下是数字化阅读素养评估结果在社会中的应用的几个重要方面的详细讨论。

评估结果可作为社会政策制定的依据。通过对数字化阅读素养评估结果的分析，政府能够了解整体素养水平的状况，并据此制定有针对性的政策，以促进数字素养在整个社会的提升。这种政策的制定不仅有助于提高公民在数字时代的应对能力，还能推动社会朝着数字化、信息化方向的健康发展。

评估结果为职业领域提供了招聘和培训的依据。在数字化时代，数字化阅读素养已经成为职业中不可或缺的一项基本技能。企业和组织通过分析评估结果，能够更清晰地了解员工在数字化阅读方面的实际水平，有助于更加科学地进行人才招聘和培训，提高组织整体的竞争力。

评估结果可以用于社会教育资源的优化配置。通过评估结果，教育机构和社会培训机构能够更好地了解社会群体的数字化阅读素养水平，为制定和调整教育培训计划提供科学依据。这有助于更有针对性地配置和使用教育资源，提高教育资源的效益。

评估结果也为社会科学研究提供了丰富的数据。通过对评估结果的分析，研究者能够深入挖掘数字化阅读素养的影响因素、发展趋势、群体差异等问题，推动数字化阅读素养研究的深入发展，为社会提供更科学的理论支持。

评估结果对社会文化的传承和发展也产生积极的影响。通过对素养水平的了解，社会可以更好地培养和传承数字化阅读的良好习惯和行为。这有助于推动社会文化的数字化升级，使信息传播更加智能、高效，推动社会向着知识经济和数字社会的方向发展。

评估结果还能为社会公共服务的提升提供支持。通过对数字化阅读素养的评估，社会能够更好地了解公众对于数字信息的理解和利用水平，为公共服务的优化和改进提供依据。例如，数字化阅读素养的提高有助于优化公共健康宣教、社会信息传播等方面的服务，提高公众对于信息的正确理解和应用。

评估结果还能够推动社会产业的升级和创新。在数字化时代，数字阅读能力已经成为各行各业的基础素养。通过对素养水平的评估，社会能够更准确地了解各行业从业者的实际水平，为产业的升级和创新提供支持。这有助于提高整体社会产业的竞争力和创新能力。

数字化阅读素养评估结果在社会中的应用涵盖了政策制定、职业培训、教育资源配置、科学研究、社会文化传承、公共服务提升以及产业升级和创新等多个方面，这种全面性的应用体现了数字化阅读素养评估对于社会发展的深远意义，为社会在数字时代实现更好的发展提供了重要支持。

第四章 数字图书馆的社交性与参与性

第一节 社交媒体与数字图书馆的整合

一、社交媒体与数字图书馆的融合点

社交媒体和数字图书馆在多个方面有着共同的关注点和目标。这一章节将深入研究两者之间的融合点，包括如下三点。

（一）用户互动和社区建设

社交媒体强调用户之间的互动和社区建设，数字图书馆如何借鉴这些社交性质，促进学术社区的形成。数字图书馆作为信息共享的平台，用户互动和社区建设是其不可或缺的组成部分。用户的参与与互动不仅是单向的信息获取过程，更是一种共同建构知识的社交化行为。社区的建设，则为用户提供了一个共同体，促进了信息的交流和分享，进而推动了数字图书馆的发展。在数字图书馆中，用户的互动体现在对资源的评论、评分以及分享个人见解的过程中。这些互动不仅是对所获信息的消极接受，更是用户在数字图书馆中积极参与知识共建的表现。通过社区建设，数字图书馆能够形成一种开放、自由的学术氛围，使用户之间可以进行更加深入的学术交流。社区建设的核心在于激发用户之间的互动。数字图书馆的社区并非一个孤立的存在，而是由参与其中的用户共同构建的。这种参与并不仅仅局限于数字资源的下载和使用，更包括用户之间的相互交流与合作。通过建立社区，数字图书馆变成了一个共同体，用户可以在这个共同体中分享自己的观点、提出问题、回答问题，形成了一种互助与互动的学术环境。

用户互动不仅局限于数字图书馆内部，还涉及数字图书馆与用户之间的双向交流。数字图书馆通过多种方式与用户进行互动，例如通过电子邮件通知用户新资源的更新，举办线上活动吸引用户参与等。这种双向互动使得数字图书馆不再是一个冰冷的信息仓库，而更像是一个具有生命力的学术社区。社区建设并非一蹴而就的过程，而是需要持续的努力和推动。数字图书馆可以通过引导用户的积极参与，营造友好、开放的学术氛围，从而形成一个具有社区感的数字学术环境。在这个环境中，用户不仅仅是信息的获取者，更是知识的共同创造者。数字图书馆社区建设的成功不仅在于用户的数量，更在于社区的质量。社区质量的提高需要数字图书馆深入了解用户的需求，通过不断优化平台功能和服务，提高用户满意度，从而增强用户的粘性和黏性。社区质量的提升还需要数字图书馆在建设过程中注重用户参与的平等性，尊重和倾听用户的意见，促使用户更加积极地参与社区的建设。在数字图书馆的用户互动和社区建设中，用户不再是一个被动的信息接收者，而是社区的一部分，是知识的共同创造者。数字图书馆通过引导用户的积极参与，打造了一个开放、共享、互助的学术环境。这种社区建设不仅提升了数字图书馆的服务质量，更为用户提供了一个更加丰富、多样的学术交流平台，推动了数字图书馆的可持续发展。

（二）内容共享与知识传播

社交媒体上的内容共享机制应与数字图书馆的知识传播理念相契合，创造更广泛的信息传播途径。数字图书馆作为知识资源的存储与提供平台，内容共享与知识传播是其核心功能之一。在数字图书馆中，用户可以通过共享和传播各种数字化资源，促进知识的流通，进而实现数字图书馆的宗旨。内容共享与知识传播的过程不仅仅是信息的单向传递过程，更是用户之间互动与共建知识的社交体验。在数字图书馆中，内容共享是用户之间开展学术交流的基础。用户可以通过数字图书馆平台分享个人的学术研究成果、笔记、评论等数字资源，形成了一个开放共享的学术社区。这种共享不仅是对知识的输出，更是对其他用户的一种贡献，促进了知识的共建。内容共享不仅仅局限于用户之间，还涉及数字图书馆与用户之间的互动。数字图书馆通过更新资源、推送相关信息等方式，与用户进行内容共享。

这种互动机制使数字图书馆不再是一个静态的信息存储空间，更成为一个动态的学术社区，不断传播新的知识。知识传播是内容共享的延伸，是数字图书馆实现其宗旨的重要手段。数字图书馆通过各种渠道传播学术知识，包括但不限于学术期刊、在线研讨会、数字资源的推送等。这种传播不仅是数字图书馆对外服务的一种方式，更扮演着知识的推动者角色，促进了学术界和社会大众对各个领域的深入了解。在数字图书馆中，知识传播的过程中不仅涉及内容的传递，还包括用户之间的互动与反馈。用户通过参与数字图书馆提供的各类活动，与其他用户分享自己的理解和见解，形成了一种多元化的知识传播体验。这种互动不仅有助于对知识的更好理解，也丰富了数字图书馆的学术社区。知识的传播和内容的共享在数字图书馆中并非单一的线性过程，而是一个复杂的网络结构。用户之间通过内容的共享形成了一个庞大的知识网络，而数字图书馆作为知识的中转站，通过各类渠道将知识传播到更广泛的社会群体。这种网络结构既促进了学术研究的深入，也使知识得以更好地服务社会。在内容共享与知识传播的过程中，数字图书馆还扮演了整合者的角色。数字图书馆通过对内容的整理、分类和推送，为用户提供了更便捷、高效的知识获取途径。这种整合作用使数字图书馆不仅是一个资源库，更是一个知识的聚合平台。数字图书馆通过内容共享与知识传播实现了其作为知识资源中心的价值。用户之间的互动与共建知识的社交性质，使得数字图书馆不再仅仅是一个信息仓库，更是一个充满活力和创新的学术社区。这种内容共享与知识传播的模式不仅丰富了学术研究的方式，也为数字图书馆的可持续发展提供了新的动力。

（三）个性化学习体验

社交媒体的个性化特征应与数字图书馆的学术资源相结合，为用户提供更个性化的学习体验。

数字图书馆在提供学术资源的同时，致力于创造个性化的学习体验。这一定制化的学习体验不仅满足了用户多样化的需求，更推动了数字图书馆向用户中心的发展。在个性化学习体验的构建中，数字图书馆通过多方面的策略和技术手段，为用户提供了更加精准、高效的学术服务。数字图书馆通过用户行为分析和数据挖掘技术，深入了解用户的学科偏好、研究兴趣和阅读习惯。通过这些数据，数字图书馆能够精准地推荐符合用户需求的学术资源，实现个性化的信息匹配。这种基于数据分析的学习体验定制使用户能够更加高效地获取所需信息，提高学习的效果。

数字图书馆在学术资源的分类和标签体系上进行了深度优化。通过构建多层次、多维度的学科分类和标签，数字图书馆使用户能够更精准地定位到所需的学术资源。这种分类和标签的个性化设计有助于提升用户的信息检索效率，满足用户对特定领域知识的个性化需求。除了学科分类和标签，数字图书馆还通过推荐系统为用户提供个性化的学术推荐服务。通过分析用户的搜索历史、下载记录等行为，推荐系统能够为用户量身定制的推送相关学术资源。这种个性化推荐不仅节省了用户的时间，还使得用户更容易发现与其兴趣相关的新领域和研究方向。

在数字图书馆中，个性化学习体验的构建也涉及用户参与和互动。数字图书馆通过建立用户个人档案和偏好设置，让用户可以更自由地定制自己的学习路径。用户的评分、评论和分享行为也为数字图书馆提供了有价值的反馈信息，有助于数字图书馆更好地了解用户的需求和期望，进一步提升个性化学习体验的质量。

个性化学习体验的构建还需要数字图书馆采用先进的技术手段，如人工智能、机器学习等。通过这些技术，数字图书馆能够更好地理解用户的学习行为，并根据用户的个性化需求进行智能化的学术服务。这种技术驱动的学习体验构建不仅提升了数字图书馆的服务水平，也使用户能够更好地与数字图书馆互动。在数字图书馆中，个性化学习体验的构建不局限于学术资源的提供，还包括学术活动和社区参与。数字图书馆通过组织线上线下的学术活动，满足用户不同层次的学术需求。社区互动则为用户提供了一个分享经验、交流观点的平台，使得学术社区更具活力。数字图书馆通过深入了解用户需求、优化学术资源分类与标签、建立个性化推荐系统以及引入先进技术手段，成功构建了个性化学习体验。这种体验不仅提高了用户学术资源获取的效率，也促进了学术社区的互动和合作。数字图书馆在个性化学习体验的道路上持续创新，为用户提供更加智能、贴近需求的学术服务。

二、整合的优势和机会

整合社交媒体和数字图书馆为用户和机构带来了许多优势和机会。

（一）拓展用户群体

数字图书馆在拓展用户群体方面面临着多重挑战与机遇。通过深入了解用户的多样性需求、灵活运用多元化的推广手段以及与其他机构的合作，数字图书馆能够更好地服务更广泛的用户群体，实现其可持续发展的目标。了解用户的多样性需求对拓展用户群体非常重要。不同用户具有不同的学科偏好、信息需求和学术背景。数字图书馆可以通过用户行为分析、调查问卷等方式，深入了解用户的需求特点，以更加精准地满足不同用户群体的信息获取需求。数字图书馆需要灵活运用多元化的推广手段。传统的推广手段如线上线下广告、合作推广等仍然有效，但随着社交媒体的普及，数字图书馆可以通过社交媒体平台与用户进行更直接、实时的互动。此外，利用数字营销、内容创作等方式，数字图书馆能更有针对性地吸引不同群体的用户。合作与联盟也是数字图书馆拓展用户群体的有效途径。与学术机构、图书馆、企业等合作，可以拓展数字图书馆的资源网络，将更多用户引入数字图书馆的服务范围。这种多方合作不仅有助于数字图书馆分享资源，也促进了学术界和产业界的交流与合作。数字图书馆还可以通过提供多语言支持，吸引更多不同语言背景的用户。多语言支持有助于数字图书馆在全球范围内拓展用户群体，使更多的用户能够方便地获取到所需的学术信息。此外，数字图书馆还可以根据用户地域特点，提供地方性的学术资源和服务，更好地满足本地用户的需求。为了拓展用户群体，数字图书馆还可以注重服务的个性化。根据用户的学科领域、兴趣爱好等个性化信息，数字图书馆为用户提供个性化的学术推荐和服务。这种个性化服务能够提高用户满意度，使得更多用户愿意成为数字图书馆的活跃用户。数字图书馆在拓展用户群体时还需要关注新兴技术的应用。例如，利用人工智能技术可以更好地理解用户需求，提供更智能、个性化的学术推荐服务。利用虚拟现实、增强现实技术，数字图书馆还可以提供更丰富、沉浸式的学术体验，吸引更多用户的参与。数字图书馆在拓展用户群体方面需要多方面的努力。了解用户需求，灵活运用多元化的推广手段，与其他机构进行合作，提供多语言支持，个性化服务以及应用新兴技术，都是数字图书馆实现用户群体拓展的重要策略。通过这些努力，数字图书馆能更全面、深入地满足不同用户群体的学术需求，取得更为广泛的社会影响。

（二）促进社交学习

数字图书馆在促进社交学习方面发挥着重要的作用，通过创造有利于用户互动和合作的学术环境，来加强社交学习的可能性。这种社交学习的形式不仅是用户之间的信息传递，更是知识的共建与分享。数字图书馆通过多种手段，包括社交媒体平台、在线讨论论坛、合作项目等，创造了一个丰富而多样的社交学习空间。社交媒体平台成为数字图书馆促进社交学习的有力工具。通过在社交媒体平台上数字图书馆的专页或群组，用户可以方便地分享学术资源、发表见解、提出问题。这种开放的社交媒体平台不仅为用户提供了一个展示自己研究成果的平台，更促进了用户之间的互动和合作。数字图书馆可以通过在线讨论论坛构建社交学习的平台。在这些讨论论坛上，用户可以就特定主题展开深入的讨论，分享不同的观点和经验。这种形式的社交学习不仅有助于加深用户对学科的理解，还促进了用户之间的学术合作和交流。数字图书馆还可以通过举办学术研讨会、线上讲座等活动，创造面对面的社交学习机会。这种实时的交流方式有助于用户更直接地与专家学者、同行学者进行互动，促进深层次的学术交流与合作。数字图书馆的角色在于提供资源支持、组织这些学术活动，为用户提供学术交流的平台。合作项目也是数字图书馆促进社交学习的一种方式。通过参与合作项目，用户可以与其他研究者共同研究问题、分享资源，并在合作中共同建构知识。数字图书馆可以通过推动合作项目的开展，为用户提供更广泛的合作机会，推动社交学习的发展。数字图书馆还可以通过引导用户参与学术社区，加强社交学习的效果。学术社区是一个集中了特定领域专业人士的平台，用户在这里不仅能获取到更广泛的学术资源，还能参与到各类学术活动中。数字图书馆可以鼓励用户积极参与学术社区，扩大其学术交流的范围。在促进社交学习的过程中，数字图书馆需要注重用户个体差异。不同用户在学科背景、研究兴趣等方面存在差异，数字图书馆应通过个性化的学术服务，满足用户的个体化需求，提高社交学习的有效性。数字图书馆在促进社交学习方面发挥了不可替代的作用，通过社交媒体平台、在线讨论论坛、合作项目等多种形式，数字图书馆创造了多元化的社交学习环境，推动了用户之间的学术互动和合作。数字图书馆通过提供资源支持、组织学术活动、引导用户参与社区等方式，为用户搭建了一个丰富而有趣的社交学习平台，推动了社交学习的不断发展。

（三）增强信息传播

数字图书馆作为信息的承载和传播平台，其角色不仅是提供学术资源，更在于增强信息的传播。通过运用多样化的传播手段、推动开放获取、创新数字资源的呈现形式以及深度参与社交媒体等方式，数字图书馆在信息传播方面发挥了积极作用。

数字图书馆通过建设开放获取平台，推动了学术信息的广泛传播。通过数字化技术，数字图书馆将大量学术资源开放给全球用户，使得这些信息不再受制于地域和机构，更容易被更多的人获取。这种开放获取的方式扩大了信息的传播范围，促进了学术知识的普及与分享。

数字图书馆通过创新数字资源的呈现形式，提高了信息传播的吸引力。除了传统的文本形式，数字图书馆还通过多媒体、交互式图表、虚拟实境等形式呈现学术资源，使得信息更加生动、直观。这种创新不仅满足用户对多样化信息的需求，也使得信息传播更富有吸引力和趣味性。数字图书馆还通过社交媒体平台参与信息传播，与用户进行实时、互动的交流。通过在社交媒体上发布学术资源、分享研究成果，数字图书馆将信息直接传递给用户，同时也引导用户参与讨论、分享意见。这种参与式的信息传播不仅提高了信息的传递效率，还促进了用户之间的学术互动与合作。

数字图书馆在信息传播方面还积极参与学术活动的组织与推广。通过组织学术研讨会、线上讲座等形式，数字图书馆为研究者提供了一个交流学术成果、传播研究发现的平台。这种学术活动既为学术资源的传播提供了机会，也促进了学者之间的学术互动与合作。数字图书馆可以通过建立学术社区，形成共同体，推动学术信息的传播。学术社区是一个集中了特定领域专业人士的平台，用户在这里能够进行更深入的学术交流与合作。

数字图书馆通过引导用户积极参与学术社区，促进学术信息在社区中的传播与分享。数字图书馆在信息传播方面还可以运用推荐系统，根据用户的兴趣和需求推送相关学术资源。通过分析用户的浏览记录、下载记录等信息，推荐系统能够更准确地预测用户的兴趣，为其提供更有针对性的学术资源，提高信息的传播效果。

除了以上提到的方式，数字图书馆还可以与其他机构、出版商、学术期刊等合作，共同推动学术信息的传播。通过建立合作关系，数字图书馆可以更广泛地获取学术资源，并通过合作伙伴的渠道将这些资源传播给更多的用户。这种合作模式不仅提高了数字图书馆的信息传播能力，也可以加强学术界的交流与合作。

数字图书馆通过开放获取、创新资源呈现形式、社交媒体参与、学术活动组织、学术社区建设、推荐系统运用以及与其他机构合作等多种方式，积极促进学术信息的传播。这种信息传播的多样化策略不仅提高了学术资源的可及性，也使得学术信息更加生动、有趣，推动了学术知识的广泛传播与分享。

（四）提高用户参与度

数字图书馆致力于提高用户参与度，通过多样的策略和创新手段，吸引用户更积极地参与数字图书馆的学术活动、社交互动以及资源共享。用户参与度的提升不仅是数字图书馆服务的关键目标，也是构建更具活力学术社区的核心动力。数字图书馆可以通过开展多样化的学术活动，激发用户的兴趣和参与欲望，包括举办学术研讨会、线上讲座、工作坊等形式的学术活动，从而使用户有机会与专业人士面对面交流，分享自己的研究成果。此外，数字图书馆还可以通过组织学术竞赛、项目合作等形式，激发用户的学术创新潜力，提高他们的参与主动性。数字图书馆可以利用社交媒体平台，促进用户之间的互动和合作。通过在社交媒体上分享学术资源、推动讨论话题，数字图书馆能够激发用户对学术事务的关注，并为用户提供一个轻松、开放的交流平台。社交媒体的实时性和互动性使得用户更容易参与到学术话题的讨论中，拉近了数字图书馆与用户之间的距离。数字图书馆还可以通过建立在线学术社区，构建共同体，使用户有机会深入参与学术讨论。这种学术社区可以涵盖多个学科领域，为用户提供一个交流、分享经验的平台。通过鼓励用户在学术社区中发表观点、提出问题，数字图书馆能够激发用户更深层次的学术参与。提供个性化的学术服务也是提高用户参与度的一项关键策略。通过分析用户的搜索记录、下载偏好等信息，数字图书馆可以向用户推送个性化的学术资源，满足其在特定领域的需求。这种个性化服务使用户更容易找到自己感兴趣的内容，提高了他们参与数字图书馆学术活动的积极性。数字图书馆还可以通过开发移动应用程序，提供随时随地的学术服务。移动应用的便捷性使得用户更容易参与学术资源的浏览、下载和分享。数字图书馆的移动应用可以设计为用户友好、功能丰富的应用，提高用户在移动端的参与度。数字图书馆可以鼓励用户分享自己的学术成果，建立用户贡献的学术资源库。通过设立用户贡献计划、提供合适的奖励机制，数字图书馆能够激发用户分享学术资源的积极性，形成更加丰富的学术社区。为了提高用户参与度，数字图书馆还可以与学术机构、研究团体建立紧密合作关系。通过与其他机构合作举办学术活动、项目研究，数字图书馆可以为用户提供更广泛的学术合作机会，鼓励他们更积极地参与到学术研究中。数字图书馆还可以引入虚拟现实、增强现实技术，提供更具沉浸感的学术体验。通过虚拟会议、虚拟实验室等方式，数字图书馆创造了更直观、生动的学术环境，提高了用户对学术活动的参与度。提高用户参与度是数字图书馆不断发展的关键之一。通过多样的学术活动、社交媒体互动、在线学术社区等手段，数字图书馆能够激发用户的学术兴趣，拉近数字图书馆与用户之间的联系，为用户提供更加丰富、个性化的学术服务，构建更有活力的学术社区。

三、应对挑战

整合社交媒体和数字图书馆存在以下几个挑战。

（一）信息可信度

社交媒体作为信息传播的平台，在数字图书馆的角色中扮演了越来越重要的角色。然而，社交媒体上信息的可信度一直是一个备受关注的话题。数字图书馆在社交媒体上的存在与参与，既为用户提供了更为便捷的学术资源获取途径，同时也面临了信息可信度的挑战。因此，数字图书馆需要采取一系列措施，从源头、传播、接收三个方面共同努力，以提升社交媒体上信息的可信度。

数字图书馆应当关注社交媒体上信息源的可信度。合理筛选信息来源，确保发布信息的主体具备足够的学术背景和资质，是保障信息可信度的首要步骤。数字图书馆可以与知名学术机构、专业期刊合作，引导用户关注官方认证的信息源，以提高信息的权威性和可靠性。

数字图书馆可以通过加强对信息传播途径的管理，提高社交媒体上信息传播的透明度。建立信息发布规范，鼓励信息发布者提供详细的信息来源、研究方法、数据支持等，使用户更清晰地了解信息的背景和真实性。数字图书馆还可以借助技术手段，通过标注、验证等方式，对信息的传播路径进行可视化管理，防范信息失真和滥用。数字图书馆可以通过提供信息评价工具，鼓励用户参与信息评估。用户可以通过点赞、评论、分享等方式对信息进行反馈，数字图书馆可以根据用户的反馈评估信息的可信度，并在用户浏览时提供相应的评价信息，引导用户更加理性地对待社交媒体上的信息。

在接收信息方面，数字图书馆可以通过提供信息素养培训，帮助用户提高辨识信息可信度的能力。开展有针对性的培训课程，教授用户如何辨别来源、评估数据、判断研究方法等，提升用户在社交媒体上获取信息的能力，降低收到虚假信息影响的风险。数字图书馆还可以通过推动社交媒体平台改进信息推荐算法，降低信息的过滤泡沫效应。社交媒体平台通常根据用户的兴趣和行为推送信息，然而这种推送算法可能会导致信息过滤泡沫，使用户只看到与其兴趣相符的信息，而忽略其他可能对其观点提供平衡视角的信息。数字图书馆可以与社交媒体平台合作，推动算法改进，减少信息过滤泡沫，提高信息的多样性和客观性。数字图书馆还可以通过与其他学术机构、图书馆等建立合作关系，共同推动社交媒体上学术信息的可信度。建立信息分享的合作网络，通过互相验证、互相引用等方式，形成对信息真实性的多方确认，提高社交媒体上学术信息的整体可信度。提高社交媒体上信息的可信度需要数字图书馆在信息源、传播途径和用户接受三个方面共同发力。通过引导用户关注官方认证的信息源、加强对信息发布途径的管理、提供信息评价工具、进行信息素养培训、推动社交媒体平台改进推荐算法以及与其他机构建立合作关系等方式，数字图书馆能够在社交媒体上建立更为可信赖的学术信息体系。

（二）用户隐私保护

社交媒体作为数字图书馆的重要传播平台之一，涉及大量用户信息的收集、存储和共享。用户隐私保护是一个亟待解决的问题。数字图书馆应该采取一系列措施，保障用户在社交媒体上的个人信息安全，确保用户隐私得到充分的尊重和保护。数字图书馆需要建立健全的用户隐私政策。通过明确用户隐私政策，数字图书馆可以向用户清晰地说明哪些信息会被收集，如何使用这些信息，以及保障用户隐私的具体措施。这有助于建立用户对数字图书馆的信任，并使用户更加明确自己的隐私权益。数字图书馆应当确保用户的个人信息安全存储。采用先进的加密技术、安全传输协议等手段，防范用户信息在存储和传输过程中的风险。数字图书馆还可以定期进行安全评估，确保系统的安全性和稳定性，防止黑客攻击和数据泄露。数字图书馆可以在技术上采用匿名化处理等手段，减少对用户个体的直接关联。通过对用户的个人信息进行脱敏、聚合处理，数字图书馆可以在提供服务的同时，最大限度地保护用户的隐私。在数据收集方面，数字图书馆可以采取差异化的数据获取策略，只收集与服务提供相关的最小化信息，减少对用户的侵入性。数字图书馆还可以让用户有选择地参与信息的共享，根据用户的需求和意愿来决定是否分享特定的个人信息。数字图书馆在与第三方服务提供商合作时，应审慎考虑用户隐私问题。在与其他平台合作时，数字图书馆需要仔细审查合作伙伴的隐私政策，确保其符合数字图书馆的隐私保护标准。数字图书馆还可以与合作伙伴建立明确的数据共享协议，明确数据的用途和安全措施。为了保护用户的隐私，数字图书馆需要提供用户管理个人信息的工具。用户可以通过个人中心、隐私设置等途径，自主管理和控制自己的个人信息。数字图书馆应当提供用户注销账户、删除个人信息等选项，确保用户对个人信息拥有最大的掌控权。数字图书馆还可以通过加强团队的隐私培训，提高员工的隐私保护意识。员工应当明确遵守隐私政策，严格执行相关的隐私规定，确保用户的个人信息在整个数字图书馆的运作过程中得到充分的保护。数字图书馆可以通过引入隐私评估机制，对隐私保护措施进行全面评估。定期进行隐私评估，发现和解决潜在的隐私风险，确保数字图书馆的隐私保护工作不断完善和创新。数字图书馆应当在用户隐私保护方面制定全面的政策，从技术、管理和服务等多个层面保障用户的个人信息安全。通过透明的政策解释、先进的技术手段、用户自主管理工具等方式，数字图书馆可以在社交媒体上为用户提供更为安全、可靠的学术服务。

（三）技术兼容性

社交媒体成为数字图书馆信息传播和知识分享的重要渠道，然而，社交媒体的多样性和快速变化给数字图书馆的技术兼容性带来了新的挑战。社交媒体涵盖了不同的平台、应用和设备，因此，数字图书馆需要在技术方面采取一系列措施，以确保其在不同社交媒体环境下的兼容性。数字图书馆需要关注社交媒体平台的技术标准。不同的社交媒体平台可能采用不同的技术标准、开发框架和接口规范，这使得数字图书馆在不同平台上的应用难以统一。为解决这一问题，数字图书馆可以采用通用的技术标准和协议，如开放图书馆信息系统（Open Library Information System，简称 Open LMS）等，以确保数字图书馆的应用能够在多个社交媒体平台上实现兼容性。数字图书馆需要考虑不同社交媒体平台的数据格式和接口。社交媒体上的数据可能以不同的格式存储，如文本、图片、视频等，而且不同平台之间的数据接口可能存在差异。为了实现跨平台的兼容性，数字图书馆需要开发适应不同数据格式和接口的数据处理和转换工具，以确保在社交媒体上发布的内容能够被各个平台正确解析和显示。数据隐私和安全问题也是数字图书馆在社交媒体环境下需要解决的技术兼容性挑战之一。不同的社交媒体平台对用户数据的隐私和安全管理方式可能不同，数字图书馆需要制定一致的数据隐私政策，并确保在不同平台上都能够得到有效的执行。采用加密技术、访问控制机制等手段，以保障用户信息在社交媒体传播中的安全性。用户体验的一致性也是技术兼容性的考虑因素。不同的社交媒体平台有不同的用户界面设计、交互方式等，数字图书馆在这些平台上的应用需要考虑如何保持一致的用户体验。这可能涉及采用响应式设计、适配性设计等技术手段，以确保在不同平台上用户能够获得类似的使用体验。数字图书馆还需要关注社交媒体平台的更新和升级。社交媒体平台会不断进行技术更新和升级，可能导致之前的应用无法在新版本上正常运行。数字图书馆需要保持与社交媒体平台的及时沟通，了解其技术更新情况，以便及时调整和更新数字图书馆的应用。数字图书馆可以考虑引入人工智能和机器学习等先进技术，通过分析社交媒体上的用户行为和偏好，提供个性化的推荐服务。这也需要考虑不同社交媒体平台上不同用户行为数据的获取和分析方法，以确保推荐系统能够在多平台环境下稳定运行。社交媒体的技术兼容性是数字图书馆在利用这一传播渠道时需要认真考虑的问题。通过关注技术标准、数据格式和接口、数据隐私与安全、用户体验一致性、社交媒体平台的更新等方面，数字图书馆可以更好地实现其在社交媒体上的技术兼容性，为用户提供更为一体化、便捷的服务。

四、未来展望

（一）技术创新

数字图书馆面临着不断变化的技术环境和用户需求，技术创新成为推动数字图书馆发展的重要驱动力。技术创新涵盖了硬件、软件、数据管理、用户体验等多个方面，对数字图书馆的持续改进和提升起到了关键作用。

在硬件方面的技术创新是数字图书馆发展的基石。新一代的服务器、存储设备、网络设备等硬件设备的不断更新迭代，为数字图书馆提供了更强大的计算和存储能力，支持更复杂的应用场景。同时，硬件设备的智能化、绿色化等方面的创新，也有助于提高数字图书馆的运行效率和可持续性。

在软件方面的技术创新是数字图书馆实现更丰富功能和更好用户体验的关键。数字图书馆的管理系统、检索系统、用户界面等方面的软件应用需要不断更新，以适应新的技术标准和用户需求。引入先进的软件开发方法和工具，采用敏捷开发、DevOps 等流程，有助于提高软件的质量、响应速度和灵活性。数据管理方面的技术创新对数字图书馆的信息资源整合和利用非常重要。随着数据量的不断增加，数字图书馆需要引入新的数据存储、处理和分析技术，以更好地管理和利用数据。采用云计算、大数据技术、人工智能等手段，可以帮助数字图书馆更有效地进行数据存储、检索、分析和挖掘。用户体验方面的技术创新是数字图书馆关注的重要方向。为了更好地满足用户需求，数字图书馆需要关注用户界面设计、交互方式、个性化推荐等方面的技术创新。引入虚拟现实、增强现实、自然语言处理等新技术，可以提供更丰富、直观、个性化的用户体验。

数字图书馆还可以通过引入区块链技术，加强信息的安全性和可信度。区块链技术的去中心化、不可篡改的特性，有助于防范信息篡改和数据泄露的风险，提高数字图书馆信息资源的可信度。数字图书馆可以通过开放API（应用程序接口）等手段，鼓励开发者进行应用开发和创新。通过开放接口，数字图书馆可以与其他系统、应用实现无缝集成，为用户提供更多样化、丰富的服务。技术创新也涉及数字图书馆的管理体系。

数字图书馆需要建设开放、创新的管理机制，激发工作人员的创新潜力，鼓励团队合作，推动项目和服务的不断创新。

随着信息技术的发展，网络安全威胁日益增多，数字图书馆需要引入新的安全技术，建立健全的信息安全管理体系，保护用户信息和数字资源的安全。技术创新是数字图书馆持续发展的关键因素，通过在硬件、软件、数据管理、用户体验等多个方面进行创新，数字图书馆可以更好地适应变化的环境，提供更丰富、高效、安全的服务，满足用户不断变化的需求。

（二）社交学术研究

数字图书馆在全球范围内的合作与共享是推动知识传播和文化交流的关键因素。全球范围的合作媒体数字图书馆不仅给用户提供了更广泛的信息资源，也促进了跨国界的学术研究和文化交流。这种合作媒体数字图书馆的建设和发展受到技术、法律、文化等多方面的影响和挑战，需要在国际合作的框架下寻找创新性解决方案。国际合作在数字图书馆的合作媒体建设中起到了至关重要的作用。不同国家、地区拥有丰富的文化、历史和知识资源，通过合作媒体数字图书馆的搭建，可以实现全球范围内信息资源的集成和共享。这种全球合作媒体数字图书馆能够促进跨文化的交流与合作，给用户提供更多元化、全面化的信息服务。

数字图书馆的国际合作需要解决法律和知识产权等方面的挑战。不同国家的法律法规、知识产权保护体系存在差异，数字图书馆在国际合作中需要面对著作权、数字化转型、数据隐私等方面的法律问题。国际合作媒体数字图书馆需要建立统一的法律框架，明确合作各方的权利和责任，以促进信息资源的安全合法共享。

在技术层面，全球合作媒体数字图书馆需要解决不同技术标准和平台的兼容性问题。不同国家和地区采用的数字化技术、数据格式、检索系统等可能存在差异，合作媒体数字图书馆需要采用通用的技术标准和协议，确保在全球范围内实现信息的流畅共享。

数字图书馆国际合作媒体还需要克服文化和语言的障碍。不同国家和地区的语言和文化背景各异，数字图书馆需要通过多语言化、本土化等手段，使合作媒体数字图书馆能够更好地适应全球用户的需求，提供更贴近用户文化习惯的服务。

数字图书馆的全球合作媒体还需要考虑资源分配和共享的问题。不同国家拥有不同的资源，如何公平、合理地分配和共享这些资源是一个需要认真思考的问题。

数字图书馆可以通过建立资源共享机制、互惠合作等方式，促进全球合作媒体数字图书馆在资源利用上的平衡与公正。

数字图书馆在全球合作媒体方面还可以通过引入先进的技术手段，如人工智能、大数据分析等，提升数字资源的利用价值。通过技术的支持，数字图书馆可以更好地了解用户需求，提供个性化的服务，推动全球合作媒体数字图书馆的发展。在全球合作媒体数字图书馆的建设和发展中，国际组织和政府层面的支持至关重要。通过国际组织的引领和政府层面的政策支持，数字图书馆能够在法律、技术、文化等多个方面更好地进行全球合作，推动全球数字图书馆事业的共同发展。全球合作媒体数字图书馆是数字图书馆事业的一个重要方向。通过克服技术、法律、文化等多方面的挑战，数字图书馆可以建设一个更加开放、融合、多元的全球合作媒体数字图书馆，给全球用户提供更好的知识服务。

（三）全球合作

数字图书馆在全球合作媒体方面的发展具有重要意义，这一领域的发展旨在实现全球范围内信息资源的共享与互通。在全球合作媒体数字图书馆的构建中，各国图书馆和机构之间的紧密协作是至关重要的，通过充分利用先进的技术手段、制定统一的标准和协议以及共同处理法律、文化差异等方面的问题，全球合作媒体数字图书馆有望成为全球文化、知识资源交流的重要平台。

在技术方面，全球合作媒体数字图书馆需要关注不同地区和国家使用的数字技术标准和平台的兼容性。通过制定通用的技术规范，数字图书馆可以更好地适应各种技术环境，实现数字资源在全球范围内的高效交流和利用。此外，引入先进的数据管理技术、云计算、人工智能等技术手段，有助于提升数字图书馆的数据处理能力和服务水平，促进全球范围内信息的流动与共享。

法律问题是数字图书馆全球合作媒体面临的另一个重要挑战。各国的著作权法、隐私法等法律法规存在差异，为了实现数字资源的合法共享，数字图书馆需要制定和遵守跨国法规，确保数字资源在全球范围内的使用符合法律规定。

此外，数字图书馆还需要解决跨国数据传输中可能涉及的隐私和安全问题，制定相应的安全措施和政策，保护用户的个人信息。

文化差异是数字图书馆全球合作媒体建设中需要克服的另一个重要因素。不同地区和国家拥有独特的文化传统和语言，数字图书馆需要通过多语言化和文化本土化的方式，提供更贴近用户文化习惯的服务。通过在全球范围内建设多元文化的数字资源库，数字图书馆有望促进全球范围内的文化交流与理解。

资源分配和共享是数字图书馆全球合作媒体中需要解决的实际问题。不同国家拥有不同的信息资源，数字图书馆需要制定公平、合理的资源共享机制，以确保数字资源在全球范围内的平衡利用。通过建立数字资源共享网络，数字图书馆可以通过互惠合作、资源交换等方式，实现全球范围内的资源共享。

全球合作媒体数字图书馆的发展需要政府支持和国际组织的引领。政府可以通过制订支持数字图书馆国际合作的政策，为数字图书馆提供必要的资源和支持。国际组织可以通过协调各国图书馆和机构的合作，制定统一的标准和协议，推动数字图书馆在全球范围内的合作与发展。

在全球合作媒体数字图书馆建设中，数字图书馆可以借鉴成功的案例，学习各国在数字资源管理、技术创新、国际合作等方面的经验。通过吸取先进的管理理念和实践经验，数字图书馆可以更好地应对全球范围内的挑战，推动数字图书馆事业在全球范围内的蓬勃发展。

全球合作媒体数字图书馆的建设对于促进全球文化、知识资源的共享与互通具有深远的意义。通过充分利用技术手段、处理法律和文化差异、制定资源共享机制等方式，数字图书馆有望在全球范围内成为知识传播的重要平台，为用户提供更为丰富、多元的数字服务。

第二节　用户参与与社区建设

一、数字图书馆中的用户参与

（一）数字资源贡献

数字资源的贡献是数字图书馆事业中重要的一环。数字资源以其高效、便捷的特性，在信息传播、文化交流和学术研究等方面发挥着积极作用。数字图书馆通过积极开展数字资源的收集、整理、保存和共享工作，为用户提供了丰富多样的信息服务，推动了数字化时代的图书馆事业取得了显著的成就。数字图书馆通过数字资源的贡献，实现了信息的高效传播。数字资源的数字化特性使得信息能够迅速、方便地在全球范围内传播。数字图书馆通过数字资源的整合和共享，构建了一个高效的信息传播网络，使得用户能够随时随地获取所需的信息。这为推动知识的广泛传播提供了有力支持，也为用户提供了更广泛的学术和文化资源。

数字图书馆通过数字资源的贡献，促进了文化交流与传承。数字资源中包含了丰富的文献、艺术品、历史档案等文化遗产。数字图书馆通过数字化的手段将这些文化资源保存、整理并提供给用户，实现了文化遗产的数字传承。用户可以通过数字资源深入了解各个文化领域的精髓，促进跨文化的交流与理解，推动全球文化的多样性发展。数字图书馆通过数字资源的贡献，助力了学术研究的深入开展。数字化的研究工具和平台为研究人员提供了更为便捷和高效的研究环境。数字资源中包含了大量的学术文献、数据集、实验结果等研究资料，这些资源的数字化使得研究人员能够更容易地进行文献检索、数据分析和实验设计。数字图书馆为学术界提供了数字资源的共享平台，推动了学术研究的国际合作，提升了研究水平。

数字图书馆通过数字资源的贡献，丰富了教育教学手段。数字资源中蕴含了大量的教育资源，包括电子教材、在线课程、多媒体教学资料等。数字图书馆通过数字资源的整合与分享，构建了一个开放的教育资源平台，为教育工作者和学生提供了更多元化的学习资源。这促使了教育的创新发展，提升了教学质量，也为学生提供了更灵活的学习途径。

数字图书馆通过数字资源的贡献，促进了社会的信息素养提升。数字资源中包含了各种各样的信息，数字图书馆通过为用户提供数字资源的使用指南、培训课程等方式，提高了用户对数字资源的认识和利用能力。这有助于提升社会大众的信息素养水平，使人们更好地适应数字化时代的信息环境，从而更好地参与社会、学术和文化活动。

数字图书馆通过数字资源的贡献，推动了数字化时代图书馆事业的创新发展。数字化时代，图书馆不仅仅是传统的纸质文献的存储和借阅机构，更是数字资源的管理和服务中心。数字图书馆的发展不仅丰富了馆藏资源，也提升了服务质量和效率，满足了用户多元化的信息需求，推动了图书馆事业朝着更加开放、数字化、社会化的方向发展。

数字资源在数字图书馆中的贡献，涵盖了信息传播、文化交流、学术研究、教育教学、信息素养提升以及图书馆事业的创新等多个方面。数字图书馆通过积极开展数字资源的管理与服务工作，为社会大众提供了更加便捷、丰富的信息资源，推动了数字化时代图书馆事业的不断进步。

（二）评论和评分系统

数字图书馆中用户的评论是一个重要的信息源，通过用户的评论，数字图书馆可以了解用户对馆藏资源、服务质量和平台体验的实际感受和需求。用户评论的内容涉及对数字图书馆的各个方面的评价，包括馆藏资源的质量、检索系统的效率、用户服务的友好度等。这些评论不仅是数字图书馆改进服务、提升用户体验的重要反馈，同时也是其他用户参考的重要依据。用户的评论涵盖了对数字图书馆馆藏资源的评价，反映了对数字资源的实际使用体验，包括对数字图书、期刊、数据库等各类资源的满意度。评论中用户可能提到资源的时效性、权威性、多样性等方面的特点，这对数字图书馆提升馆藏质量、根据用户需求优化资源种类和数量具有指导意义。

用户的评论也涉及对数字图书馆检索系统的评价。用户在使用数字图书馆时需要进行有效的检索以找到所需信息，用户的评论通常涉及检索系统的搜索精准度、检索速度、用户界面友好度等方面。通过用户的反馈，数字图书馆可以了解到用户对检索系统的满意度，从而有针对性地进行系统优化，提高检索效率。

用户评论还涉及对数字图书馆用户服务的评价。数字图书馆为用户提供了各种服务，包括参考咨询、培训课程、文献传递等。用户的评论可能涉及对这些服务的评价，例如服务的及时性、专业性、实用性等。数字图书馆通过关注用户的评论，可以及时调整服务策略，提高用户满意度。

用户评论也反映了数字图书馆的社交化特征。数字图书馆常常提供用户评论区或社交媒体平台供用户交流互动，用户可以在这里分享使用心得、提出建议，形成社区氛围。通过用户评论的互动，数字图书馆可以感知用户的需求、推动用户之间的知识共享，进一步促进数字图书馆的社交化发展。

用户评论还可能包含对数字图书馆平台技术性能的评价。用户可能关注平台的稳定性、响应速度、安全性等技术层面的问题。数字图书馆通过关注用户对技术性能的反馈，可以及时解决技术故障、提高平台的整体运行效率。

用户评论还涉及数字图书馆的个性化服务。用户评论中可能包含对数字图书馆提供的个性化推荐、定制服务等方面的评价。数字图书馆可以通过关注用户的个性化需求，不断优化服务模式，提供更贴合用户个性化需求的服务。用户的评论是数字图书馆改进服务和满足用户需求的有力反馈。通过深入分析用户评论的内容，数字图书馆可以更好地理解用户的期望和需求，不断优化服务策略，提高馆藏资源的质量，改进检索系统的效能，优化用户服务的体验，推动数字图书馆的发展。

用户评论也有助于数字图书馆构建开放的社区氛围，促进用户之间的互动与合作，实现数字图书馆在社交化时代的更好发展。数字图书馆中的评分系统是用户与数字资源互动的一种形式。评分系统通常允许用户对图书、文章、期刊等各种资源进行评价，并通过给予特定分数来表达他们的满意度。这种系统的设计旨在为用户提供一个直观的反馈平台，同时为其他用户提供参考，推动数字图书馆资源的优化和进步。

评分系统可以通过用户的主观评价反映数字图书馆馆藏资源的实际质量。用户通过对数字资源进行评分，表达了对资源内容、信息准确性、权威性等方面的主观感受。这种反馈对数字图书馆具有指导意义，有助于图书馆更好地了解用户对馆藏资源的需求，从而提升馆藏质量，满足用户的知识需求。

评分系统提供了用户参与数字图书馆社区建设的途径。通过评分系统，用户可以在数字图书馆平台上留下自己的足迹，表达自己的意见和看法。用户的评分和评论形成了一个社区化的知识交流平台，促进了用户之间的互动与合作。这有助于数字图书馆构建更加开放、共享的社区氛围，推动用户之间的信息交流与共享。

评分系统还为数字图书馆提供了收集用户反馈的重要途径。通过对用户评分和评论的整理和分析，数字图书馆可以了解用户对不同资源的倾向、兴趣、需求等方面的信息。这种数据分析为数字图书馆提供了改进服务和推出新资源的有益依据，帮助图书馆更好地满足用户的个性化需求。

评分系统还有助于数字图书馆的精准推荐和个性化服务。通过分析用户的评分历史，数字图书馆可以了解用户的兴趣和偏好，从而为用户提供更符合其口味和需求的个性化推荐。这种精准的推荐服务有助于提升用户体验，使用户更容易找到符合其需求的优质资源。

评分系统在一定程度上还可以防范信息滥用和提高资源可信度。用户在评分时通常会对资源内容的真实性、可信度进行评估，低质量或虚假信息往往会受到用户差评。这种机制有助于数字图书馆过滤掉不良信息，提高资源的可信度和真实性。

评分系统也存在一些挑战和问题。首先，由于评分系统是基于主观评价的，用户的评价标准可能存在个体差异，评分结果可能不够客观。其次，评分系统可能受到滥用和刷分行为的影响，一些用户可能会通过不正当手段提高或降低资源的评分，从而影响评分系统的准确性。

为了更好地发挥评分系统的作用，数字图书馆可以采取一系列措施。首先，加强对用户的培训，提高其评分的客观性和专业性。其次，建立多维度的评价体系，包括对资源内容、形式、服务等多个方面的评估，以更全面地了解用户需求。最后，加强对评分系统的监控，及时发现和处理滥用行为，确保评分系统的稳健性和可靠性。评分系统是数字图书馆中用户参与互动、提供反馈的重要工具，它为数字图书馆提供了丰富的用户信息，有助于图书馆更好地理解用户需求、改进服务、推动社区建设，从而推动数字图书馆的可持续发展。

（三）社交分享

数字图书馆中的社交分享机制是用户在平台上与他人共享、交流信息的重要途径之一。通过社交分享，用户能够将自己感兴趣的内容、资源或观点分享给其他用户，形成信息传播的链条。这种社交性的互动不仅促进了用户之间的交流与合作，还丰富了数字图书馆平台的内容，提升了平台的社交化水平。社交分享为用户提供了展示个性和表达观点的空间。用户可以通过分享自己喜欢的图书、文章、学术论文等资源，展示自己的知识兴趣和专业素养。这种展示有助于建立用户在数字图书馆社区中的形象，增加用户的社交影响力。同时，用户还可以通过分享自己的观点、评论等方式参与到平台的话题讨论中，为数字图书馆社区注入更多的多元化声音。

社交分享有助于数字图书馆资源的推广和传播。当用户发现有价值的资源时，通过社交分享，可以将这些资源推荐给自己的社交网络。其他用户在浏览朋友分享的内容时，有可能发现自己感兴趣的资源，从而扩大了对数字图书馆资源的知晓范围。社交分享形成了一种信息传递的网络，提升了数字图书馆平台的知名度和影响力。

社交分享为数字图书馆构建了开放的社交化氛围。用户在数字图书馆平台上可以轻松地与其他用户分享自己的阅读心得、学术见解、文化体验等。这种分享不仅拉近了用户之间的距离，也促进了用户之间的交流与合作。数字图书馆因而成为一个集思广益、共享知识的社区，推动了社交化时代数字图书馆的发展。社交分享还有助于数字图书馆进行个性化推荐。通过分析用户的社交分享行为，数字图书馆可以了解用户的兴趣爱好、知识领域，从而更准确地为用户推荐符合其个性化需求的资源。社交分享数据成为数字图书馆个性化服务的重要依据，提高了用户对平台的满意度和黏性。

社交分享也面临一些挑战。首先，用户对分享内容的质量和真实性有一定的担忧。有些用户可能因为担心信息被滥用或不当引用，而对社交分享持保留态度。数字图书馆需要加强对分享内容的审核机制，确保平台上的信息质量和可信度。其次，社交分享也可能受到信息过载的影响。随着用户在数字图书馆平台上分享的信息不断增加，其他用户可能会感到信息过多，导致信息获取效率降低。数字图书馆需要通过智能化技术和算法，为用户提供个性化、精准的信息推荐，缓解信息过载的问题。再次，社交分享可能涉及用户隐私保护的问题。一些用户可能担心在分享个人观点和兴趣的同时，暴露过多个人信息。数字图书馆需要建立完善的隐私保护机制，确保用户在分享信息的同时能够保护个人隐私。

社交分享是数字图书馆中促进用户互动、推动社区建设的有效方式。通过社交分享，数字图书馆平台不仅可以吸引更多用户参与，丰富平台内容，也为个性化服务、资源推广等方面提供了有力支持。数字图书馆需要在强化社交分享功能的同时，解决好隐私保护、信息质量审核等问题，推动社交分享机制更好地为用户服务。

二、数字图书馆中的社区建设

（一）在线讨论和论坛

在线讨论在图书馆领域扮演着重要的角色，其为用户提供了一个实时交流、分享知识和思想的平台。这种形式的交流与传统的图书馆服务相辅相成，为用户提供更加丰富、多样化的信息获取途径。在线讨论的兴起与数字化时代的来临紧密相连，为图书馆注入了新的活力，同时也带来了一系列的挑战和机遇。

在线讨论为图书馆用户提供了即时的信息交流和问题解答的途径。用户在图书馆平台上可以参与各种讨论话题，向其他用户提问，分享自己的经验和见解。这种实时的交流形式有效地解决了用户在查找信息过程中遇到的问题，提高了信息获取的效率。

在线讨论促进了知识的共享和合作。通过在线平台，用户可以分享自己的学术研究、阅读体会、专业见解等，为其他用户提供了宝贵的学术资源。这种开放的知识共享不仅拉近了用户之间的距离，也为图书馆构建了一个学术交流的共同体。

在线讨论还拓展了图书馆的服务领域，使得图书馆不仅仅是传统的信息仓库，更是一个知识社区。用户在这个社区中可以得到比传统图书馆更丰富、更贴近实际需求的信息服务。图书馆通过在线讨论与用户建立更为紧密的联系，更好地满足了用户的个性化需求。

随着在线讨论的普及，也带来了一些问题。首先，信息的真实性和可信度可能受到挑战。在开放的讨论平台上，用户可以匿名发表意见，这可能导致一些虚假信息或不负责任的言论。图书馆需要加强对在线讨论内容的审核和管理，保障信息的准确性。其次，在线讨论也可能引发争议和冲突。不同用户可能持有不同的观点和看法，在讨论中产生分歧。图书馆需要通过建立明确的讨论规则和引导用户文明讨论的方式，维护良好的讨论氛围，避免冲突升级影响图书馆的正常运作。再次，在线讨论还带来了信息过载的问题。由于用户可以自由发布内容，讨论平台上的信息量可能庞大，用户可能难以筛选出真正有价值的信息。图书馆可以通过智能化的信息过滤和分类机制，提供更精准的信息推荐，帮助用户更好地获取所需信息。图书馆需要密切关注用户参与在线讨论的情况，了解用户的需求和反馈。通过用户行为数据的分析，图书馆可以更好地调整讨论话题，改进服务质量，提升用户体验。

在线讨论作为图书馆服务的一种创新形式，为用户提供了更加灵活、及时的信息获取和知识交流方式。通过在线讨论，图书馆得以拓展服务领域，推动知识共享，建设一个更加开放、多元的知识社区。然而，随之而来的挑战也需要图书馆不断创新，建设更加安全、有序的在线讨论环境，以更好地服务用户，推动图书馆服务的发展。

数字图书馆中的论坛是一个充满活力的社交平台，为用户提供了一个开放的讨论空间。论坛的存在丰富了数字图书馆的服务形式，使得用户能够更自由、更直接地参与知识交流。通过论坛，用户可以分享自己的见解、获取他人的反馈，促进了数字图书馆内部和用户之间的互动与合作。这种自由的交流环境有助于用户更深入地表达自己的想法，扩大自己的知识领域，形成一个开放、多元的学术和文化交流空间。

论坛成为数字图书馆构建社区的桥梁。通过论坛，用户之间建立了更紧密的联系，形成了一个互帮互助、共同学习的社区氛围。这种社区感促使用户更积极地参与到数字图书馆的活动中，加深了用户对数字图书馆的依赖和认同感。

论坛也促进了数字图书馆资源的更有效利用。用户可以在论坛上分享对数字资源的使用心得、推荐值得阅读的文献等。这种信息的分享不仅丰富了数字图书馆的资源内容，也为其他用户提供了更有针对性的信息服务。

数字图书馆中的论坛作为一个开放的交流平台，为用户提供了更加灵活、直接的参与知识交流的方式。通过论坛，数字图书馆不仅促进了用户之间的互动和合作，也扩大了服务领域，形成了一个更加开放、多元的学术和文化交流空间。

（二）专题社区

数字图书馆中的专题社区是一个具有特定主题和目标的在线社交平台，旨在汇聚对特定领域感兴趣的用户，为其提供一个共享知识、资源和经验的空间。这种形式的社区为用户提供了更加专业和深度的交流平台，促进了共同学习、合作和资源共享。

专题社区的存在为数字图书馆注入了新的元素，使得用户能够更有针对性地参与特定主题的讨论和交流。这种社区的形成不仅丰富了数字图书馆的内容，也为用户提供了更加专业和深度的服务。通过专题社区，用户可以更加精准地获取所需信息，深度挖掘特定领域的知识。专题社区有助于形成一个专业的学术交流平台。在这里，用户可以分享自己的专业见解、最新研究成果，进行深度的学术探讨。这种专业性的社区有助于促进学术合作和研究项目的开展，构建了一个共同学术体验的社区环境。

专题社区为用户提供了一个资源共享的平台。在特定主题的社区中，用户可以分享自己的资源，包括学术论文、研究报告、数据集等。这种资源的共享不仅节省了用户查找资源的时间，也为其他用户提供了更多学科领域的参考和借鉴。

专题社区还促进了数字图书馆服务的更加个性化。通过用户在专题社区的活动和交流，数字图书馆可以更深入地了解用户的兴趣和需求。基于这些信息，数字图书馆可以提供更加个性化、精准的服务，满足用户对特定领域的深度需求。

专题社区也面临一些挑战。首先，专题社区的建设和维护需要一定的专业性和资源投入。数字图书馆需要有足够的专业人才和技术支持，以保障社区的质量和运作。专题社区可能面临用户参与度不高的问题。由于专题社区通常是针对特定领域的，用户群体相对较小，参与度可能不如广泛主题的社区。数字图书馆需要通过丰富专题社区内容、提供更具吸引力的活动等方式，激发用户参与的兴趣。专题社区的运作还需注意信息安全和隐私保护的问题。在深度学术交流的同时，数字图书馆需要确保用户的个人信息和知识产权得到有效保护，建立完善的信息安全管理机制。

专题社区作为数字图书馆的一种创新形式，为用户提供了更加专业、深度的交流平台。通过专题社区，数字图书馆得以拓展服务领域，促进学术交流，为用户提供更加精准的信息服务。然而，专题社区的发展还需要数字图书馆持续创新，解决好社区建设和维护中的各种挑战，以更好地服务用户，推动数字图书馆服务的发展。

（三）活动和研讨会

数字图书馆中的活动是为用户提供丰富、多元化体验的一种重要方式。通过不同形式的活动，数字图书馆能够深化与用户的互动，促进知识共享与合作，丰富用户在数字图书馆中的参与体验。活动作为数字图书馆服务的一部分，为用户提供了亲身参与的机会。通过组织各种主题活动，数字图书馆能够激发用户对知识的兴趣，使用户更加积极地参与到学习和研究中。这种实践性的学习方式不仅提高了用户的学习效果，也增加了数字图书馆的吸引力。

活动有助于促进用户之间的交流和合作。数字图书馆可以组织各类专业性的研讨会、讲座、座谈会等活动，为用户提供一个深度交流的平台。通过活动，用户能够分享自己的经验和见解，拓展自己的人脉，促进学术合作和资源共享。活动也有助于数字图书馆更好地发挥社区作用，通过组织社区活动，数字图书馆能够建立更紧密的社区联系，拉近与用户的距离。这种社区感有助于用户更深入地了解数字图书馆的服务，提高用户的忠诚度和满意度。活动还有助于数字图书馆向用户推广新服务、新资源。通过举办与新服务相关的活动，数字图书馆能够引导用户更深入地了解和使用这些服务。这种推广方式更具体、更贴近用户需求，提高了服务的可见度和接受度。

活动的组织也面临一些挑战。首先，活动的主题和形式需要与用户的兴趣和需求紧密匹配。数字图书馆需要通过深入了解用户群体，设计更具吸引力和实用性的活动，确保用户参与的积极性。活动的组织需要考虑到用户群体的多样性。不同用户有不同的兴趣和背景，数字图书馆需要灵活运用多种形式的活动，以满足不同用户的需求。这也需要数字图书馆与用户保持密切的沟通，了解用户的反馈和建议，调整活动策划。活动的效果评估也是一个重要的方面。数字图书馆需要通过用户反馈、参与度、学习效果等多个维度来评估活动的效果，及时发现问题和改进活动策划。通过各类活动，数字图书馆能够促进用户之间的交流和合作，深化与用户的互动，拓展服务领域，提高服务质量。然而，活动的组织需要紧密关注用户需求和反馈，灵活调整活动策划，以更好地服务用户，推动数字图书馆服务的发展。

数字图书馆作为研讨会的重要议题，引发了广泛的关注。这一概念的涌现，不仅在信息传播和获取方面带来了深刻的变革，也为学术界和社会创新提供了新的契机。数字图书馆的核心价值在于其强大的信息整合能力。通过数字化的方式，各种文献资料得以归纳、存储、并可以在网络中高效传播。这种高效性不仅令学者们能够更便捷地获取所需信息，同时也推动了全球范围内学术交流的深入。数字图书馆的互联性，打破了传统图书馆受地域限制的桎梏，为学术合作搭建了更为广阔的平台。数字图书馆的建设也对信息的质量提出更高要求。数字化的过程不仅仅是简单的转换，更是对信息的精准把控和筛选。这使得数字图书馆不仅是庞大的信息堆积，更是一个知识精粹的集散地。在这个过程中，技术手段的不断创新成为保障数字图书馆质量的关键因素之一。

数字图书馆的兴起也带来了对传统图书馆角色的重新思考。传统图书馆注重的是纸质书籍的管理和维护，而数字图书馆更注重信息的流通和创新。这种变革不仅仅是技术手段的更新，更是图书馆在信息社会中的角色转变。数字图书馆的出现，标志着知识的传播不再受制于时空的限制，更强调信息的即时性和多样性。数字图书馆的建设也面临一系列的挑战，信息安全、隐私保护以及数字资源的可持续性等问题，都需要系统性的解决方案。此外，数字鸿沟的存在也是一个需要深刻思考的问题，如何让更多的人分享数字图书馆的红利，是数字图书馆可持续发展的关键之一。

数字图书馆的兴起不仅仅是信息时代的产物，更是对知识管理和传播方式的全新探索。在数字化的浪潮中，数字图书馆以其高效、便捷、创新的特点，成为学术界和社会发展中不可或缺的一部分。通过对数字图书馆的深入研究，我们有望更好地理解信息社会中知识的演进和未来的可能性。

三、用户参与社区建设的优势

（一）丰富的资源库

数字图书馆作为一个丰富的资源库，扮演着多重角色，不仅提供大量的数字化信息资源，也在信息组织和管理方面发挥着越来越重要的作用。这种数字化的库存使得各种知识和文献资料得以便捷地存储和检索，极大地拓展了人们获取信息的途径。数字图书馆的丰富资源库不仅包含各类学术论文、期刊文章，还涵盖了各种多媒体资料，如音频、视频等，使得用户能够从多个维度获取所需信息。这种多元化的资源类型，为学术研究提供了更广泛的视角，促进了知识的全面传递和交流。数字图书馆的丰富资源库不仅仅是数量的堆积，更是对信息质量和内容深度的追求，在这里，我们可以找到各个领域的前沿研究成果和高水平的学术论著。这使得数字图书馆成为学者深入研究、探讨前沿科技和学科的理想场所，同时也为学术界提供了更为广泛的合作平台，促进了跨学科的知识融合。数字图书馆的资源库丰富程度，也使得其成为社会创新和发展的重要助推器。在这里，创业者可以获取市场趋势、行业前景等信息，为创新提供有力支持。政策制定者可以通过对数字图书馆中的政策研究、社会调查等数据的分析，更好地制订出符合实际需求的政策措施。

数字图书馆作为一个丰富的资源库，其发展也面临一些挑战。信息的爆炸性增长，使得信息质量的保证成为一项严峻的任务。同时，数字图书馆的资源库在全球范围内的开放性，也使得信息安全和隐私问题变得尤为突出。这需要数字图书馆在资源库的建设和管理中，加强对信息质量和安全性的监控和控制。数字图书馆的丰富资源库既是学术界的宝库，也是社会创新的动力源泉。通过对其资源库的深入挖掘和有效管理，我们有望更好地满足学术和社会发展的需求，推动知识的广泛传播和创新的不断涌现。

（二）学术氛围的形成

学术氛围的形成涉及众多元素，数字图书馆作为其中之一，通过其丰富的资源和开放的平台，为学术界创造了更加自由、开放的环境。数字图书馆的兴起不仅仅是一场技术变革，更是学术文化和传统观念的颠覆，为学术氛围的形成提供了强大的助力。

数字图书馆的数字化特性赋予了学术界更为灵活的学术交流方式。学者们可以通过数字图书馆随时随地获取所需的学术资源，而不再受制于时间和空间的限制。这种自由的学术获取途径使得学术界的交流更为广泛和多元，促使了学术思想的碰撞和融合。

数字图书馆的开放性为学术合作提供了更为广阔的平台。数字图书馆中的资源不再受限于地域和机构，而是面向全球开放。这使得学者们能够更加方便地进行跨国、跨地域的学术合作，促进了国际间学术文化的互通互鉴。数字图书馆的丰富资源库包含了丰富的学术期刊、研究论文等，为学者们提供了丰富的学术素材，激发了学术研究的兴趣。这种资源的丰富性使得学者们更加容易找到自己感兴趣的研究方向，推动了学术研究的深入发展。

数字图书馆的数字化技术也使得学术成果的传播更为迅速和广泛。学者们通过数字图书馆发布自己的研究成果，可以在短时间内被全球范围内的学者所知晓，这种即时性的传播为学术氛围的形成提供了有效的渠道。

数字图书馆的形成和发展也面临一些挑战。信息的泛滥和质量的参差不齐使得学者在海量信息中筛选出有价值的内容变得更为困难。此外，数字图书馆的开放性也带来了信息安全和知识产权的问题，如何在保证开放性的同时确保学术成果的合法权益，是一个需要深思的问题。

数字图书馆通过其数字化和开放性特性，为学术氛围的形成提供了有力支持。数字图书馆的资源丰富性和数字化技术的创新性为学术界的发展注入了新的活力，促使了学者们更积极地参与到学术交流和合作中。数字图书馆的崛起不仅仅意味着学术方式的变革，更是学术氛围逐渐形成的重要推动力。

（三）社区的可持续性

社区的可持续性是数字图书馆发展的重要方面。数字图书馆作为一个信息资源的集散地，对社区的可持续发展产生着深远的影响。数字图书馆的可持续性不仅仅体现在其资源的更新和维护上，更关乎社区居民的参与程度和对数字图书馆的依赖程度。

数字图书馆的可持续性与社区的信息素养息息相关。社区居民需要具备足够的信息素养，以更好地利用数字图书馆中的资源。只有在信息素养得到提升的情况下，社区居民才能更加主动地参与到数字图书馆的使用和管理中，从而推动数字图书馆的可持续发展。

数字图书馆的可持续性还需要社区内形成一种共享的文化氛围。社区居民应该更多地共享信息和资源，促使数字图书馆成为一个信息共享的平台。这种共享文化有助于数字图书馆资源的更好利用，同时也能够激发社区居民对数字图书馆的更高度参与。在数字图书馆的可持续发展中，社区居民的反馈和建议也至关重要。数字图书馆应该积极收集社区居民的需求，通过调查和反馈机制，不断完善数字图书馆的服务。社区居民的参与不仅能够提高数字图书馆的服务质量，更能够促使数字图书馆更好地适应社区居民的需求，从而实现可持续性发展。

数字图书馆的可持续性还与社区内的数字化发展水平密切相关。社区居民需要具备一定的数字技能，以更好地利用数字图书馆的服务。数字技能的提升不仅能够促进数字图书馆的可持续发展，同时也有助于社区居民更好地适应数字化时代的发展。

数字图书馆的可持续性还需要社区内建立起一套有效的数字图书馆管理机制。社区居民可以通过参与管理，保障数字图书馆的正常运行，并对数字图书馆的资源进行更好的保护。数字图书馆的管理机制需要更加灵活和高效，以应对不断变化的社区需求。数字图书馆的可持续性不仅仅依赖于技术手段和资源的更新，更需要社区居民的积极参与和数字化素养的提升。只有在社区居民共同努力下，数字图书馆才能真正成为一个可持续发展的社区资源，为社区居民提供长期稳定的信息支持，推动社区的可持续发展。

四、挑战与未来展望

（一）维护社区秩序

社区秩序的维护是一个与数字图书馆发展密切相关的重要议题。数字图书馆在社区中的作用不仅仅是提供信息资源，同时也促进社区文化共建。维护社区秩序既包括了数字图书馆内部的管理，也需要社区居民的积极参与和自律。

数字图书馆内部的管理需要建立起一套科学合理的规章制度，包括对数字资源的利用和分享规定、图书馆设备的维护和管理以及人员行为的规范等。通过制定明确的管理规定，数字图书馆能够更好地保障资源的合理利用，同时也能够确保数字图书馆的正常运行。

维护社区秩序还需要建立一套高效的反馈机制。社区居民可以通过反馈机制提出对数字图书馆服务的建议和意见，同时数字图书馆也可以通过反馈了解社区居民对服务的需求。这种双向的反馈机制有助于数字图书馆更好地适应社区需求，从而更好地维护社区秩序。

社区秩序的维护还需要数字图书馆与社区居民之间建立更为紧密的联系。数字图书馆可以通过举办各类文化活动、讲座等形式，吸引社区居民参与。这有助于形成更为紧密的社区文化，提高社区居民对数字图书馆的信任度，从而更好地维护社区秩序。

数字图书馆的维护社区秩序需要借助现代技术手段。数字图书馆可以通过建立社区互动平台、推出社区专属服务等方式，更好地与社区居民进行沟通和互动。通过科技手段，数字图书馆能够更好地了解社区居民的需求，为社区居民提供更为贴心的服务。社区居民的自律和参与是数字图书馆维护社区秩序的关键。社区居民应该自觉遵守数字图书馆的规章制度，保护数字图书馆的设备和资源。同时，社区居民也可以通过参与数字图书馆志愿者工作、提出建议等方式，积极参与数字图书馆的建设和维护。

数字图书馆的维护社区秩序还需要借助社区文化的建设。社区居民之间应该建立更加紧密的联系，形成共同维护社区秩序的共识。社区居民可以通过文艺活动、社区讲座等形式，增强社区文化共建的力量，从而更好地维护数字图书馆的正常秩序。

数字图书馆在维护社区秩序中扮演着不可忽视的角色。通过建立科学合理的管理规定、建立反馈机制、紧密联系社区居民等手段，数字图书馆能够更好地维护社区秩序。与此同时，社区居民的积极参与和自觉自律也是数字图书馆维护社区秩序的重要保障。通过共同努力，数字图书馆将成为社区文化建设的亮点，为社区居民提供更为便利的文化服务。

（二）用户隐私保护

在数字图书馆运营的背景下，用户隐私保护成为一个备受关注的议题。数字图书馆所涉及的用户信息日益庞大，包括用户阅读记录、检索行为、个人身份等敏感信息。因此，保护用户的隐私权成为数字图书馆应当高度重视的问题。这不仅事关图书馆与用户之间的信任关系，也涉及社会对数字图书馆合法合规运营的监督。数字图书馆在处理用户隐私问题上，需要充分尊重和保障用户的隐私权，确保其个人信息在数字化环境中得到妥善处理。

数字图书馆需要建立健全的隐私政策和法律法规合规体系。在数字图书馆运营的过程中，制定明确的隐私政策是确保用户隐私权的基础。隐私政策应该明确具体数据收集、存储、处理和使用的规则，确保用户了解并同意数字图书馆对其个人信息的处理方式。此外，数字图书馆还应当遵守相关法律法规，确保隐私政策的合规性，保护用户的隐私权不受侵犯。

数字图书馆应该采取有效的技术手段，确保用户信息的安全性。加强网络安全防护，采用先进的加密技术，对用户信息进行科学合理的加密存储，以防范网络攻击和用户信息泄露。数字图书馆还可以通过建立访问控制机制、完善系统日志管理等方式，对用户信息的访问进行有效监控，及时发现并阻止潜在的信息泄露风险。

数字图书馆在推动数字化服务的同时，应当注重用户教育，提高用户对隐私保护的意识。通过开展相关培训和教育活动，让用户了解数字图书馆对用户隐私的保护措施，引导用户在使用数字图书馆服务时注意个人隐私的保护。用户的隐私意识的提升不仅有助于数字图书馆更好地保护用户隐私，同时也促使用户更加理性地参与数字图书馆的服务。

数字图书馆可以建立用户自主控制的机制，允许用户对个人信息进行自主管理。通过用户隐私设置，让用户可以选择性地分享个人信息，根据自身需求和期望，自主决定信息的可见性和可用性。这种用户自主控制的机制不仅符合用户隐私保护的核心理念，也能够在一定程度上降低用户对个人隐私的担忧。

数字图书馆在处理用户隐私问题时，还应当与第三方服务提供商建立透明的合作关系。对涉及用户隐私的第三方服务，数字图书馆应该明确规定其信息安全保障措施，确保第三方服务提供商能够同样遵守数字图书馆的隐私政策和法律法规，保护用户的隐私权不受侵犯。数字图书馆在用户隐私保护方面需要建立起全方位、多层次的保障体系。通过健全的隐私政策和法规合规体系、有效的技术手段、用户教育、用户自主控制机制以及透明的合作关系，数字图书馆可以更好地维护用户的隐私权，为用户提供更为安全、可靠的数字服务。这样的举措不仅有助于数字图书馆与用户之间建立更为牢固的信任关系，也能够推动数字图书馆可持续健康发展。

（三）技术创新

数字图书馆在技术创新方面有着巨大的发展潜力。技术的不断进步为数字图书馆提供了丰富的工具和手段，使得数字图书馆能够更好地满足用户需求，提供更为便捷、高效的服务。技术创新的推动下，数字图书馆正经历着从传统服务向数字化、智能化方向的深刻转变。数字图书馆在数字化方面进行了大量的技术创新，使得传统的纸质文献得以数字化，以便更好地进行存储、检索和传播。数字化文献的建设不仅提高了图书馆信息的利用效率，也为数字图书馆提供了更广泛的知识资源。数字化文献的建设涉及文献的扫描、文字识别、格式转换等多个环节，需要不断改进和创新技术手段，以保障数字化文献的质量和可用性。数字图书馆通过数据挖掘和机器学习等技术手段，实现对用户行为和需求的更为精准的理解。通过分析用户的阅读习惯、检索行为，数字图书馆能够更好地为用户推荐相关的文献和资源，提高用户满意度。数据挖掘和机器学习的应用不仅仅有助于数字图书馆提供更为个性化的服务，同时也为数字图书馆更好地理解用户需求和优化资源管理提供了有力支持。

数字图书馆在信息检索方面也进行了一系列的技术创新。全文检索技术、自然语言处理技术等，使得用户能够更方便、更快速地检索到所需的文献和信息。全文检索技术通过建立索引，实现对文本内容的高效检索，而自然语言处理技术则通过对用户检索语句的分析，提高检索的精准性和效率。这些技术创新不仅为用户提供了更好的检索体验，也提高了数字图书馆整体的服务质量。

在数字图书馆的服务模式方面，技术创新也发挥了积极作用。引入云计算技术，数字图书馆能够更好地管理和存储海量的数字资源，提高了资源的可用性和稳定性。同时，云计算还使得数字图书馆的服务更具弹性，能够根据用户需求灵活调整服务规模，为用户提供更为高效的服务。

数字图书馆的技术创新还包括对数字资源的保护和管理。数字水印技术、数字版权管理技术等手段，帮助数字图书馆更好地保护数字资源的版权，防范不法侵犯。

此外，数字图书馆还通过建立数字资源的权限控制系统，实现对不同用户的不同访问权限，从而更好地保障数字资源的使用安全性。

除了上述方面，数字图书馆的技术创新还体现在数字展览、虚拟现实、社交媒体等多个方向。数字图书馆通过数字展览平台，为用户提供更为丰富多彩的文化体验。虚拟现实技术的引入，使得数字图书馆能够更好地还原实体图书馆的场景，为用户提供更为真实的阅读环境。社交媒体的应用则为数字图书馆提供了更广阔的宣传渠道，增强了图书馆与用户之间的互动性。在技术创新推动下，数字图书馆的服务不再局限于传统的文献馆藏和检索，而是向更为多元、智能的方向拓展。这使得数字图书馆能够更好地满足不同用户的需求，同时也推动了图书馆本身的发展。技术创新的不断推陈出新，将持续为数字图书馆的发展注入新的动力，使其在数字化时代中持续为用户提供更为先进、便捷、个性化的服务。

第三节　数字馆藏的社交化推广

一、社交化推广的理论框架

（一）社交媒体理论

社交媒体理论在数字图书馆的应用是当前数字化时代发展的必然趋势。社交媒体的崛起为信息传播和社会互动提供了新的途径，数字图书馆作为知识资源的承载者和传播者，积极探索如何借助社交媒体理论提升自身的服务水平和社会影响力。社交媒体理论与数字图书馆的融入，不仅扩展了图书馆的社会作用范围，同时也带来了一系列新的挑战和机遇。

社交媒体理论的应用拓展了数字图书馆的社交功能。传统的数字图书馆主要以信息的存储、检索和传递为主，而社交媒体理论的引入使得数字图书馆得以更好地与用户进行互动，促进用户之间的交流和分享。数字图书馆通过社交媒体平台，能够更迅速地了解用户需求，推动用户生成内容，形成更为开放的知识社群。

社交媒体理论有助于数字图书馆推动知识的民主化和社区参与。通过社交媒体平台，数字图书馆能够让更多的用户参与到知识创造和分享的过程中，促进用户之间的共同合作。这种多元化的知识生产方式有助于打破传统图书馆的知识传授单向性，推动知识的多方共建，形成更加民主、开放的知识社会。

社交媒体理论的应用还能够提升数字图书馆的社会影响力。通过社交媒体平台，数字图书馆能够更广泛地宣传和推广自身的资源和服务，吸引更多用户的关注。数字图书馆的社交媒体活动还能够引起社会关注，形成热点话题，推动社会对知识、文化的关注度。社交媒体的信息传播速度和广泛性为数字图书馆的社会影响提供了全新的渠道和手段。

社交媒体理论的融入有助于数字图书馆建立更为紧密的用户关系。通过社交媒体平台，数字图书馆能够更加深入地了解用户的兴趣、需求，为用户提供更为个性化、精准的服务。数字图书馆通过与用户的互动，建立起更为亲密的关系，增强用户对数字图书馆的信任感和满意度。

社交媒体理论的应用也面临一些挑战。信息质量的可信度成为一个关键问题，社交媒体上充斥着大量的信息噪音和虚假信息，数字图书馆需要在社交媒体传播中加强信息的筛选和核实。同时，数字图书馆还需注意用户隐私问题，加强对用户信息的保护和管理，确保在社交媒体平台上用户的隐私权得到充分尊重。

社交媒体理论的应用给数字图书馆带来了新的发展机遇和挑战。通过社交媒体平台，数字图书馆能够更好地与用户互动，推动知识的共建和分享，提升自身的社会影响力。然而，数字图书馆在整合社交媒体理论的同时，也需要认真应对信息可信度和用户隐私等问题，以确保社交媒体的应用不仅推动了数字图书馆的发展，同时也维护了数字图书馆在社会中的合法合规地位。

（二）用户参与理论

数字图书馆的用户参与理论是当前数字时代图书馆服务中的一项重要理念。用户参与理论强调图书馆不再是单向的信息传递者，而是与用户共同参与知识生成、传播和共享的社群。这一理论在数字图书馆的发展中得到了广泛关注和应用，为图书馆服务模式的变革和用户体验的提升提供了新的思路和方法。

用户参与理论强调用户在图书馆服务中的主体性和积极性。用户不再只是信息的接收者，同时也是参与者和创造者。数字图书馆通过引入各种互动性工具和平台，激发用户的参与热情。用户能够通过评论、点赞、分享等方式对数字图书馆的资源进行评价和传播，形成更为开放和活跃的知识共建氛围。

用户参与理论注重数字图书馆与用户之间的紧密互动。数字图书馆通过社交媒体、在线社区等平台，与用户建立更为直接和实时的联系。用户能够通过这些平台与图书馆工作人员、其他用户进行交流和合作，提出建议、分享经验，形成更加紧密的社群关系。

用户参与理论的应用还体现在数字图书馆的服务个性化方面。通过分析用户的行为数据、偏好等信息，数字图书馆能够更加精准地了解用户需求，为用户提供个性化的服务。这种个性化服务不仅提高了用户满意度，也促进了数字图书馆服务的精细化和精准化。数字图书馆在用户参与理论的引导下，通过用户生成内容（UGC）的方式，实现了信息的多元来源。用户能够通过数字图书馆平台上传自己的作品、分享自己的经验，丰富了图书馆的文献资源。这种多元的信息来源使得数字图书馆的服务更具广泛性和包容性，能够满足不同用户群体的需求。

用户参与理论的应用也推动了数字图书馆在社会中的影响力。数字图书馆通过用户参与，能够更好地传播自身的品牌形象，形成更为积极的社会形象。用户的参与不仅是数字图书馆服务的主要推动力，同时也是数字图书馆在社会中发挥作用的重要体现。

用户参与理论的应用也面临一些挑战。首先，数字图书馆需要面临来自用户的更高期望。用户参与理论的应用使得用户对数字图书馆的服务提出更具体和更个性化的要求，数字图书馆需要在不断提升服务水平的同时，更好地应对用户的多样化需求。其次，用户参与理论的应用还需要面对信息质量的问题。用户生成内容的广泛涌现也带来了信息质量参差不齐的挑战，数字图书馆需要制定更为有效的信息筛选和管理机制，确保用户参与的信息质量和可信度。

在数字图书馆中，用户参与理论的应用是一项复杂而深刻的变革。通过激发用户的主体性和积极性，数字图书馆不再是传统的知识仓库，而是成为一个具有生命力和活力的社群。用户参与理论的引入不仅仅改变了数字图书馆的服务方式，更使得数字图书馆与用户之间建立起更为紧密和亲切的关系，为数字图书馆的可持续发展提供了新的动力。在数字化时代，数字图书馆通过对用户参与理论的应用，不断创新服务模式，不断提升服务质量，致力于成为社会知识共享和互动的重要平台。

（三）社区建设理论

社区建设理论在数字图书馆的应用是一项复杂而深刻的变革。社区建设理论不仅重新定义了数字图书馆与社区之间的关系，也让数字图书馆的服务模式和角色迎来全新的挑战和机遇。社区建设理论强调数字图书馆与社区之间的互动与共生关系，数字图书馆不再是孤立的知识机构，而是与社区形成了一种紧密的关系。数字图书馆通过参与社区建设，融入社区生活，满足社区居民的信息需求，实现与社区的有机结合。

社区建设理论注重数字图书馆在社区中的社会责任。数字图书馆不仅仅是知识的传递者，更是社区文化的传承者和发展者。数字图书馆通过组织各类文化活动、社区讲座等形式，激发社区居民的文化参与和创造力，推动社区文化的繁荣。

社区建设理论的应用还强调数字图书馆在社会治理中的角色。数字图书馆可以通过为社区提供信息咨询服务、组织社区居民参与社会事务的机会等方式，促进社区自治和居民自治，形成更加健康、和谐的社会治理机制。社区建设理论的引入有助于数字图书馆更好地了解社区居民的需求。通过深入社区，数字图书馆可以更加全面地了解社区居民的文化特点、信息需求和服务期望，从而更加准确地开展相关工作，提高服务的精准度和实效性。

数字图书馆通过社区建设理论的引入，可以更好地整合社区资源。数字图书馆可以与社区内的学校、企业、文化机构等进行合作，共同推动社区的发展。这种多方合作的模式有助于形成资源共享的社区网络，提高社区整体的文化水平和生活品质。

社区建设理论的应用也面临一些挑战。首先，数字图书馆需要更好地理解和尊重社区的多元性。不同社区有不同的文化背景、需求特点，数字图书馆在应用社区建设理论时需要因地制宜，避免一刀切的做法。其次，数字图书馆在社区建设过程中需要更加注重与社区居民的沟通和互动。只有真正了解社区居民的想法和期望，数字图书馆才能更好地发挥其在社区中的作用，实现更加有针对性的服务。

在数字图书馆中，社区建设理论的应用是一个全新的探索和尝试。数字图书馆通过参与社区建设，不仅为社区居民提供了更为便捷、个性化的服务，也为数字图书馆在社会中树立了更为亲近和可信的形象。通过社区建设理论的引入，数字图书馆将更好地融入社区，成为社区文化发展的重要推动者和社会治理的积极参与者。在数字化时代，数字图书馆通过社区建设理论的应用，不仅能够满足社区居民的信息需求，更能够成为社区的文化中心和社会创新的引领者。

二、社交化推广的关键策略

（一）社交媒体平台选择

数字图书馆在选择社交媒体平台时，需要考虑多个因素以确保最佳的互动和服务效果。社交媒体平台作为数字图书馆与用户互动的主要渠道之一，对数字图书馆的可见性、用户参与度和社区建设等方面都具有重要影响。在选择适当的社交媒体平台时，数字图书馆需谨慎权衡各种因素，以达到更好地满足用户需求、推广资源、促进知识传播等目标。

社交媒体平台的用户基础是一个重要的考虑因素。不同的社交媒体平台拥有不同的用户群体和特点。数字图书馆需要了解不同社交媒体平台的用户结构，选择与其目标用户群体更为契合的平台，以提高信息传播的针对性和有效性。

社交媒体平台的内容形式和功能特点也是选择的关键因素。有些平台更适合图文结合的内容，而有些则更注重视频和音频的展示。数字图书馆需要根据自身的特点和提供的服务内容，选择能够更好地展示和传递信息的社交媒体平台。

社交媒体平台的互动性和用户参与度也是选择的考虑因素。一些平台更注重用户之间的互动，如评论、分享、点赞等，而另一些平台则更偏向于内容的单向传递。数字图书馆应该选择能够更好地促进用户参与、形成社区共识的平台，以建立更为活跃和有深度的社交媒体互动。

社交媒体平台的隐私政策和用户数据安全也是需要谨慎考虑的因素。数字图书馆需要选择符合相关法规和用户隐私保护要求的平台，以确保用户信息得到妥善保护，维护数字图书馆在社交媒体平台上的信誉。

数字图书馆在选择社交媒体平台时，还需要考虑平台的更新和技术支持。一些社交媒体平台更具创新性，更新迭代速度快，而一些则相对稳定。数字图书馆需要根据自身能力和发展需求，选择适合自己运营模式的平台。

在社交媒体平台的选择中，数字图书馆还应该充分考虑平台的推广和营销功能。一些社交媒体平台提供更为便捷和广泛的推广手段，能够更好地传播数字图书馆的品牌形象和服务特色。数字图书馆可以通过选择具有较强推广功能的平台，提高自身在社交媒体上的曝光度和影响力。

数字图书馆在选择社交媒体平台时，需要充分考虑用户基础、内容形式、互动性、隐私安全、技术支持等多方面因素。合理地选择社交媒体平台有助于数字图书馆更好地推广自身服务、建立社区互动、拓展用户群体，为数字图书馆在数字化时代的发展提供更广阔的空间和更丰富的可能性。

（二）用户生成内容

数字图书馆中用户生成内容是一个不可忽视的重要方面。用户生成内容代表了数字图书馆从传统文献中心向用户参与和创造的转变。这种转变不仅丰富了数字图书馆的内容，更促进了用户与图书馆的互动。用户生成内容的形式多种多样，包括评论、评分、博客、在线讨论等，这使得数字图书馆成为一个充满活力和多样性的知识共享平台。用户生成内容为数字图书馆引入了更为多元的视角和观点，用户参与的内容不再受限于专业领域，而是体现了更广泛的兴趣和需求。这种多元性不仅使得数字图书馆的内容更为丰富，同时也为用户提供了更为全面的信息资源，满足了不同用户群体的知识需求。

用户生成内容为数字图书馆带来了更为实时和生动的信息传播。用户能够迅速分享自己的观点、经验和新发现，形成一个信息传播的网络。这使得数字图书馆能够更及时地了解用户需求和反馈，同时也促进了知识的快速传播和共享。

用户生成内容的引入还推动了数字图书馆的社区建设。用户生成内容不仅仅是个体行为，更是用户之间互相交流和合作的体现。在线讨论、博客分享等形式使得数字图书馆成为一个充满社交性的平台，用户通过共享自己的内容建立起更为紧密的社区关系。用户生成内容为数字图书馆提供了更为直观和具体的用户反馈。用户能够通过评论、评分等形式表达对数字图书馆资源的满意度和建议。这种实时的反馈有助于数字图书馆更好地优化服务、调整策略，提高用户满意度。用户生成内容还促使了数字图书馆更深层次的参与和互动。用户生成的内容往往不仅仅是对图书馆资源的简单评论，还包括用户对相关主题的深度思考、经验分享等。这种深度的参与使得数字图书馆不再是一个单纯的知识仓库，更是一个充满思想碰撞和创新的学术社区。

用户生成内容也面临一些挑战。首先，数字图书馆需要面对用户生成内容的质量和真实性问题。用户生成内容的广泛涌现可能会导致信息质量参差不齐，数字图书馆需要建立有效的内容筛选和审核机制，确保用户生成的内容具有一定的学术和实用价值。其次，数字图书馆在鼓励用户生成内容的同时，也需要保障用户隐私和信息安全。用户生成内容涉及个人观点和经验分享，数字图书馆需要建立完善的隐私保护机制，保障用户的个人信息不被滥用或泄露。

用户生成内容是数字图书馆发展的一个积极方向。用户生成内容丰富了数字图书馆的资源，促进了用户参与和社区建设，推动了数字图书馆向更加开放、多元的方向发展。数字图书馆通过鼓励用户生成内容，将进一步加强与用户的互动，提升数字图书馆的服务水平，为用户提供更为个性化和贴近实际需求的知识服务。

（三）社交化活动组织

社交化活动组织是数字图书馆在数字化时代的一个重要方向。通过社交化活动，数字图书馆得以更好地与用户互动，推动知识的分享与交流。社交化活动组织不仅仅是数字图书馆服务模式的创新，更是图书馆适应当代社会需求，提高社会影响力的一种关键策略。

社交化活动组织的首要目标是促进数字图书馆与用户之间的紧密联系。通过组织各种形式的社交活动，数字图书馆能够更好地了解用户的兴趣、需求，提高用户的参与度和黏性。社交化活动使得数字图书馆不再是一个单向的信息传递者，而是一个用户共同参与、共同建构知识的社区。社交化活动组织有助于数字图书馆建立更为深厚的社区关系。通过定期举办各类社交活动，数字图书馆能够吸引更多的用户参与，形成一个充满活力和互动的社区。这种社区关系不仅仅体现在数字图书馆与用户之间，也促进了用户之间的交流与合作，形成了更为紧密的社会网络。

社交化活动组织还有助于数字图书馆推动知识的共建与分享。通过组织讲座、座谈会、读书分享等形式的社交化活动，数字图书馆能够激发用户分享自己的见解、经验和知识。这种知识的共建与分享不仅增加了数字图书馆的内容丰富度，同时也促进了用户之间的学术和文化交流。社交化活动组织还可以成为数字图书馆服务的一种拓展形式。通过与学校、企业、社区合作，数字图书馆能够举办更多样化的社交活动，包括专业研讨会、行业交流等，为用户提供更广泛、更深入的服务。这种多方合作的模式使得数字图书馆服务更贴近实际需求，提高了服务的适应性和针对性。

社交化活动组织也面临一些挑战。首先，数字图书馆需要面对用户兴趣的多样性。不同用户具有不同的兴趣和需求，数字图书馆在组织社交化活动时需要因材施教，设计多样化的活动形式，以满足不同用户群体的期望。其次，社交化活动组织需要充分考虑线上线下结合的问题。随着数字化的发展，线上社交平台逐渐崭露头角，数字图书馆需要灵活运用线上线下的组织形式，更好地服务用户，拓展社交活动的覆盖面。社交化活动组织还需要注意与社交媒体的结合。最后，社交媒体是信息传播的重要渠道，数字图书馆可以通过在社交媒体平台上宣传和推广社交化活动，提高活动的曝光度，吸引更多用户参与。

社交化活动组织是数字图书馆服务创新的一种方向，通过与用户的深度互动、社区关系的构建、知识的共建与分享，数字图书馆能够更好地适应当代社会的需求，提高服务的质量和深度。社交化活动组织使得数字图书馆不再是一个传统的知识仓库，而是一个充满活力和互动的学术社区，为数字图书馆在数字化时代的可持续发展打开更为广阔的前景。

三、社交化推广的实施过程

（一）内容创作与传播

数字图书馆的内容创作直接关系到数字图书馆能否满足用户多样化的信息需求，推动数字时代图书馆服务模式的创新和进步。内容创作不再仅仅是传统的文献整理和数字化，更是一种与用户深度互动的过程。通过精心设计的内容创作，数字图书馆可以为用户提供更为个性化、实用性强的信息资源。这种个性化的内容创作不仅满足了用户的独特需求，也使得数字图书馆在内容丰富度和用户体验方面更具竞争力。内容创作的多样性是数字图书馆服务的关键之一，数字图书馆不再仅仅是提供书籍和文献，更是一个包罗万象的知识中心。内容创作涵盖了文字、图片、音频、视频等多种形式，数字图书馆通过多样性的内容创作，使得用户在获取信息的同时能够体验到更为生动、立体的知识世界。

用户参与是内容创作的重要特点之一。

数字图书馆通过鼓励用户生成内容、参与创作活动，使得用户不再仅仅是信息的消费者，更是知识的创造者和共享者。用户参与的内容创作不仅为数字图书馆注入更多新鲜的观点和信息，同时也推动了数字图书馆与用户之间更为紧密的互动。内容创作在数字图书馆中还涉及与社交媒体的结合。通过社交媒体平台的分享、传播，数字图书馆的内容能够更广泛地被用户了解和利用。这种社交媒体与内容创作的结合不仅提高了数字图书馆的知名度，也扩大了数字图书馆在社会中的影响力。

内容创作还有助于数字图书馆形成品牌形象。通过精心设计的内容创作，数字图书馆能够树立起自身的特色和风格，使得用户在众多数字图书馆中能够更容易地辨认出其独特之处。品牌形象的形成有助于数字图书馆在用户心中建立更为稳固的地位。

内容创作也面临一些挑战。首先，内容创作需要不断创新。随着信息爆炸式增长，用户对于内容的需求越来越高，数字图书馆需要不断创新内容形式和创作方式，以吸引用户的注意力。其次，内容创作还需要面对信息真实性和可信度的问题。在数字时代，虚假信息泛滥成灾，数字图书馆需要建立健全的信息审核机制，确保用户获取的内容具有一定的学术和实用价值。最后，内容创作也需要更多地关注用户的体验。数字图书馆的内容不仅仅要求丰富和深度，更需要关注用户的阅读体验和使用便捷性。用户体验的提升有助于数字图书馆在竞争激烈的数字时代更好地吸引和留住用户。

内容创作是数字图书馆服务的核心之一，通过内容创作，数字图书馆能够更好地满足用户的信息需求，提高服务质量，形成独特的品牌形象。内容创作的不断创新和发展将有助于数字图书馆在数字时代更好地适应社会变革，为用户提供更为丰富、多样和有深度的知识服务。

数字图书馆的内容传播是其核心使命之一，它直接关系到数字图书馆能否发挥其在知识传递和信息普及方面的作用。内容传播不仅仅是将图书馆的资源数字化，并将其呈现给用户的过程，更是通过多种渠道，以多样的形式，传递和分享知识，使得数字图书馆在数字化时代更为活跃和有影响力的过程。

数字图书馆的内容传播需要充分考虑多媒体的运用。在数字时代，信息的传递已经从单一的文字渠道向多媒体发展。数字图书馆应该通过图像、音频、视频等多媒体形式，将知识传递给用户。这种多媒体形式不仅更贴近用户的感知方式，也使得知识传递更为生动和具体。

内容传播需要适应社交媒体的发展。社交媒体是当今信息传播的主要渠道之一，数字图书馆应该善于利用社交媒体平台，通过分享、转发等方式，将图书馆的资源和知识传播给更广泛的受众。社交媒体的特点是用户参与性强，数字图书馆通过积极参与社交媒体，能够更好地推动知识的传播和共享。

内容传播也需要关注用户生成内容的作用。用户不再是被动接收信息的对象，更是信息传播的创造者和参与者。数字图书馆应该鼓励用户生成与数字图书馆相关的内容，通过用户的视角和经验，丰富数字图书馆的内容，使得信息传播更为丰富多彩。

数字图书馆的内容传播还需要注重信息可信度。在信息泛滥的时代，数字图书馆应该通过建立健全的信息审核机制，确保传播出去的信息具有可靠性和学术价值。这有助于用户更好地理解和信任数字图书馆的内容。

内容传播还需要关注用户群体的多样性。不同用户群体对信息的需求和接受方式存在差异，数字图书馆的内容传播应该因地制宜，通过精细化的定位和定制化的内容，满足不同用户群体的需求。

数字图书馆的内容传播也需要注重跨界合作。通过与学术机构、文化机构、企业等的合作，数字图书馆能够将自身的资源与其他领域的资源结合，推动知识的交叉传播，形成更具深度和广度的传播网络。

数字图书馆在内容传播中也面临一些挑战。首先，信息过载是一个需要解决的问题。信息的爆炸性增长使得用户面临大量信息的选择和过滤困难，数字图书馆需要通过精准的推荐系统和智能搜索技术，帮助用户更快速、准确地获取所需信息。其次，隐私和信息安全问题也需要引起重视。在内容传播的过程中，数字图书馆需要保护用户的隐私，防范信息泄露的风险，以提升用户对数字图书馆的信任度。

数字图书馆的内容传播是一个复杂而重要的任务。通过多媒体形式、社交媒体平台、用户生成内容等多方面的手段，数字图书馆能够更好地推动知识的传递和共享。然而，随着社会的不断发展和信息技术的不断更新，数字图书馆需要不断创新和适应，以更好地履行其内容传播的使命。

（二）用户参与与互动

数字图书馆的用户参与与互动是其服务理念的重要体现，也是数字化时代图书馆服务的重要发展方向之一。在数字图书馆中，用户不再是被动的信息接收者，更是服务的主体和内容的创造者。用户参与与互动的机制不仅拓宽了数字图书馆的服务边界，更为用户提供了更为个性化、多元化的知识体验。

用户参与与互动的机制推动数字图书馆从传统的信息传递者转变为知识共建者。用户通过参与数字图书馆的各种活动，包括评论、分享、讨论等，不仅能够更好地获取所需信息，更能够参与到知识的构建过程中。这种共建机制使得数字图书馆的知识更为丰富、深入，更贴近用户的实际需求。

用户参与与互动强化了数字图书馆的社交性。通过在线讨论、社交媒体平台等形式，用户在数字图书馆中能够与其他用户展开交流、分享观点。这种社交性不仅仅是用户之间的交流，也包括用户与数字图书馆的交流，形成了一个互动的学术社区，促进了知识的传播和共享。

用户参与与互动还有助于数字图书馆更好地了解用户需求。通过用户的评论、反馈以及对各种互动活动的参与，数字图书馆能够更准确地把握用户的兴趣和需求，从而更有针对性地提供服务和资源。这种需求导向的服务模式使得数字图书馆更加贴近用户，提高了服务的实效性。

用户参与与互动也推动数字图书馆发展多元化的服务形式。数字图书馆通过举办各类活动，如在线讲座、读书分享会等，使得服务不再局限于纸质书籍和电子文献的传递，也包括了知识的实地传授和交流。用户通过参与这些活动，更全面地感受到数字图书馆的服务的多样性和立体性。

用户参与与互动也面临一些挑战。首先，数字图书馆需要解决用户参与的不均衡性问题。不同用户对参与数字图书馆活动的热情和能力存在差异，数字图书馆需要通过差异化的服务和引导措施，促使更多用户参与到图书馆的活动中。其次，数字图书馆需要解决用户隐私保护的问题。在用户参与与互动的过程中，数字图书馆需要保护用户的个人信息，确保用户在参与活动的同时能够享受到足够的隐私保护。最后，数字图书馆还需要面对多平台互动的挑战。随着社交媒体的普及，用户参与的平台越来越多样化，数字图书馆需要更好地整合各种平台，提供一体化的用户参与与互动体验。

用户参与与互动是数字图书馆服务的一种创新模式。通过用户参与，数字图书馆能够更好地适应数字化时代的发展，提高服务的贴近度和针对性。用户参与与互动的机制使得数字图书馆不再是一个孤立的知识仓库，更是一个充满活力、社交性强的学术社区，为数字图书馆的可持续发展打开了更为广阔的前景。

（三）数据分析与优化

数字图书馆中的数据分析是一项至关重要的工作，它直接关系到图书馆如何更好地理解用户需求、优化服务、提高效率。通过对大量的数字化信息进行挖掘和分析，数字图书馆能够更深入地了解知识资源的利用情况、用户行为特征，从而更好地满足用户需求，提升数字图书馆的整体服务水平。

数据分析有助于数字图书馆更全面地了解用户行为和偏好。通过分析用户在数字图书馆平台上的浏览记录、检索记录、借阅记录等数据，数字图书馆可以揭示用户对不同主题和类型的资源的兴趣程度，从而提供有针对性的服务和推荐。

数据分析有助于数字图书馆更高效地管理和优化知识资源。通过对数字图书馆馆藏资源的使用情况进行深入分析，数字图书馆能够更好地了解到哪些资源受到用户关注，哪些资源相对冷门，从而调整馆藏策略，更好地满足用户的需求。

数据分析还有助于数字图书馆提升服务质量。通过分析用户反馈数据，数字图书馆可以及时了解用户对服务的满意度和不满意度，进而采取针对性的改进措施。这种持续的数据反馈机制使得数字图书馆能够更灵活地调整服务策略，提升用户体验。

数据分析对数字图书馆的资源分配和规划也具有指导性意义。通过分析用户的使用趋势和时间分布，数字图书馆能够更好地规划馆内资源的利用，提高资源利用率，从而在有限的资源下提供更多的服务。

数据分析还有助于数字图书馆更好地应对信息爆炸的挑战。随着信息的不断增加，数字图书馆需要更有效地管理和组织信息，使得用户能够迅速准确地获取所需信息。通过数据分析，数字图书馆能够更好地了解到信息的关联性和热点，从而更有针对性地组织和推送信息。

数据分析也面临一些挑战。首先，隐私保护是一个需要高度重视的问题。数字图书馆在进行数据分析的过程中需要确保用户的个人隐私不被泄露，建立起完善的隐私保护机制。数据分析需要面对信息质量和真实性的问题。在信息爆炸的背景下，数字图书馆需要确保所分析的数据具有一定的质量和真实性，以避免分析结果的失真。其次，数字图书馆还需要应对技术和人才的挑战。数据分析需要先进的技术支持和专业的人才，数字图书馆需要投入更多的资源来培养和吸引这方面的人才，以保障数据分析工作的顺利进行。

数据分析是数字图书馆服务的一个关键环节。通过深入挖掘和分析数据，数字图书馆能够更好地了解用户需求、优化服务、提高效率。数据分析使得数字图书馆服务更加智能、精准，为用户提供更为个性化和有深度的知识服务。随着技术的不断发展和数字时代的深入，数据分析将成为数字图书馆服务的核心竞争力之一。

数字图书馆的优化是一项不断进行的工作，它涉及多个方面的内容，包括服务体验、资源管理、技术支持等。优化的目标在于提高数字图书馆的整体效能，使其更好地满足用户需求，适应技术变革，促进知识传播与共享。

在服务体验方面，数字图书馆的优化意味着更加便捷、个性化的服务。这包括对用户界面的改进，提供更直观、易用的检索系统，以及通过推荐算法等方式，为用户提供更符合其兴趣和需求的内容。优化服务体验也包括更快速、高效的借阅和归还流程，使得用户能够更便利地利用数字图书馆的资源。资源管理是数字图书馆优化的重要方向之一。这包括对馆藏资源的更合理的分类和组织，使用户能够更轻松地找到所需的信息。同时，数字图书馆需要通过数据分析等手段，更准确地评估资源的利用情况，调整馆藏策略，确保资源的合理分配和充分利用。

在技术支持方面，数字图书馆的优化需要不断跟进技术发展。这包括了对数字化技术的引入，如人工智能、虚拟现实等，以提供更为先进和多样化的服务。优化还包括对系统的升级和维护，以确保数字图书馆的技术平台能够稳定运行，并适应未来的技术变革。

用户参与与互动是数字图书馆优化的另一个重要方向。通过鼓励用户的参与，数字图书馆能够更好地了解用户需求，并提供更贴近用户期望的服务。互动活动的开展也能够促使用户更深入地了解数字图书馆的资源和服务，形成更为积极的使用态度。

数字图书馆的优化还需要考虑社交媒体的运用。通过在社交媒体平台上的宣传、互动，数字图书馆能够扩大其影响力，吸引更多的用户。社交媒体也是数字图书馆与用户交流和分享信息的重要渠道。

优化数字图书馆还需要注重数字安全与隐私保护。随着数字化的深入，数字图书馆处理的用户数据越来越庞大，保障用户的隐私安全成为重要的任务。数字图书馆需要建立健全的信息安全体系，采取有效的手段来防范潜在的风险。

在经费管理方面，数字图书馆的优化需要在保证服务质量的前提下，合理分配和利用有限的经费资源。这包括对于数字图书馆的运营成本、技术更新成本等的精细管理，以确保数字图书馆的长期可持续发展。

数字图书馆的优化也面临一些挑战。首先，技术更新的速度较快，数字图书馆需要不断跟进，确保自身的技术平台与时俱进。其次，用户需求的多样性和不断变化使得数字图书馆的优化工作更加复杂，需要更灵活的应对策略。最后，数字图书馆的优化也需要充分考虑社会、文化、法律等多方面因素的影响，以保障数字图书馆服务的全面性和稳定性。

数字图书馆的优化是一项综合性、不断演进的工作。通过不断优化服务体验、资源管理、技术支持、用户参与与互动等多个方面，数字图书馆能够更好地适应数字时代的需求，提供更为全面、高效、个性化的知识服务，为用户提供更丰富的学术、文化体验。

四、挑战与未来展望

（一）信息真实性与可信度

在数字图书馆的运作中，信息真实性是一个重要的问题。数字图书馆作为知识的存储和传播中心，承担着向用户提供准确、可信、真实信息的责任。保障信息真实性不仅是数字图书馆服务的基石，也是用户对数字图书馆信任的前提。因此，数字图书馆维护信息真实性非常重要。数字图书馆需要建立健全的信息审核机制。这包括对数字化资源的审核，确保数字图书馆收录的文献、资料的来源和内容具有一定的学术和实用价值。审核机制应该包括对文献作者、出版机构的真实性和权威性的验证，以及对数字资源的内容和格式的审查。

数字图书馆需要关注文献的版权和原创性。在数字时代，信息的快速传播也带来了信息的滥用和盗用问题。数字图书馆需要采取措施，确保数字化资源的版权合法性，保护作者的知识产权。这不仅有助于维护信息真实性，也有助于推动学术创新和知识产权的保护。信息真实性的维护还需要数字图书馆防范学术不端行为。学术不端行为可能包括虚假引用、抄袭等，数字图书馆需要通过合理的手段，如相似性检测工具等，防范和发现这类行为，以维护数字图书馆所提供信息的可信度。

数字图书馆还应该注重对数字化技术的监控和管理。技术的进步为信息的制造和传播提供了更多可能性，但也带来了信息的操控和篡改的可能。数字图书馆需要采取措施，如数字水印技术、区块链技术等，确保数字资源在传播过程中的真实性和完整性。数字图书馆的信息真实性也需要用户的参与和监督。用户通过对数字资源的反馈、评论等方式，帮助数字图书馆发现可能存在的问题，从而及时纠正。数字图书馆应该鼓励用户参与对信息真实性的监督，形成一个共同维护信息真实性的机制。

在数字图书馆的信息真实性问题中，社交媒体也扮演了一个重要的角色。数字图书馆通过社交媒体平台传播信息，与用户进行互动，但社交媒体也可能是信息不实的传播渠道。因此，数字图书馆需要在社交媒体传播中加强对信息真实性的把控，确保所传递的信息真实可信。

数字图书馆在信息真实性方面仍然面临着一些挑战。首先，信息的快速传播和社交媒体的普及使得不实信息更容易传播，数字图书馆需要通过技术手段和信息审核机制应对这一问题。其次，学术界存在着一些不端行为，数字图书馆需要通过强化学术道德教育和合理使用技术手段来应对学术不端行为。数字图书馆在信息真实性的维护上面临着复杂的环境和多方面的压力。通过建立健全的信息审核机制、关注版权和原创性、防范学术不端行为、采用数字技术保障信息完整性等手段，数字图书馆能够更好地维护信息真实性。

用户的参与和社交媒体的运用也有助于形成一个多方参与的信息真实性维护体系。在数字时代，信息真实性的维护不仅是数字图书馆服务质量的保障，也是对用户知识需求负责的体现。数字图书馆作为信息的存储和传播中心，信息的可信度直接关系到用户对数字图书馆服务的信任度和使用体验。在信息爆炸的数字时代，如何确保数字图书馆中的信息可信度成为一个亟待解决的问题。信息可信度的维护需要数字图书馆采取多方面的手段和策略。

数字图书馆需要建立健全的信息采集和整理机制。这包括对数字资源的收集、录入和整理，确保数字图书馆的信息来源具有可信性和权威性。数字图书馆在采集信息的过程中需要关注文献的来源、作者的资质、出版机构的声誉等方面，以确保数字图书馆的信息库中包含的信息是真实可信的。数字图书馆需要注重信息的更新和维护。在信息爆炸的时代，信息的变化速度较快，数字图书馆需要通过不断更新、维护数字资源，确保其内容的时效性和准确性。这包括对数字图书馆中已有资源的检讨、修订，以及对新的信息的及时收录和更新。

信息可信度的维护还需要数字图书馆加强对数字资源的评估和审核。数字图书馆可以通过建立专门的评估团队，对数字资源进行评估，确保其中的信息具有学术价值和实用性。这包括对数字化文献的学术水平、权威性等方面的审核，以保障信息的可信度。

数字图书馆在维护信息可信度时还需要注重对数字化技术的利用。技术手段包括数字水印技术、区块链技术等，可以帮助数字图书馆确保数字资源在传播和存储过程中的真实性和完整性，从而提高信息的可信度。

用户参与是信息可信度维护中的一个重要环节。数字图书馆可以通过用户反馈、评论等方式，了解用户对数字资源的看法和意见，及时发现并处理可能存在的问题。用户的参与不仅是信息可信度维护的一种监督机制，也有助于数字图书馆更好地了解用户需求，提高服务的贴近度。

数字图书馆的社交媒体运用也是信息可信度维护的一项重要工作。通过社交媒体平台，数字图书馆可以向用户传递真实、可信的信息，提高信息的传播效果。社交媒体也是数字图书馆与用户互动和传播信息的有力渠道，有助于建立数字图书馆的品牌形象和影响力。

信息可信度的维护也面临一些挑战。首先，信息的庞大和多样性使得数字图书馆难以全面了解和掌控所有信息的来源和内容。数字图书馆需要采取有效的策略和技术手段，确保信息的全面、准确审核。社交媒体的广泛使用使得虚假信息更容易传播。数字图书馆需要在社交媒体传播中更加慎重，加强对信息的审核和筛选，确保所传递的信息是真实可信的。其次，信息可信度的维护需要数字图书馆在技术、人才和制度方面不断创新和完善。数字图书馆需要不断更新技术手段，培养专业人才，建立健全的信息审核机制和评估体系，以保障信息的可信度。

信息可信度的维护是数字图书馆服务的基础和前提。通过建立健全的信息采集、整理、审核机制，加强用户参与和社交媒体运用，数字图书馆能够更好地确保信息的真实性和可信度，提升用户对数字图书馆服务的信任度。这不仅有助于数字图书馆更好地履行其服务职责，也有助于推动数字图书馆的可持续发展。

（二）用户隐私保护

数字图书馆在为用户提供丰富知识资源的同时，必须充分重视对用户隐私的保护。随着数字时代的发展，用户的个人信息和隐私面临着越来越多的潜在威胁，数字图书馆应当采取切实可行的措施，确保用户的隐私得到妥善保护。

数字图书馆需要建立健全的隐私政策和法律法规遵从机制。隐私政策应当清晰明了，详细说明数字图书馆会收集哪些用户信息以及如何使用这些信息。此外，数字图书馆还需遵守相关的法律法规，确保隐私政策的合法性和合规性，为用户提供法律保障。

数字图书馆在信息收集和存储方面需谨慎行事。在用户注册、使用服务等过程中收集到的个人信息，数字图书馆应当采取安全可靠的技术手段进行加密和存储，以防止信息被泄露或滥用。用户个人信息的收集应当遵循最小化原则，只收集必要的信息，并明确告知用户信息的用途。数字图书馆需要建立强有力的访问控制机制，确保只有授权人员能够访问和处理用户信息。这包括对数据库和服务器的安全管理，设置权限和身份验证，以减少信息泄露的风险。

同时，数字图书馆还需建立监测和审计机制，及时发现和应对潜在的安全威胁。为了保护用户隐私，数字图书馆应当积极采用匿名化和脱敏技术，将用户的个人身份信息去标识化，确保用户在使用数字图书馆服务时能够更加放心。此外，数字图书馆还可以通过使用安全套接层（SSL）等加密通信协议，加强对用户数据传输过程中的安全保护。

数字图书馆需要对外部合作伙伴的隐私保护能力进行评估和监管。在与其他机构、公司合作时，数字图书馆应当明确合作伙伴对用户隐私的保护措施，确保合作方的信息安全水平与数字图书馆的标准相符。用户对隐私的自主控制权应当得到充分尊重。

数字图书馆可以为用户提供个性化的隐私设置选项，让用户可以根据自己的需求和偏好，自主选择信息分享的程度。此外，数字图书馆还需明确告知用户如何行使他们的隐私权利，包括查询、修改和删除个人信息等。

数字图书馆还应当建立健全的隐私保护培训体系，培养员工的隐私保护意识。员工应当明确知晓隐私政策和法规，并在日常工作中始终关注用户隐私的保护。数字图书馆还可通过定期的内部培训和教育，不断提升员工对隐私保护的敏感性和专业素养。

在隐私事件发生时，数字图书馆需要建立及时有效的应对机制。这包括对隐私事件的紧急响应计划、用户通知机制等方面的准备。数字图书馆应当及时向用户通报隐私事件的原因、影响和应对措施，并积极采取措施避免类似事件再次发生。隐私保护不仅仅是数字图书馆服务的一项法律要求，更是对用户权益的尊重和对信息社会伦理的遵循。数字图书馆需要在技术、制度和文化等多个层面全面推进隐私保护工作，以建设一个安全、可信、用户放心的数字图书馆环境。通过以上措施，数字图书馆能够更好地履行其服务使命，保护用户的隐私权益。

（三）技术创新与未来趋势

数字图书馆在技术创新方面一直积极探索，以适应信息科技的不断发展和用户需求的日益复杂化。技术创新是数字图书馆发展的重要动力，涉及多个方面的工作，包括数字化技术、人工智能、虚拟现实、云计算等。这些技术的创新为数字图书馆提供了更为广阔的发展空间，也为用户提供了更为便捷和多样化的服务。数字图书馆在数字化技术方面取得了显著的成就。数字化技术的发展使图书、文献、图片等信息得以数字化保存和传播。数字化技术不仅提高了文献资源的利用率，也为图书馆的数字化转型提供了基础。数字图书馆通过数字化技术，使用户可以在线浏览、检索和下载数字化资源，实现了信息的全球共享和无缝获取。人工智能技术的应用也为数字图书馆带来了新的可能性。人工智能技术在信息检索、推荐系统、自然语言处理等方面的应用，使用户可以更快速、智能地获取所需信息。人工智能还可以通过对用户行为的分析，为用户提供个性化的服务体验，使数字图书馆的服务更符合用户的需求。虚拟现实技术的引入为数字图书馆带来了更为沉浸式的用户体验。虚拟图书馆、虚拟学术会议等应用使用户可以通过虚拟现实技术参与数字图书馆活动，即便身处不同的地理位置也能够实现线上互动。虚拟现实技术还可以将用户带入虚拟的图书馆空间，提供更为直观的阅读和学习体验。云计算技术为数字图书馆提供了更为灵活和高效的服务架构。通过云计算，数字图书馆可以更好地管理和存储大规模的数字资源，提高服务的可扩展性和稳定性。云计算还为数字图书馆的合作与共享提供了便利，使不同机构之间能够更加高效地共享资源和合作开展项目。区块链技术的应用为数字图书馆的信息安全提供了新的解决方案。通过区块链技术，数字图书馆可以对数字资源追溯和进行不可篡改管理。这有助于防范信息被恶意篡改或滥用的风险，提高数字图书馆信息的可信度和安全性。在技术创新方面，数字图书馆还需要注重数字保护和数字鉴定技术的发展。数字保护技术可以有效保护数字资源的完整性和安全性，防范数字化资源的不法复制和传播。数字鉴定技术则可以帮助数字图书馆准确鉴别和验证数字资源的真实性和来源。数字图书馆在技术创新方面也面临一些挑战。首先，技术的不断发展和更新使数字图书馆需要不断跟进，确保自身的技术水平能够满足用户需求。其次，技术创新需要大量的人才支持，数字图书馆需要拥有一支高素质、创新能力强的团队。同时，技术创新还需要充足的投资和资源支持，数字图书馆需要制订科学的投资计划，确保技术创新能够持续推进。技术创新是数字图书馆不断发展的动力源泉。通过数字化技术、人工智能、虚拟现实、云计算等多种技术手段的应用，数字图书馆能够更好地满足用户需求，提供更为智能、便捷和多样化的服务。在不断的技术创新中，数字图书馆将能够更好地发挥其在知识传播、学术研究、文化推广等方面的作用，推动数字时代图书馆事业的繁荣和进步。未来数字图书馆将在多个方面经历深刻的变革和发展，这些变革将推动数字图书馆更好地适应信息时代的需求，提供更为智能、多样化和便捷的服务。数字图书馆将在技术创新方面取得新的突破。随着人工智能、大数据、区块链等前沿技术的不断发展，数字图书馆将更加积极地应用这些技术，提升信息服务的质量和效率。人工智能将使数字图书馆的信息检索更为智能化，用户能够更快速、精准地获取所需信息。大数据技术的应用将帮助数字图书馆更好地了解用户需求和行为，为用户提供更为个性化的服务。区块链技术的应用有助于数字图书馆在信息传播和存储方面提高安全性和可信度。数字图书馆将更加注重用户体验和参与。未来数字图书馆将借助虚拟现实、增强现实等技术，为用户提供更为沉浸式的体验，使用户能够在虚拟空间中更自由地阅读、学习和参与数字图书馆的各类活动。数字图书馆将通过社交媒体等平台与用户互动，引导用户参与数字图书馆的建设和文化活动，形成一个开放、共享的社区。数字图书馆将面临数字资源管理新挑战。随着数字化资源不断增加，数字图书馆需要更为有效地管理这些资源。未来，数字图书馆将更注重数字资源的可持续性管理，包括数字资源的长期保存、更新维护、知识产权的合理管理等。数字图书馆还将在数字资源的分类、标注和整合方面进行更为深入的研究，以提高数字资源的利用效率。数字图书馆将加强与其他机构和行业的合作。未来数字图书馆将更加开放，与学术机构、图书馆、企业、社会组织等多方进行紧密合作。数字图书馆将积极参与全球范围内的知识合作，共享数字资源，推动文化和知识的跨界融合。数字图书馆还将与技术公司、创新团队合作，推动数字技术的创新，共同探索数字图书馆的未来发展路径。数字图书馆将更好地满足不同用户群体的需求。未来数字图书馆将更加注重服务的多元化和个性化。数字图书馆将根据不同用户群体的特点和需求，提供更具针对性的服务。数字图书馆将通过差异化的服务模式，更好地满足用户的个性化需求。数字图书馆将在数字素养教育方面发挥更为重要的作用。未来数字图书馆将更积极地参与数字素养教育，帮助用户提高对数字信息的理解、分辨和运用能力。数字图书馆将开设更多的数字素养课程，培养用户的信息素养，使用户能够更加独立、主动地利用数字资源。数字图书馆将更注重文化传承和创新。未来数字图书馆将继续致力于数字化文献、历史文化的保护与传承。数字图书馆将借助技术手段，通过数字化技术、虚拟现实等手段，将文化遗产呈现给用户，促进文化的传承和创新。在数字图书馆的未来发展中，技术创新、用户体验、数字资源管理、合作共赢、服务多元化、数字素养教育以及文化传承和创新等将是关键词。数字图书馆将在这些方面不断迭代创新，以适应信息时代的挑战和机遇，为用户提供更为丰富、便捷和有价值的服务。这一切的努力将使数字图书馆成为信息社会中不可或缺的重要组成部分，推动知识社会的繁荣和发展。

第五章　未来数字图书馆的发展趋势

第一节　科技与社会变革对数字图书馆的影响

一、科技与社会变革的交融

科技与社会变革的交融在当代社会中变得愈加密不可分。数字图书馆作为科技与社会相互作用的产物，承载了社会对信息的需求，并在科技的推动下发生了深刻的变革。本章将深入探讨科技与社会变革的相互关系，以及这种交融对数字图书馆的影响。

（一）科技的崛起与社会变革

科技的崛起是当代社会最显著的特征之一。随着科技的迅猛发展，它已经渗透到我们生活的方方面面，深刻地改变着我们的生产、学习、交往和文化方式。数字图书馆作为科技与文化相互融合的代表，经历了翻天覆地的变革。科技的崛起不仅仅是数字图书馆发展的驱动力，也是社会信息传播的引擎，塑造着我们对于知识和信息的理解方式。科技的崛起体现在信息技术的快速发展。互联网的普及使信息的传递变得异常迅速，用户能够在瞬间获取来自全球各地的信息。数字图书馆借助互联网的力量，实现了数字化资源的全球化共享，打破了时空的限制，使用户可以随时随地获取所需信息。在信息技术的推动下，数字图书馆也迎来了数字化技术的大爆发。传统图书馆主要以纸质文献为主，但随着数字化技术的引入，图书馆的文献资源得以数字化保存，形成了庞大的数字化图书馆。这不仅大大提高了文献资源的利用率，还为图书馆的服务方式带来了革命性的变化。

人工智能技术的崛起也是科技进步的显著标志。在数字图书馆中，人工智能技术通过自然语言处理、图像识别等领域的应用，使图书馆能够更智能地为用户提供服务。推荐系统的引入使用户能够更个性化地获取信息，人工智能为数字图书馆的智能化服务提供了强有力的支持。移动互联网的普及也为数字图书馆的发展提供了便捷条件。用户通过智能手机、平板电脑等移动终端设备可以随时随地访问数字图书馆的资源，使知识获取不再受限于时间和地点。这种移动化趋势极大地方便了用户，也加速了数字图书馆服务的全球化。科技的崛起还推动了数字图书馆在社交媒体平台上的蓬勃发展。社交媒体的兴起改变了信息传播的格局，数字图书馆通过在社交媒体平台上积极参与互动，与用户建立更紧密的联系。数字图书馆通过社交媒体渠道，传递图书馆文化、推广活动，形成了数字图书馆与用户共同参与知识建设的新模式。

科技的崛起也伴随着一系列的挑战。信息过载成为一个突出问题，用户面对海量的信息难以筛选有效信息。同时，网络安全问题也日益严重，用户的个人信息面临潜在威胁。数字图书馆在科技发展的同时，也需要思考和解决这些问题，以更好地履行其服务使命。科技的崛起是数字图书馆发展的推动力，也是社会信息传播的引擎。数字图书馆通过充分利用信息技术、数字化技术和人工智能技术，不断提升服务水平，更好地满足用户需求。同时，数字图书馆也要在面对科技发展带来的问题时，保障用户的信息安全和隐私权益，促使数字图书馆在科技与社会变革的大潮中稳健前行。社会变革是不断演进的过程，它从各个层面和领域塑造了人们的生活、观念和互动方式。数字图书馆作为文化传承和知识服务的重要场所，深刻地受到了社会变革的影响。这种变革源于科技的不断进步、文化的演变、经济的转型以及社会结构的变化，共同构成了数字图书馆在社会变革中所面临的挑战和机遇。社会变革带来了信息的快速传播和获取。随着互联网的兴起，信息的传递不再受到时间和空间的限制。人们可以随时随地获取来自世界各地的信息，这对数字图书馆提出了更高的要求，需要更好地适应用户的信息获取习惯和需求，提供更多元化、个性化的数字资源。

社会变革推动了知识服务的多元化。传统图书馆主要以纸质图书为主，但社会变革引领着知识服务的多样化发展。数字图书馆通过数字化技术的应用，整合了各类数字资源，包括电子书、在线期刊、多媒体资料等，为用户提供更为多元的知识服务。这也要求数字图书馆在信息整合、资源管理和服务创新方面不断努力，以更好地满足用户的知识需求。文化的演变也是社会变革的重要方面。随着文化观念的变迁，数字图书馆需要更好地传承和推广文化遗产，满足不同文化背景用户的需求。数字图书馆在文化服务方面的应用包括采用数字化文献、进行历史文物资源展示等，有助于促进文化的传承和创新，使数字图书馆成为文化交流和共享的平台。经济结构的调整也对数字图书馆提出了新的要求。社会变革中，经济结构不断发生变化，新兴产业的崛起和传统产业的衰退，都对知识和信息的需求提出了更为灵活和多样化的要求。数字图书馆需要及时调整服务策略，更好地满足不同领域、不同行业的用户需求，为经济发展提供智力支持。社会结构的变革也引发了对社交互动和参与的新期待。社交媒体的兴起改变了人们的社交模式，数字图书馆通过参与社交媒体平台，积极参与互动，建立起数字图书馆与用户之间更加紧密的联系。这种社会结构变革为数字图书馆提供了更广泛的传播渠道，有助于推动数字图书馆服务更加社会化和开放化。

社会变革也带来了一系列的挑战。信息过载问题日益突出，用户在海量信息中面临筛选困难。数字图书馆需要通过智能化的手段，提供更为精准和个性化的服务，引导用户更有效地获取所需信息。此外，社会变革中随之而来的隐私和安全问题也需要数字图书馆引起高度重视，保障用户的隐私权益和信息安全。在社会变革的大潮中，数字图书馆作为知识服务的重要机构，需要不断调整自身服务模式，紧跟社会变革的步伐。只有在适应社会变革的过程中不断创新和发展，数字图书馆才能更好地履行其文化传承、知识服务的使命，为社会的可持续发展提供有力的支持。

（二）数字图书馆的崭新面貌

数字图书馆在当今社会呈现出崭新的面貌，这主要得益于科技的飞速发展和信息社会的崛起。科技的进步，尤其是数字化技术的广泛应用，使传统图书馆迎来了一场深刻的变革，从而塑造了数字图书馆这一新的文献服务和知识传播的载体。数字图书馆以其全新的面貌成为信息时代的重要组成部分，不仅是传统文献资源的数字化延伸，更是社会信息流动、文化传承和知识服务的新平台。数字图书馆的数字化特征突显了其崭新的面貌。传统图书馆以实体书籍为主要收藏形式，而数字图书馆则通过数字化技术将书籍、文献、资料等资源转化为电子格式，实现了数字信息的存储、传播和利用。这一数字化的特征使数字图书馆在信息传递的速度和效率上取得巨大进步，用户能够通过网络迅速获取所需信息，不再受制于实体书籍的借阅和归还。

数字图书馆在信息资源整合方面呈现出崭新的模式。传统图书馆的资源管理较为独立，而数字图书馆通过数字化技术，将来自不同领域和来源的信息资源整合在一个平台上。这种整合模式使用户能够在一个平台上获取来自多个领域的信息，提高了资源的利用效率，也为跨学科研究提供了更为便捷的途径。数字图书馆的全球化特征也是其崭新面貌的体现。传统图书馆的服务范围通常局限于地理位置，而数字图书馆通过网络技术的支持，使信息的传递不再受制于地域，打破了时空的限制。用户可以通过互联网随时随地访问数字图书馆的资源，实现了数字图书馆的全球化服务。

数字图书馆在服务模式上呈现出崭新的多样性。传统图书馆主要提供纸质图书借阅服务，而数字图书馆通过数字化技术的应用，拓展了服务的维度。除了数字化的图书，数字图书馆还提供电子期刊、多媒体资料、在线数据库等多种形式的信息服务。这种多样性的服务模式满足了用户不同层次和领域的知识需求，使数字图书馆成为多功能的知识服务平台。数字图书馆的智能化服务是其崭新面貌的一大亮点。传统图书馆的服务主要依赖于图书管理员的手工操作，而数字图书馆通过人工智能技术的引入，实现了更为智能和个性化的服务。推荐系统、自然语言处理等技术的应用，使数字图书馆能够更好地理解用户需求，提供个性化、精准的推荐服务，推动数字图书馆由传统向智能角色转变。

社交互动成为数字图书馆新时代的特征。传统图书馆主要以静态的信息库为主，而数字图书馆通过参与社交媒体平台，积极参与互动，与用户建立更加紧密的联系。数字图书馆通过社交媒体渠道，传递图书馆文化、推广活动，形成了数字图书馆与用户共同参与知识建设的新模式。数字图书馆以数字化、整合化、全球化、多样化、智能化和社交化的特征呈现出崭新的面貌。这种面貌不仅代表了图书馆在数字化时代的发展趋势，更体现了社会信息需求和传播方式的全面变革。数字图书馆的崭新面貌是在科技和社会发展的激荡中应运而生的，为知识的传播和文化的发展提供了新的舞台和可能性。

（三）信息时代的社会挑战与数字图书馆的担当

信息时代的社会挑战是不可忽视的，这些挑战涉及信息的产生、传播、存储和利用等多个方面。数字图书馆作为信息时代的重要组成部分，不仅面临着巨大的机遇，也面对着各种社会挑战，这些挑战直接影响着数字图书馆的发展方向和服务效能。信息过载是信息时代不可忽视的社会挑战之一。在数字时代，信息呈指数级增长，人们面临大量的信息选择，但受限于时间和认知能力，这导致了信息过载问题，用户在获取信息时往往面临繁杂、庞大的信息量，难以迅速而准确地筛选和获取所需信息。数字图书馆在这一背景下需要通过智能化技术和信息分类整合来解决信息过载的问题，提供更精准和有针对性的服务。隐私和安全问题是数字图书馆在信息时代面临的重要社会挑战。随着数字化技术的普及，个人信息在网络上的传播和存储变得更加频繁和广泛，这使用户的隐私面临泄露和滥用的风险。数字图书馆在提供数字化服务的同时，需要强化信息安全的保护措施，确保用户的隐私得到充分的尊重和保护。

信息不对称也是信息时代的社会挑战之一。在数字时代，信息的获取和传播不再受到时间和地域的限制，但依然存在信息获取的不均衡现象。一些地区、群体可能因为种种原因无法平等地享受到信息的便利。数字图书馆作为知识服务的机构，需要通过开放获取和数字化服务等手段来弥补信息不对称这一不足，使信息能够更加公平地流动和共享。

数字时代的社交媒体兴起也带来了社会挑战，这包括信息的虚假和失实。在社交媒体平台上，信息的传播速度快，但也容易受到谣言和虚假信息的干扰。数字图书馆需要通过信息审查和真实性验证等手段，保障数字图书馆所提供的信息的真实性和可信度，防范虚假信息对社会的不良影响。信息时代的社会挑战还涉及数字鸿沟问题。尽管数字技术的普及程度逐渐提高，但在一些地区和社会群体中，数字化水平仍存在不小的差异。数字图书馆在服务时需要考虑到不同用户群体的数字素养水平，通过提供对用户友好的数字化服务和进行数字素养培训，帮助更多的人参与数字化知识获取和交流。

知识产权问题也是数字图书馆在信息时代所面临的社会挑战之一。数字化时代的知识传播更加便捷，但也容易导致知识产权被侵犯。数字图书馆需要在数字化服务中严格遵守知识产权法律法规，确保数字资源的合法获取和使用，维护用户的正当权益。信息时代给数字图书馆带来了许多社会挑战，这些挑战既有技术性的，也有伦理和社会问题。数字图书馆需要积极面对这些挑战，通过技术创新、法律法规遵守和用户教育等手段，更好地适应社会的发展需求，提供更全面、更可靠的数字化知识服务。数字图书馆在当今信息时代承担着重要的社会责任与使命，其担当体现在多个方面，包括知识服务、文化传承、信息普及、社会互动等各个方面。数字图书馆作为文献资源的数字化管理和知识服务的平台，不仅连接着过去与未来，也在当下为社会发展提供着不可或缺的支持。

数字图书馆承担了文献资源的数字化保护和管理责任。随着科技的进步，传统的纸质文献面临着日益严峻的保存问题，而数字图书馆通过数字化技术的引入，实现了文献资源的数字保存、备份和传播。这不仅有力地保护了珍贵的文献资料，也为用户提供了更为便捷的获取途径，实现了文献资源的可持续利用。数字图书馆在知识服务方面发挥了重要作用。数字化时代知识的爆炸性增长使人们更加需要一个高效、便捷的知识获取平台。数字图书馆通过数字化技术的应用，实现了图书、期刊、论文等多种文献资源的集成和共享，为用户提供了丰富的知识服务，推动知识的传递、交流，促进了学术研究、科学创新和知识共享。数字图书馆在文化传承方面也扮演着重要的角色，不同文化背景下的文献资源通过数字图书馆得以数字化保存和传播，这有助于文化的传承和弘扬。数字图书馆通过展示数字化的文化遗产，为用户提供了更全面的文化体验，促使人们更加深入地了解和理解不同的文化传统。

信息普及是数字图书馆的又一重要作用。数字图书馆通过网络技术的应用，实现了信息的全球化传递。无论是发达国家还是发展中国家，用户都可以通过数字图书馆平台获取丰富的信息资源，实现了信息的普及。数字图书馆的开放性和包容性使更多的人能够参与知识的建设和分享，促进社会的信息素养水平提高。

数字图书馆也在社会互动方面发挥了积极作用。通过参与社交媒体平台，数字图书馆积极与用户互动，分享图书馆文化、推广活动，使其与用户之间建立了更加紧密的联系。社交互动使数字图书馆不再是一个静态的信息库，而是一个与用户互动、共享知识的开放平台。数字图书馆也在科研和学术交流方面发挥着越来越重要的作用。数字图书馆为研究人员提供了丰富的学术资源，促进科学研究的进展。学者通过数字图书馆获取信息和文献资源，不仅加快了研究进度，也促进了跨学科合作的展开。数字图书馆在承担这些责任的同时也面临着一些挑战。信息安全、隐私保护、信息过载等问题需要数字图书馆在发展过程中认真应对。数字图书馆需要进一步加强技术创新，提高数字化服务的质量和效率，以更好地服务社会、推动文化传承、促进知识的普及。在信息时代，数字图书馆的担当将在更广泛的层面上推动社会的可持续发展。

二、数字图书馆在信息时代的角色演变

（一）数字图书馆的信息中心地位

数字图书馆在当今信息时代扮演着信息中心这一关键角色。其信息中心地位的形成和巩固是因为其是知识管理、文献资源数字化和信息服务的核心平台。数字图书馆通过整合、保存、传播和提供数字化文献资源，成为连接知识创造者和知识需求者的纽带，为学术界、科研机构、企业和社会大众提供了便捷的知识获取途径，同时也在信息流通中发挥着枢纽的作用。数字图书馆作为信息中心，发挥着整合和存储信息资源的关键作用。在数字时代，各类信息呈爆发性增长，数字图书馆通过数字化技术的应用，将散乱的文献资源整合为数字化的、结构化的知识库。这种整合能力使数字图书馆成为一个综合性的信息中心，集成了各种学科、领域的信息资源，为用户提供了一站式的知识服务。

数字图书馆在信息存储方面扮演着重要的角色。传统的文献资源往往受到纸质书籍的限制，而数字图书馆通过数字化技术，将文献资源以电子

形式存储，有效解决了实体书籍的存储问题。数字图书馆存储的信息不仅包括图书、期刊等学术性资源，还包括各种多媒体、社会文化资料，为各行各业的用户提供了全方位的信息服务。

信息检索是确立数字图书馆信息中心地位的又一关键方面。数字图书馆通过建设强大的检索系统，使用户能够迅速、精准地获取所需信息。这种高效的信息检索机制不仅提高了用户的检索体验，也促进了知识的传播和应用。数字图书馆的信息检索功能使用户能够更加方便地从庞大的信息海洋中捞取所需的知识珍珠。数字图书馆在知识服务方面的丰富性也是其信息中心地位的体现。通过数字图书馆，用户可以获取到学术论文、图书、专业数据库等各类知识资源，从而满足用户多层次、多领域的知识需求。数字图书馆的知识服务既包括学术研究领域的深度服务，也包括公众获取信息的广度服务，是一个多元、全面的知识服务平台。数字图书馆通过数字化技术的引入，实现了信息的全球化传递。数字图书馆的信息中心地位使信息能够跨越地域的限制，用户可以在任何时间、任何地点获取所需的信息。这种全球化的信息传递模式不仅促进了国际学术交流，也推动了全球范围内的文化传播和知识共享。数字图书馆的信息中心地位使用户参与互动的机制得到了强化。数字图书馆通过建设社交媒体平台、开展线上线下活动，与用户形成更加紧密的联系。用户通过社交媒体平台可以与数字图书馆进行互动、参与讨论，数字图书馆通过用户反馈收集信息，提升服务质量，形成了一个开放、互动的知识共建平台。数字图书馆在信息中心地位确定的过程中也面临一些挑战。信息安全问题、知识产权的保护、用户隐私的考虑等都需要数字图书馆进行更加深入的思考和创新。数字图书馆需要在信息中心地位巩固的过程中，加强技术研发，完善法律法规的建设，提升用户体验，以更好地履行信息中心的职责，服务社会的知识需求。在信息时代，数字图书馆的信息中心地位将更加凸显，为社会的可持续发展提供坚实的知识基础。

（二）智能化服务的崛起

数字图书馆在当今信息时代迎来了智能化服务的崛起，这一趋势是数字技术不断创新和发展的产物。数字图书馆作为知识管理和信息服务的核心，通过引入人工智能技术，推动了服务模式的升级，提高了用户体验，实现了更智能、更个性化的知识服务。数字图书馆在智能化服务中通过推荐系统提供了更加个性化的信息服务。通过分析用户的检索历史、阅读偏好和兴趣爱好等信息，数字图书馆能够为用户推荐更符合其需求的图书、论文、期刊等资源。这种个性化推荐系统有效地解决了信息过载的问题，使用户能更加迅速地找到符合其兴趣和需求的信息。数字图书馆通过自然语言处理技术实现了更智能的信息检索和交互。用户可以通过语言提出问题，数字图书馆的系统能够理解并返回符合用户需求的答案或资源。这种智能的交互方式使用户无须专业检索技能，便可轻松地获取所需信息。同时，自然语言处理技术也使用户能够更直观地与数字图书馆进行沟通，提升了服务的友好性和便捷性。数字图书馆还通过图像识别技术拓展了服务领域。用户可以拍摄图书封面、文章插图等图像，将图像上传至数字图书馆系统，数字图书馆的系统能够通过图像识别技术快速定位相关资源。这种图像识别技术使用户在获取信息时更加灵活，无须通过文字描述就能够准确找到所需内容。智能化服务的崛起使数字图书馆在文献资源的整合方面取得了更大的突破。数字图书馆通过智能化技术将来自不同领域和来源的信息资源进行深度整合，形成了更为丰富和综合的知识库。这种整合模式使得用户能够在一个平台上获取来自多个领域的信息，提高了资源的利用效率，也为跨学科研究提供了更为便捷的途径。智能化服务的发展还使数字图书馆在社交互动方面拥有了更好的表现。数字图书馆通过智能社交媒体平台，能够更好地了解用户的需求和反馈，实现与用户更深入、更个性化的互动。用户可以通过社交媒体平台与数字图书馆进行实时的互动、提出建议，数字图书馆也能够通过智能系统更迅速地回应用户的需求。在数字图书馆的智能化服务中，虚拟助手的引入为用户提供了更直观和便捷的帮助。虚拟助手通过语音或文字形式与用户进行交互，解答问题、提供服务。这种虚拟助手的引入使用户能够更自然地获取服务，也提高了用户在数字图书馆平台上的停留时间和使用频率。数字图书馆在智能化服务中也面临一些挑战。信息安全、隐私保护、算法的公正性等问题需要数字图书馆在智能化服务的发展中认真应对。数字图书馆需要建设更为健全的智能化服务体系，加强对算法的监管和优化，保障用户在使用智能化服务时的权益和隐私。数字图书馆智能化服务的崛起是数字技术发展的必然趋势，也是数字图书馆更好地满足用户需求的重要手段。通过推荐系统、自然语言处理、图像识别等技术的应用，数字图书馆在知识服务中实现了更高水平的智能化，为用户提供了更个性化、更便捷的信息服务。随着技术的不断创新，数字图书馆的智能化服务将不断发展壮大，为知识的传播、交流和创新提供更为强大的支持。

（三）数字图书馆在社交互动中的参与

数字图书馆通过参与社交互动，不仅能够更好地了解用户需求，也拓展了服务范围，促进了知识传播和共享。以下从几个方面论述数字图书馆在社交互动中的参与。

数字图书馆通过社交媒体平台积极参与用户互动。社交媒体成为数字时代用户交流的主要场所，数字图书馆通过在平台上建立自己的账号，发布图书馆资源、活动信息，与用户进行即时互动。通过社交媒体，数字图书馆能够直观地了解用户的反馈和需求，同时也能够传递图书馆的最新动态，提高图书馆的知名度。

数字图书馆通过在线论坛和社区实现与用户的互动。建立在线社区，使用户能够在数字图书馆平台上自由交流、讨论，共同解决问题，分享资源和经验。这种形式的社交互动不仅提升了用户的参与感，也促进了用户之间的协作。

数字图书馆还通过开展线上线下的活动，促进与用户的深入互动。举办线上讲座、读书会、数字资源培训等活动，不仅能够吸引更多用户的参与，也为用户提供了更加丰富多样的知识服务。通过这些活动，数字图书馆能够更直接地了解用户的需求和反馈，同时也提高了用户对数字图书馆的认知和信任。

数字图书馆还通过参与学术和社会活动，拓展了与外部机构和群体的互动。与学术界、行业组织、社会团体等合作，共同举办各类活动，推动交流和合作。这种形式的互动使数字图书馆融入更广泛的社会网络，拓宽了服务领域，同时也促进了不同领域之间的知识传递和跨界合作。

数字图书馆与用户的互动不仅仅是信息的单向传递，也是知识的共建和共享过程。通过用户的反馈，数字图书馆能够及时调整和改进服务，更好地满足用户的需求。用户的评论、建议、分享成为数字图书馆发展的有力动力，共同推动了数字图书馆的进步。数字图书馆在社交互动中也面临一些挑战。随着社交媒体的普及，信息的快速传播也带来了信息过载和谣言传播问题。数字图书馆需要在互动中认真对待信息的真实性和可信度，加强信息的审核和筛选。另外，用户隐私和数据安全问题也需要数字图书馆在互动中进行更为严格的保护。数字图书馆在社交互动中的参与不仅是适应时代潮流的必然选择，更是数字图书馆服务理念的创新体现。通过积极参与社交互动，数字图书馆不仅能够更好地服务用户，也能够更好地融入社会网络，推动知识的传递和社会的发展。数字图书馆通过互动，不再是一个静态的知识库，而是一个与用户共同构建知识的开放平台，为知识的创造、传播和共享提供了更为广阔的空间。

三、未来数字图书馆的发展趋势

（一）技术创新与数字图书馆的融合

数字图书馆与技术创新的融合是当代信息时代的必然趋势。技术创新不仅改变了数字图书馆的运营模式和服务方式，也为数字图书馆带来了更广阔的发展空间。数字图书馆与技术创新的融合体现在以下几个方面：数字图书馆通过数字化技术实现了文献资源的数字化管理和服务。传统的图书馆依赖于纸质文献的管理和借阅，而数字图书馆通过技术创新，将纸质文献数字化，实现了文献资源的电子化存储和传播。这不仅提高了文献资源的利用效率，也使用户能够随时随地获取所需信息。数字图书馆通过引入大数据技术实现了更智能的信息管理和服务。大数据技术能够对用户的检索行为、阅读习惯等数据进行分析，为用户提供个性化的推荐服务。通过大数据技术，数字图书馆能够更全面地了解用户需求，提高服务的贴近度和精准度。数字图书馆还通过引入人工智能技术，实现了更智能的信息检索和交互。自然语言处理、图像识别等人工智能技术使用户能够通过语音、图像等更自然的方式与数字图书馆进行交流。这种智能化的交互方式提高了用户体验，使用户更便捷地获取所需信息。在技术创新与数字图书馆的融合中，数字图书馆也在数字资源的开发上取得了新的突破。虚拟现实（VR）和增强现实（AR）技术被引入数字图书馆，使用户能够通过虚拟和现实的结合更直观地体验文献资源。数字图书馆通过创新的数字资源呈现方式，提升了用户对图书馆资源的感知和使用体验。数字图书馆还通过区块链技术解决了信息安全和知识产权问题。区块链技术的去中心化、不可篡改的特点使数字图书馆的数字资源更安全、可信。数字图书馆通过区块链技术，保障了用户的隐私和数据安全，同时也为数字资源的版权管理提供了更为有效的手段。技术创新与数字图书馆的融合还推动了数字图书馆开放式服务的发展。数字图书馆通过开放 API、数据共享等方式，与其他机构和平台进行合作，实现了更广泛的知识资源整合。这种开放式服务模式使数字图书馆不再是一个封闭的信息库，而是一个与其他机构共同构建知识网络的开放平台。

在技术创新与数字图书馆的融合中，数字图书馆也面临一些挑战。首先，技术的迅猛发展带来了更新换代问题，数字图书馆需要不断更新技术设备和系统，保持在技术创新的前沿。其次，技术的应用也带来了信息安全和隐私保护问题，数字图书馆需要在技术创新中加强对用户数据的保护。此外，技术创新与数字图书馆融合中的法律法规和伦理问题也需要引起足够的重视。

技术创新与数字图书馆的融合是数字时代图书馆发展的必由之路。通过数字化、大数据、人工智能、虚拟现实等技术的应用，数字图书馆实现了文献资源的数字化管理、智能化服务和数字资源的创新开发。技术创新的融合使数字图书馆更好地适应了用户需求和社会发展的新要求，为知识的传播和创新提供了更为广泛和深刻的支持。

（二）服务拓展与用户需求的多元化

数字图书馆在服务拓展与用户需求多元化方面的融合是当代图书馆面临的重要任务之一。这种融合不仅涉及服务范围的扩展，还需要充分考虑用户的多样性需求，以更好地满足不同层次、不同领域用户的知识获取和学术研究需求。数字图书馆通过拓展数字资源的多样性实现了服务的更广泛覆盖。除了传统的文献资源，数字图书馆还整合了音频、视频、图片等多媒体资源，满足用户对于不同形式、多元化信息的需求。这种数字资源的多样性拓展，使数字图书馆不仅仅是书籍的存储和借阅场所，更成为一个涵盖多种知识形式的综合性知识中心。数字图书馆通过引入在线学习资源，满足了用户对于终身学习的多元需求。数字图书馆通过与各类在线学习平台合作，提供丰富的学科知识、职业培训等学习资源，为用户提供了便捷、高效的学习途径。这种服务拓展不仅让数字图书馆走进了用户的学习生活，也促进了数字图书馆与教育机构、在线学习平台的深度合作。数字图书馆还通过引入社交平台，实现了用户间的交流与分享。社交平台不仅是用户获取信息的途径，更是用户共享和交流知识的场所。数字图书馆通过在社交平台上建立自己的社区，让用户可以更加方便地与其他用户互动、讨论，形成了一个开放的知识共建平台。

服务拓展还体现于数字图书馆对特殊用户群体的关注。数字图书馆通过开展无障碍服务，满足了残障人士对于信息获取的需求。数字图书馆在服务拓展中考虑到了不同年龄段、职业背景、文化背景的用户，通过差异化服务，使不同群体都能够得到专业、个性化的服务。数字图书馆通过开展线上线下的文化活动，将服务拓展到文化领域。举办文学讲座、艺术展览等活动，不仅能够满足用户对文化知识的需求，也为数字图书馆打造了更为开放、多元的文化空间。这种文化活动的服务拓展为数字图书馆赋予了更为丰富的社会功能。在服务拓展与用户需求日渐多元化的过程中，数字图书馆也积极借助科技手段，如虚拟现实技术，为用户提供更为沉浸式的体验。通过虚拟现实技术，数字图书馆可以呈现更生动、立体的学科知识，为用户提供更为直观、互动性更强的学习体验。在服务拓展与用户需求多元化的过程中，数字图书馆也面临一些挑战。首先，服务拓展需要数字图书馆不断提升技术水平，保持对新兴技术的敏感性，以更好地满足用户对于新型服务的需求。其次，数字图书馆在服务拓展中需要加强与其他机构的协作，形成更加完善的服务网络。此外，服务拓展还需要数字图书馆更深入地了解不同用户群体的需求，通过用户反馈不断改进服务质量。服务拓展与用户需求多元化是数字图书馆在信息时代面临的重要任务。通过数字资源多样性、在线学习资源、社交平台、文化活动等方面的拓展，数字图书馆不仅提供了更为广泛的服务，也更好地适应了用户多元化的知识需求。数字图书馆在服务拓展中不仅要关注技术的创新，更要注重用户体验，以更好地服务社会、服务用户。

（三）社会参与与文化传承的深度融合

数字图书馆在实现社会参与与文化传承的深度融合中，扮演着不可忽视的角色。这种融合不仅是数字图书馆自身服务体系升级的动力，更是数字文化的创新和社会发展的推动力。以下从几个方面论述数字图书馆在社会参与与文化传承中的深度融合：①数字图书馆通过数字化技术深度参与文化传承。传统文化的数字化保存和传播是数字图书馆的一项重要工作。数字图书馆将古籍、手稿、文献等珍贵文化资源进行数字化处理，使这些文化遗产能够长期保存和更广泛地传播。这种数字化的参与不仅使文化资源更易于被访问，也避免了珍贵的文化遗产被时间所侵蚀。②数字图书馆通过在线展览和数字化文化活动与社会深度融合。数字图书馆不再仅仅是传统的阅览场所，而是通过丰富多彩的在线展览和文化活动，吸引更多的社会群体参与其中。通过数字平台，数字图书馆能够借助全球范围内的社交网络，与更广泛的受众分享文化遗产，实现文化价值的更深层次传递。③数字图书馆还通过社会参与的方式积极搜集和整理社区居民的文化记忆。通过社区合作，数字图书馆深入社区，了解居民的文化传统、风土人情等方面的信息，进行系统性的整理和记录。这种社会参与方式不仅为数字图书馆提供了更为丰富和真实的文化资料，也加强了数字图书馆与社区之间的联系。数字图书馆还通过数字化技术在文化传承中发挥了创新作用。数字图书馆通过数字资源的呈现方式，使文化传承更具有互动性和参与感。虚拟现实技术、增强现实技术等的引入，让用户能够以更直观的方式体验传统文化，加深对文化的理解和感知。数字图书馆通过数字平台引导公众参与文化传承活动，推动社区文化活动活跃。通过社交媒体、在线论坛等数字平台，数字图书馆鼓励用户分享个人文化经验，进行文化话题的讨论，使文化传承不再是静态的，而是一个动态的、共建的过程。数字图书馆在社会参与与文化传承的深度融合中也面临一些挑战。首先，数字图书馆需要面对文化多样性和多元化的挑战，要在传承中保留文化的丰富性，同时也要在数字平台上呈现出来。其次，数字图书馆在社会参与中需要更多地考虑社会各个层面的需求，以更广泛的参与，推动文化传承的深度发展。此外，数字图书馆在融合中还需要更好地处理信息安全、隐私保护等问题，确保数字平台的可信度和用户权益。数字图书馆在社会参与与文化传承的深度融合中发挥了积极的作用。通过数字化技术、在线展览、社区合作等方式，数字图书馆将传统文化注入现代生活，促进了文化的传承和发展。数字图书馆通过社会参与，不仅让文化传承更具有活力，也使数字图书馆在社会中的地位更为巩固。

第二节　创新模式与数字图书馆的未来发展

一、数字图书馆的创新模式

数字图书馆作为信息时代的重要文献资源管理和服务平台，不断探索创新模式，以适应快速变化的社会需求。

（一）开放式数据共享

开放式数据共享数字图书馆是当今数字时代的产物，为了更好地满足人们获取和分享知识的需求而应运而生。在这个数字图书馆中，信息不再受到传统图书馆空间的限制，而是以开放、共享的方式存在，使人们可以更加方便地获取各种信息资源。数字图书馆的出现不仅仅是技术进步的结果，更是社会信息化进程中的一种必然体现。开放式数据共享数字图书馆打破了传统图书馆的地域限制。在过去，人们要获取某一特定地区的文献或资料，需要耗费大量时间和精力。在数字图书馆中，由于信息以数字形式存在，并且实现了全球互联，因此用户可以轻松地在任何地点访问并检索所需的信息，大大提高了信息检索的效率。开放式数据共享数字图书馆为知识的广泛传播提供了有力支持。在传统图书馆中，由于空间和经济限制，馆藏的书籍和资料是有限的，不同地区的人们很难获得全面的信息，而数字图书馆的开放性使各类知识资源能够更广泛地被分享和利用，促进了知识的流通，也有助于不同地区之间文化的交流与共享。数字图书馆的开放式数据共享也为学术研究提供了更多的便利。研究者可以通过数字图书馆轻松地获取各种学术期刊、论文等文献，避免了过去在图书馆中翻阅大量纸质文献的烦琐过程。这不仅加速了研究的进程，也使研究者能够更加全面地了解前沿的研究动态，推动了学术界的发展。开放式数据共享数字图书馆也为个体提供了更为广泛的学习机会。人们可以通过数字图书馆获取到各种学科的学习资料，自主学习门槛降低，为个体提升能力提供了更为便利的途径。这种开放式的学习环境有助于培养更具创新能力的人才，推动社会的进步。开放式数据共享数字图书馆是数字时代信息传播和获取的一种重要形式。它打破了传统图书馆的空间限制，实现了知识的全球共享，促进了学术研究和个体学习的发展。数字图书馆的开放性不仅是技术发展的产物，更是社会信息化进程的必然体现，为我们进入知识社会提供了有力支持。

（二）多元化数字资源呈现

数字图书馆的多元化数字资源呈现，早已超越了传统的图书馆模式。这种多元化体现在数字图书馆的丰富资源类型，包括文字、图片、音频、视频等多种形式。这些数字资源的多元化不仅仅是技术的进步，更是信息时代社会多样性和复杂性的产物。数字图书馆所呈现的多元化数字资源不仅拓展了知识传播的途径，也丰富了用户获取信息的方式。数字图书馆中的文字资源是最为基础和重要的一部分。通过数字化的方式呈现的图书、论文、期刊等文献资源，大大提高了文字信息的传播效率。文字资源的多元化涵盖了各个学科领域，满足了用户对于不同知识领域的需求，促进了学术研究的广泛展开。图片资源作为一种视觉化的信息形式，在数字图书馆中也占据着重要位置。数字图书馆中的图片资源不仅包括科技领域的图表、图像，还包括艺术、历史等多个领域的图片资料。这种多元化的图片资源丰富了用户对于各种主题的理解，使用户可以更直观地感知和理解信息。音频资源和视频资源是数字图书馆中的另一种重要的多元化数字资源。通过数字技术，音频和视频资源可以轻松地在网络上传播，使用户可以更便捷地获取演讲、讲座、实验过程等多种形式的信息。这种多元化的资源形式不仅满足了用户对于多样化学科的需求，也为追求更直观、更生动的信息提供了可能。数字图书馆中数字资源的多元化还表现为跨学科和跨文化的融合。在传统图书馆中，各个学科领域的书籍和资料被划分得较为明显，而数字图书馆的多元化数字资源使不同学科领域的信息可以更自由地交叉和融合，促进了学科之间的交流与合作。数字图书馆中多元化的数字资源呈现是数字时代信息传播的必然趋势。这种多元化不仅拓展了知识的传播途径，也为用户提供了更为丰富和直观的信息获取体验。数字图书馆所呈现的多元化数字资源，是技术与社会需求相互交融的产物，为信息社会的发展注入了新的动力。

（三）智能化服务与个性化推荐

数字图书馆在智能化服务方面的发展已经成为当今信息社会的一个显著趋势。这种趋势不仅仅是技术创新的产物，更是社会对于信息获取和处理效率的需求所催生的结果。智能化服务使数字图书馆能够更好地适应人们对于信息个性化、智能化的需求，提升了数字图书馆的服务水平和用户体验。数字图书馆中的智能化服务主要体现在信息检索与推荐方面。通过引入先进的信息检索技术，数字图书馆能够更准确地满足用户的检索需求，提高检索效率。与此同时，智能推荐系统也使数字图书馆能够根据用户的阅读历史、兴趣偏好等个性化信息，为用户推荐更加符合其需求的资源，使用户获取信息更为便捷和高效。智能化服务还在数字图书馆的资源管理方面发挥了重要作用。通过智能化的资源管理系统，数字图书馆能够更好地进行馆藏资源的分类、整理和更新。这种智能化的管理方式不仅提高了资源利用效率，还使数字图书馆能够更及时地引入新的信息资源，保持馆藏的新鲜和多样性。数字图书馆中的智能化服务也体现在用户服务方面。智能化的用户服务系统可以通过语音识别、自然语言处理等技术与用户进行更自然、更智能的交互。用户可以通过语音或文字的方式向数字图书馆提出问题，系统能够迅速准确地回应，并为用户提供所需的服务。这种智能化的用户服务不仅提高了用户体验，也降低了用户使用数字图书馆的学习成本。在数字图书馆的学术研究支持方面，智能化服务也发挥了重要作用。研究者可以通过数字图书馆智能系统获取到相关领域的最新研究成果、学术论文等信息，提高了研究效率。智能化服务还能够根据研究者的需求，为其推荐相关领域的研究方向，促进了学术研究的深入发展。数字图书馆中的智能化服务是数字时代信息服务的一个重要方向。通过引入先进的技术，数字图书馆能够更好地适应用户个性化的需求，提高服务水平，提升用户体验。智能化服务不仅在信息检索与推荐、资源管理、用户服务、学术研究等方面发挥了作用，也为数字图书馆未来的发展提供了更为广阔的空间。数字图书馆的个性化推荐系统是信息时代的一项重要创新。这一系统通过分析用户的行为、兴趣和需求，精准地为用户提供符合其个性化偏好的信息资源。个性化推荐系统不仅提高了用户获取信息的效率，也为数字图书馆的服务模式注入了更多的灵活性。个性化推荐的实现主要依赖于先进的数据分析和机器学习技术。通过对用户行为和阅读历史的深入挖掘，系统能够建立用户的兴趣模型，更好地理解用户的信息需求。这种深度分析不仅仅局限于用户对特定主题的喜好，还包括了用户对于信息呈现方式、多样性和深度个性化方面的偏好。数字图书馆的个性化推荐系统还能够根据用户的学科背景和研究方向，为其提供更为精准的学术资源。系统通过分析用户在特定学科领域的检索和阅读记录，能够为用户推荐相关领域的前沿研究成果、学术期刊和相关文献。这种个性化的学术推荐有助于研究者更好地获取和了解最新的学术动态，提高了学术研究的效率。除了学术领域，个性化推荐系统也在文学、艺术、科普等多个领域发挥着积极作用。通过分析用户的兴趣和阅读历史，系统能够为用户推荐符合其文化背景和审美趣味的文学作品、艺术品和科普资料。这种个性化的推荐不仅满足了用户对于多样化文化信息的需求，也提高了用户对数字图书馆的满意度。个性化推荐系统还在多媒体资源的推荐方面发挥了重要作用。通过分析用户对于音频、视频等多媒体资源的点击、收藏等行为，系统能够为用户推荐更符合其口味和兴趣的多媒体内容。这种个性化推荐在提高用户对数字图书馆的活跃度和黏性方面具有重要意义。随着技术的不断进步，个性化推荐系统还在不断拓展其应用领域。例如，一些数字图书馆已经开始尝试将社交网络信息纳入推荐系统，通过分析用户在社交网络上的行为，为其提供更为个性化的推荐服务。这种整合不仅丰富了推荐系统的数据源，也更好地反映了用户在社交网络中的个性化需求。数字图书馆中的个性化推荐系统是信息服务的一项创新，通过深入挖掘用户的行为和需求，为用户提供更为个性化、精准的信息资源。这种个性化推荐不仅在学术研究、文学艺术、多媒体资源等方面发挥了积极作用，也为数字图书馆未来的发展提供了更为广阔的空间。

二、数字图书馆的未来发展趋势

数字图书馆在创新模式的基础上，面对未来发展的趋势，将继续迎来更多挑战和机遇。

（一）强化数字安全与隐私保护

数字图书馆在强化数字安全与隐私保护方面具有至关重要的使命。这一领域的挑战在于，数字时代，信息的存储、传输和处理变得更为复杂和庞大，而数字图书馆所管理的大量用户信息和敏感数据使其成为潜在的安全隐患。因此，数字图书馆必须积极采取措施，强化数字安全体系，同时切实保护用户的隐私。数字图书馆首先需要建立健全的数字安全体系。这包括采用先进的加密技术，确保存储在数字图书馆中的数据在传输和处理过程中得到充分的保护。另外，数字图书馆应当定期进行安全漏洞的扫描和修复，以防范潜在的网络攻击和数据泄露风险。安全体系的建立需要综合考虑硬件、软件和网络环境，确保数字图书馆的整体安全性。隐私保护是数字图书馆管理中不可忽视的一环。数字图书馆在收集和管理用户信息时必须遵循隐私政策和法规，保障用户的个人信息不被滥用或泄露。隐私保护的关键在于透明度和用户控制权，数字图书馆需要清晰地向用户说明信息收集的目的和方式，并为用户提供是否分享信息的权利。此外，数字图书馆应该建立健全的用户身份验证和授权机制，确保只有授权用户能够访问敏感信息。在数字图书馆的日常运营中，员工的安全培训也是至关重要的。员工需要了解数字安全的基本原则，知晓如何防范社交工程攻击、钓鱼攻击等安全威胁。培训不仅仅是技术层面的知识传递，更包括对于信息伦理和隐私保护意识的培养，使员工能够在工作中积极参与数字安全维护。数字图书馆还需要与相关的安全组织和机构建立合作关系，共同应对日益复杂的网络威胁。信息安全领域的专业机构通常能够提供先进的安全解决方案和及时的安全威胁情报，数字图书馆可以通过与这些机构的合作，提升自身安全水平。此外，数字图书馆应该积极融入安全社区，分享经验和信息，形成共同应对安全挑战的合力。在数字图书馆中，技术创新也是强化数字安全的重要手段。引入先进的安全技术，如人工智能、机器学习等，可以更有效地检测和防范潜在的威胁。例如，基于机器学习的入侵检测系统能够通过分析网络流量和用户行为，及时发现异常情况。数字图书馆还可以考虑采用区块链技术来增强数据的安全性和不可篡改性，保障数字图书馆管理的信息不受到恶意篡改。数字图书馆在强化数字安全与隐私保护方面承担着巨大的责任。通过建立健全的数字安全体系、遵循隐私政策和法规、加强员工培训、与安全机构合作、借助技术创新等手段，数字图书馆能够更好地保护用户信息，提升整体安全水平。数字图书馆作为信息服务的提供者，其安全性和隐私保护水平直接关系到用户的信任和使用体验，因此，强化数字安全与隐私保护将成为数字图书馆发展不可或缺的一部分。

（二）拓展国际合作与资源整合

数字图书馆在拓展国际合作方面扮演着重要的角色。在全球化的背景下，数字图书馆不再局限于本国范围，而是面向世界，通过国际合作推动信息资源的共享、学术研究的发展、文化的传播。这种国际合作不仅有助于数字图书馆更好地满足用户的多元化需求，也促进了全球信息社会的共同发展。数字图书馆通过国际合作能够拓展其信息资源的广度和深度。不同国家和地区的数字图书馆管理各种各样的信息资源，包括但不限于特定文化、语言、学科领域的资源。通过与其他国家和地区的数字图书馆合作，可以实现信息资源的共享和互补，使用户能够更全面地获取所需的信息。这种跨国合作有助于弥补信息资源的不足，提高数字图书馆的整体服务水平。数字图书馆的国际合作也促进了学术研究的全球化。通过与其他国家和地区的学术机构、研究中心等建立合作关系，数字图书馆能够获取到更多的研究成果、学术期刊、会议论文等资源。这不仅有助于研究者更好地了解全球范围内的学术动态，也为他们提供了更广泛的研究合作机会。数字图书馆的国际合作在推动学术研究的国际交流和合作中发挥着积极的作用。数字图书馆通过国际合作还能够推动文化的传播与交流。不同国家和地区拥有独特的文化传统和历史背景，通过与数字图书馆合作，各国的文学、艺术、历史等方面的信息资源得以相互传播，促进了文化的多样性和共融。数字图书馆在这一过程中不仅是信息的传递者，更是文化的桥梁，为人们提供了更多了解世界各地文化的机会。在数字图书馆的国际合作中，技术的创新也起到了关键作用。通过引入先进的信息技术和数据管理系统，数字图书馆能够更好地应对不同国家和地区的信息处理和管理需求，实现更高效的国际合作。例如，数字图书馆可以通过开发多语言的检索和界面系统，使用户能够更自如地获取各种语言背景下的信息资源。技术的创新有助于数字图书馆更好地适应国际化的发展趋势，为国际合作提供更强大的支持。在国际合作中，数字图书馆还可以通过与国际组织、非政府组织以及其他数字图书馆建立伙伴关系，共同推动数字图书馆事业走向国际。这种跨界的合作可以促进经验的分享、资源的整合，形成更大规模的数字图书馆网络，使全球范围内的用户能够更方便、更高效地利用各种信息资源。数字图书馆在拓展国际合作方面具有广泛的发展前景。通过与其他国家和地区的数字图书馆、学术机构、文化组织的合作，数字图书馆能够更好地满足用户的信息需求，推动学术研究的国际交流，促进文化的传播与交流。在这个全球化的时代，数字图书馆的国际合作不仅是必然趋势，更是数字时代信息服务的新兴模式。数字图书馆在资源整合方面发挥着关键作用，通过将各种信息资源有机地整合在一起，提供更为全面、便捷的服务。资源整合不仅仅是对信息的简单集成，更是对多元数据、不同格式、各类主题资源的高效整合，以满足用户对于多样化信息的需求。数字图书馆中的资源涵盖了文字、图片、音频、视频等多种形式。在资源整合过程中，数字图书馆需要考虑到这些资源的差异性，通过先进的信息技术手段将其有机地整合在一起。这种整合不仅涉及信息的格式统一，更包括对不同类型资源之间关联性的处理，以实现全面的信息呈现。资源整合的一个重要方面是对多元数据的统一整合。数字图书馆中存在来自不同来源、不同标准的元数据，这些元数据的多样性使信息的检索和管理变得更为复杂。通过对这些多元数据进行整合，数字图书馆能够建立起更为完善、可靠的数据结构，提高用户的检索效率和精准度。数字图书馆中的资源整合还需要考虑到不同主题领域的资源整合。不同学科领域的信息资源通常具有专业性和复杂性，数字图书馆需要通过建立跨学科的资源整合机制，将各个学科领域的信息资源有机地连接在一起，使用户能够更方便地跨学科获取信息，促进学术交流与合作。在资源整合的过程中，数字图书馆还需要考虑到多语言环境下的信息整合问题。全球化时代，数字图书馆服务的用户涵盖了各个语言背景，因此资源整合要能够应对多语言信息的处理和管理。这不仅包括对多语言元数据的整合，更包括对多语言文献的整合，使用户能够在其熟悉的语言环境下获取信息。数字图书馆中的资源整合也需要面对不同文化背景的信息整合。文化的差异性使信息的呈现方式、主题关注点等方面存在差异，数字图书馆需要通过资源整合机制，将不同文化背景下的信息有机地整合在一起，为用户提供更具多样性和包容性的信息服务。在数字图书馆的资源整合中，技术创新是推动整个过程的动力。通过引入先进的信息技术，如人工智能、大数据分析等，数字图书馆能够更好地处理庞大的信息资源，实现更精准的资源整合。例如，基于大数据分析的用户行为模型能够帮助数字图书馆更好地理解用户的需求，从而实现个性化的资源整合。资源整合不仅是数字图书馆内部的问题，还需要考虑与其他图书馆、文献资源机构进行合作。数字图书馆可以通过与其他机构建立共享机制，共同整合各自的信息资源，形成更大规模的资源整合网络。这种合作不仅能够提高资源整合的效率，更有助于数字图书馆与其他机构之间进行资源共享与互补。数字图书馆在资源整合方面是信息服务的重要领域。通过对多元数据、多语言、多文化等多方面资源的高效整合，数字图书馆能够为用户提供更为全面、便捷、个性化的信息服务。资源整合不仅是数字图书馆的内在需求，更是适应全球化信息社会的必然趋势，对数字图书馆未来的发展具有重要意义。

（三）引入新兴技术促进文化传承

数字图书馆在推动文化传承方面发挥了至关重要的作用，尤其是通过引入新兴技术，数字图书馆得以更好地承担起文化传承责任。新兴技术的引入不仅提升了数字图书馆的信息呈现方式，还为文化资源的数字保存和传播提供了更广泛、更高效的途径。一项突出的新兴技术是虚拟现实（VR）和增强现实（AR）技术。这些技术通过数字化的手段，使用户能够身临其境地感受文化遗产。数字图书馆可以通过 VR 技术，将用户带入历史场景、博物馆、文化景观等，让用户在虚拟环境中更全面地了解和感受文化传承。AR 技术则能够将虚拟元素融入实际场景，使用户能够通过数字设备在真实环境中获取文化信息，是促进文化传承的沉浸式体验。另一项重要的新兴技术是人工智能（AI）。通过 AI 技术，数字图书馆能够更精准地对大量文化资料进行分类、整理和索引。这有助于提高文献检索的效率，使用户能够更快速地获取所需信息。AI 还能够通过分析用户的阅读历史和兴趣，为用户推荐个性化的文化资源，促进文化传承的个性化体验。区块链技术是另一项引人注目的新兴技术。数字图书馆可以利用区块链技术实现文化资源的去中心化管理和数字化存储。区块链的不可篡改性和透明性使文化资源的存储更为安全可靠，避免了信息篡改和损坏风险。通过应用这种技术，有助于建立数字图书馆的可信度，提升用户对数字图书馆文化资源的信任感。大数据技术也在数字图书馆的文化传承中发挥着积极作用。通过对大量文化数据的分析，数字图书馆能够更好地了解用户的需求和喜好，为用户提供更符合其兴趣的文化资源。同时，大数据分析也能够帮助数字图书馆更好地了解文化资源的使用情况，为文化传承的策略和规划提供数据支持。数字图书馆还可以利用云计算技术实现文化资源的远程存储和共享。云计算技术通过分布式存储和计算资源的共享，使文化资源能够在全球范围内实现远程访问。这为文化传承的全球化提供了技术支持，使用户能够随时随地获取各类文化资源。移动互联网技术是数字图书馆向用户提供文化传承服务的重要手段。通过移动应用，数字图书馆能够将文化资源带到用户的手机、平板等移动设备上，实现对文化传承随时随地的访问。这种便捷的访问方式使更多的人能够参与文化传承的过程。数字图书馆还可以利用数字化展览技术来推动文化传承。通过数字化展览，数字图书馆能够将传统的文化展览呈现方式转变为数字化形式，用户可以通过网络浏览器或移动设备参与在线展览，促进了文化资源的数字保存和传播。社交媒体技术也是数字图书馆促进文化传承的有力工具。通过在社交媒体平台上分享文化资源，数字图书馆能够扩大文化传承的影响范围，吸引更多的用户参与。社交媒体还能够促进用户之间的交流和互动，形成文化传承的社群，推动文化传承共同体的建设。数字图书馆在文化传承中引入新兴技术具有广泛的应用前景。通过虚拟现实、人工智能、区块链、大数据、云计算、移动互联网、数字化展览、社交媒体等技术手段，数字图书馆能够更好地保存、展示、传播文化资源，为用户提供更为丰富、便捷、个性化的文化传承服务。这不仅促进了数字图书馆自身的发展，更推动了全球文化传承的蓬勃发展。

第三节　数字图书馆领域的新兴问题与挑战

一、数字图书馆的新兴问题与挑战概述

（一）数字图书馆的新兴问题概述

数字图书馆作为信息时代的重要组成部分，面临一系列新兴问题，这些问题在数字化的潮流中愈发凸显。首当其冲的问题是信息爆炸。信息产生的速度与规模呈指数级增长，数字图书馆不仅需要处理庞大的数字资料，还需要应对信息质量、隐私保护等方面的问题。信息爆炸带来的挑战不仅仅是数据存储与管理层面的问题，更是对数字图书馆服务质量、信息获取效率的实质性考验。知识产权管理的复杂性也是数字图书馆面临的新兴问题之一。数字资源涉及多种知识产权，包括著作权、专利权、商标权等。数字图书馆在数字资源的获取和使用中需要处理各类知识产权问题，确保数字资源的合法使用并保护相关权益。这不仅仅是一项法律问题，更是数字图书馆需要与相关权利方进行合作、协商解决知识产权纠纷的战略性考量。数字资源的长期可用性是数字图书馆面临的另一新兴问题。科技的不断更新换代使数字图书馆需要不断更新技术设备，采用先进的数字化技术，以确保数字资源的长期存储和使用。数字图书馆需要建立完善的数字资源保存体系，定期检测和维护数字资源，制定科学的数字资源管理策略。数字资源的长期可用性问题直接关系到数字图书馆的文化传承和信息服务的可持续发展。在技术方面，数字图书馆面临技术更新挑战。科技不断发展，新一代技术层出不穷，数字图书馆需要适应这一变革潮流，不断更新自身

的技术设备和服务模式。技术更新不仅带来了更高效的信息管理手段，也促使数字图书馆更好地满足用户需求，但与此同时，也带来了许多新的挑战和压力。数字图书馆还需要关注资源整合问题。信息时代，数字图书馆管理的信息资源呈现出碎片化和分散化趋势，数字图书馆需要寻找合适的方式进行资源整合，确保用户能够方便地获取所需的信息。资源整合不仅仅是信息分类和检索问题，更是数字图书馆在信息爆炸时代提供高效服务的关键。数字图书馆在社会层面面临公众参与问题。数字图书馆不仅仅是信息的存储者和管理者，更是文化传承的推动者。数字图书馆需要通过开展公众教育、宣传活动等方式，提高社会对数字图书馆工作的认知度和支持度，推动数字图书馆事业的共建共享。数字图书馆的新兴问题与挑战是多方面的，涉及技术、管理、法律和社会等多个层面。数字图书馆需要全面、系统地应对这些问题，通过创新、合作、法规遵从等手段，使其在数字化时代更好地履行其信息资源管理和文化传承的责任，为社会提供更为可靠、高效的数字服务。

（二）数字图书馆的挑战概述

数字图书馆所面临的挑战在当今信息时代愈加显著。其中之一便是信息爆炸所带来的挑战。信息的迅猛增长不仅使数字图书馆面临海量数据管理问题，更使资源的获取、整合与分类变得异常复杂。如何有效地应对信息爆炸，提供精准、高效的信息服务，成为数字图书馆迫切需要解决的问题。知识产权的复杂性也为数字图书馆带来了巨大的挑战。数字资源的涌入涉及多方面的知识产权，包括著作权、专利权、商标权等。数字图书馆在数字资源的获取和使用中需要处理各类知识产权问题，这不仅需要深刻的法律理解，更需要数字图书馆与相关权利方进行合作、协商解决。这一挑战牵涉数字图书馆的合规运营、法规遵从等方面的复杂问题。数字资源的长期可用性也是数字图书馆领域的一个巨大挑战。随着技术的迅速发展，数字图书馆需要不断更新技术设备，采用先进的数字化技术，以确保数字资源的长期存储和使用。数字图书馆需要建立完善的数字资源保存体系，定期检测和维护数字资源，制定科学的数字资源管理策略。长期可用性问题关系到数字图书馆文化传承的延续性，也是数字图书馆领域急需解决的关键性问题。在技术方面，数字图书馆需要适应技术更新的挑战。新一代的技术不断涌现，数字图书馆需要不断更新自身的技术设备和服务模式。技术更新不仅带来了更高效的信息管理手段，同时也促使数字图书馆更好地满足用户需求，但与此同时，也带来了许多新的挑战和压力。数字图书馆需要在技术更新中灵活应对，不仅仅是对硬件设备进行更新，更是要对新技术的运用进行深入思考和实践。资源整合问题也是数字图书馆领域亟须解决的挑战之一。信息时代，数字图书馆管理的信息资源呈现出碎片化和分散化趋势，数字图书馆需要寻找合适的方式进行资源整合，确保用户能够方便地获取所需的信息。资源整合不仅仅是信息分类和检索问题，更是数字图书馆在信息爆炸时代提供高效服务的关键。数字图书馆面临公众参与问题。数字图书馆不仅仅是信息的存储者和管理者，更是文化传承的推动者。数字图书馆需要通过开展公众教育、宣传活动等方式，提高社会对数字图书馆工作的认知度和支持度，推动数字图书馆事业的共建共享。数字图书馆所面临的新兴问题与挑战是多方面、多层次的。通过深入探讨并有效应对这些挑战，数字图书馆方能在信息时代更好地履行其信息资源管理和文化传承责任，为社会提供更为可靠、高效的数字服务。

二、数字图书馆未来发展的挑战与应对策略

数字图书馆在不断发展的同时，也将遇到一系列挑战。

（一）信息爆炸的挑战

信息爆炸是数字图书馆面临的一项严峻挑战。随着科技的不断进步和数字化时代的来临，人们面对的信息量急剧增加，数字图书馆作为信息资源的管理者，必须应对信息爆炸带来的多方面挑战。信息爆炸给数字图书馆的资源管理带来了极大的复杂性。大量的数字文献、图片、音视频等多样化的信息资源涌入数字图书馆，要有效地管理这些资源并确保其质量，数字图书馆需要应用先进的信息技术手段，建立高效的分类、检索和维护系统，以应对庞大且日益增长的信息资源。信息爆炸也对数字图书馆的服务模式提出了更高的要求。用户期望能够迅速、精准地获取到所需信息，而数字图书馆需要通过不断创新服务方式，提供更加个性化、多样化的服

务。信息爆炸使用户的需求变得更加复杂，数字图书馆需要借助先进技术，如人工智能和大数据分析，实现更精准的信息推荐和定制化服务。信息爆炸还对数字图书馆的数字化转型提出了更高的要求。数字图书馆需要不断升级和优化数字化技术，以适应日益增长的数字信息量和多样化的数据类型。这包括提升数字化资源的存储能力、强化数据的安全性，以及不断改进数字化资源的展示和传播技术。信息爆炸还带来了信息质量和真实性挑战。海量信息中，难免存在虚假信息、低质量信息，数字图书馆需要加强信息筛选和质量评估，以确保用户获取到的信息是真实、准确且有价值的。这也要求数字图书馆在面对信息爆炸的挑战时，更加注重信息的可信度和可靠性。信息爆炸还带来了信息隐私和安全问题。大量用户数据在数字图书馆的管理中涌现，数字图书馆需要建立强有力的隐私保护和信息安全体系，确保用户的个人信息不被滥用或泄露。这包括采用先进的加密技术、建立健全的用户权限管理系统等。在面对信息爆炸的挑战时，数字图书馆还需要积极寻求国际合作。信息爆炸是全球性的问题，各个国家和地区的数字图书馆都面临着类似的挑战。通过加强国际合作，数字图书馆可以共同研究解决方案，分享经验，共同推动数字图书馆领域的发展。信息爆炸是数字图书馆在数字化时代所面临的一项重大挑战。数字图书馆需要不断创新和升级自身的技术和服务模式，以更好地适应信息爆炸带来的多方面挑战。这需要数字图书馆与时俱进，不断提高自身的数字化水平，以更好地履行其信息资源管理和文化传承责任。

（二）技术更新换代的压力

数字图书馆在技术更新换代的过程中面临着巨大的压力。随着科技的迅速发展，新一代的技术层出不穷，数字图书馆必须适应这一变革潮流，不断更新自身的技术设备和服务模式。技术更新不仅带来了更高效的信息管理手段，也促使数字图书馆更好地满足用户需求，但与此同时，也带来了许多新的挑战和压力。技术更新换代对数字图书馆的技术设备提出了更高的要求。新一代的计算机、存储设备、网络设备等技术工具不断涌现，数字图书馆需要投入大量资源更新设备，以确保其技术基础设施的先进性和可持续性。技术更新换代对数字图书馆的数字化服务提出了更高的要求。

新一代技术的出现使数字图书馆能够提供更为多样化、智能化的数字化服务，如虚拟现实、人工智能、大数据分析等。数字图书馆需要积极引入这些新技术，以提升数字化服务的水平，满足用户日益增长的多样化需求。新技术的涌现也推动了数字图书馆信息资源的更新和丰富。数字图书馆需要不断跟进最新的学术研究成果、文献资料等，确保其馆藏信息的及时性和前瞻性。与此同时，数字图书馆还需要加强与其他机构、学术界的合作，共同推动信息资源的更新和共享。技术更新换代带来的信息爆炸也对数字图书馆的信息分类和管理提出了更高的挑战。信息爆炸使数字图书馆管理的信息量急剧增加，涉及的学科领域更加广泛。数字图书馆需要通过引入先进的信息管理系统，建立更为灵活、高效的分类和检索机制，以更好地应对信息爆炸给信息管理带来的压力。技术更新换代也对数字图书馆的人才队伍提出了更高的要求。引入新技术后需要配备具备相应技能的专业人才，数字图书馆需要通过培训、引进等方式，确保团队成员具备应对新技术的能力。人才的储备与培养成为数字图书馆在技术更新中的一项重要任务。数字图书馆还要应对新技术带来的财务压力。技术的更新通常伴随着高昂的成本，数字图书馆需要在设备更新、软件升级、人才引进等方面投入更多的财力。数字图书馆需要制订合理的财务计划，确保在技术更新中能够保持稳健的财务状况。技术更新还可能带来文化变革，数字图书馆需要引领机构进行内部文化更新，这包括对组织结构、工作流程、服务理念等方面的调整，以适应新技术背景下数字图书馆工作的需求。数字图书馆需要通过开展培训、宣传等方式，加强员工对技术更新的理解和认同，推动机构文化的良性发展。在应对技术更新换代的挑战时，数字图书馆还需要关注社会公众对新技术的接受度。引入新技术可能引发公众的担忧，如隐私安全、信息泄露等问题。数字图书馆需要通过信息透明、法规合规等方式，增强公众对新技术的信任感，确保数字图书馆在技术更新中能够获得社会的广泛支持。技术更新换代是数字图书馆发展中不可避免的过程，虽然面临着各种压力和挑战，但也为数字图书馆提供了更多的发展机遇。通过积极应对技术更新带来的各项挑战，数字图书馆将更好地适应数字化时代的需求，为用户提供更高效、更便捷、更个性化的服务，推动数字图书馆事业的不断发展。

（三）维护数字资源的长期可用性

数字图书馆在维护数字资源的长期可用性方面面临诸多挑战。数字资源的长期可用性不仅关系到数字图书馆作为信息机构的稳定运行，也关系到社会对文化遗产的长期保存。维护数字资源的长期可用性需要数字图书馆采取一系列措施，从技术、管理、法律和社会等多个层面进行全面考虑。数字图书馆需要建立健全的数字资源保存体系。这包括制定详细的数字资源保存政策，规范数字资源的格式、标准和元数据，以确保数字资源的一致性和规范性。与此同时，数字图书馆还需要建立可靠的数字存储设施，确保数字资源能够在长期存储中保持原始的质量和完整性。数字图书馆需要积极采用先进的数字化技术。通过采用先进的数字化技术，数字图书馆能够更好地保护和保存数字资源。例如，数字资源的数字化存储可以采用分布式存储技术，确保资源在多个地点备份，提高了存储的可靠性。数字图书馆还可以引入数字水印和数字签名等技术手段，对数字资源进行身份标识和溯源，增强资源的安全性。数字图书馆需要注重数字资源的定期检测和维护。通过建立完善的数字资源检测机制，数字图书馆能够及时发现数字资源可能存在的问题，如数据损坏、格式过时等，并采取相应的维护措施。定期的数字资源维护工作有助于提高数字资源的长期可用性，延长其使用寿命。除了技术层面，数字图书馆还需制定科学的数字资源管理策略。这包括建立数字资源的生命周期管理体系，明确数字资源的获取、保存、利用和淘汰等各个阶段的管理原则。数字图书馆需要综合考虑资源的权益、社会需求以及技术发展等多方面因素，制订科学合理的数字资源管理方案，以确保数字资源的长期可用性。数字图书馆需要加强对数字资源的知识产权管理。数字资源往往涉及多方面的知识产权，包括著作权、专利权、商标权等。数字图书馆需要通过合理的授权、许可和购买等方式获取数字资源的使用权，以保障数字资源在合法合规的前提下长期可用。同时，数字图书馆还需要密切关注法律法规的变化，及时调整数字资源的管理策略。在社会层面，数字图书馆需要积极与社会各界建立合作关系。社会力量的参与对于数字资源的长期可用性至关重要。数字图书馆可以与学术界、文化机构、行业协会等合作，共同推动数字资源的保存与维护工作。

此外，数字图书馆还可以通过开展公众教育、宣传活动等方式，提高社会对数字资源保护的重视程度，促使更多人关注数字资源的长期可用性问题。数字图书馆还需要重视人才培养和团队建设。维护数字资源的长期可用性需要专业的技术人才和管理团队。数字图书馆需要通过培训、引进等方式，建设一支具备数字资源管理能力、能够维护专业知识的团队，以应对不断发展的数字资源管理领域的挑战。数字图书馆维护数字资源的长期可用性方面，需要全方位、多层次地考虑。通过建立健全的保存体系、采用先进的技术手段、制定科学的管理策略、加强知识产权管理、与社会各界合作以及注重人才培养，数字图书馆能够更好地应对数字资源长期可用性挑战，为社会提供可信、可靠的数字资源服务。

参考文献

[1] 高伟 . 图书馆建设与阅读服务管理 [M]. 长春：吉林人民出版社，2021.

[2] 龚胜泉，汪红军 . 知识管理与数字图书馆建设研究 [M]. 成都：四川大学出版社，2014.

[3] 何蓉 . 数字图书馆利用作品的著作权限制研究 [M]. 武汉：湖北人民出版社，2020.

[4] 胡晶晶 . 数字图书馆的建设与阅读推广的创新研究 [M]. 长春：吉林科学技术出版社，2021.

[5] 黄如花，司莉，吴丹 . 图书馆学研究进展 [M]. 武汉：武汉大学出版社，2017.

[6] 李景文 . 数字化图书馆与人力资源建设研究 [M]. 北京：中国文史出版社，2002.

[7] 林团娇 . 数字图书馆资源建设研究 [M]. 延吉：延边大学出版社，2019.

[8] 罗颖 . 图书馆管理与数字化建设研究 [M]. 长春：吉林出版集团股份有限公司，2022.

[9] 马亚玲 . 高校图书馆数字资源建设与服务创新研究 [M]. 长春：吉林出版集团股份有限公司，2019.

[10] 牛世建 . 高校数字图书馆建设研究 [M]. 延吉：延边大学出版社，2019.

[11] 庞余良，董恩娜，温颖 . 数字化图书馆建设与阅读服务创新 [M]. 长春：吉林人民出版社，2021.06.

[12] 容海萍，赵丽，刘斌 . 图书馆信息资源建设 [M]. 北京：世界图书出版公司，2019.

[13] 孙仙阁 . 数字图书馆的发展研究 [M]. 成都：电子科技大学出版社 , 2016.

[14] 王春玲 . 地市级数字图书馆资源建设与阅读推广研究 [M]. 沈阳：沈阳出版社 , 2020.

[15] 王启云 . 高校数字图书馆建设评估研究 [M]. 北京：现代教育出版社 , 2009.

[16] 张怀涛 . 高校图书馆数字化建设研究 [M]. 西安：西安出版社 , 2003.

[17] 张睿丽 . 数字图书馆资源管理与建设 [M]. 长春：吉林人民出版社 , 2019.